普通高等教育"十二五"国家级规划教材

新世纪高等学校教材·教育学专业系列教材

JIAOYU

SHEHUIXUE

教育社会学

第3版

徐瑞 刘慧珍 / 著

JIAOYU

SHEHUIXUE

北京师范大学出版集团
BEIJING NORMAL UNIVERSITY PUBLISHING GROUP
北京师范大学出版社

图书在版编目(CIP)数据

　教育社会学/徐瑞，刘慧珍著. —3 版. —北京：北京师范大
学出版社，2025.1(2025.8 重印)
　ISBN 978-7-303-29832-7

　Ⅰ. ①教… Ⅱ. ①徐… ②刘… Ⅲ. ①教育社会学－高等
学校－教材 Ⅳ. ①G40－052

中国国家版本馆 CIP 数据核字(2024)第 038656 号

出版发行：北京师范大学出版社 https://www.bnupg.com
　　　　　北京市西城区新街口外大街 12-3 号
　　　　　邮政编码：100088
印　　刷：北京溢漾印刷有限公司
经　　销：全国新华书店
开　　本：787 mm×1092 mm　1/16
印　　张：19.5
字　　数：350 千字
版　　次：2025 年 1 月第 3 版
印　　次：2025 年 8 月第 3 次印刷
定　　价：69.00 元

策划编辑：何　琳　　　　　责任编辑：葛子森　乔　会
美术编辑：焦　丽　　　　　装帧设计：焦　丽
责任校对：陈　民　　　　　责任印制：马　洁

序

      习近平总书记指出："学科体系同教材体系密不可分。学科体系建设上不去，教材体系就上不去；反过来，教材体系上不去，学科体系就没有后劲。"教育社会学的著作与教材在国内外已经有多个版本，它们分别从不同的角度分析和阐述了教育社会学的理论与方法，形成了各种不同的学术流派与风格，不断丰富着教育社会学的理论文献。在这样一些著作与教材中，有一类是特别值得关注的，即由一批年轻的教育社会学家撰写的教育社会学专著。它们不仅体现了这些年轻学者在学术上的睿智、理论上的犀利，还体现了他们的个人风格，甚至是他们的感受与激情。在我看来，更加可贵的是，他们作为新生代的教育社会学家，能够用一种新的视角，给教育社会学的学科建设和理论发展带来一股新的气息，使教育社会学学科逐渐形成了一种新的学术"味道"。在这样一类教育社会学的作品中，在这样一批年轻的教育社会学家中，徐瑞、刘慧珍及他们的《教育社会学》则是我非常熟悉的，也是令我印象深刻的。

      著名的科学哲学家库恩在谈到科学革命及科学的基本范式的转变时，曾经提出了一个非常深刻且富有寓意的观点：科学的革命，或者科学的基本范式的转变与更新，往往并不能够简单或者是渐进性地在科学发展中得以实现，它的发生与出现，常常伴随和对应着人类社会的更新换代，特别是科学共同体中的代际更替。换句话说，科学的革命或者科学基本范式的转变，往往需要由一代新的科学家来完成和实现，更加具体地说，必须由这样一代新的科学家所具有的新的科学范式来重新建构这种新的科学体系。这是颇为值得思考的一个观点，至少我个人认为这是非常有道理的。因为，新一代的科学家所具有的科学抱负，包括他们在个人科学经历中所形成的视野与价值观念，特别是由此自觉或不自觉升华而成的科学规范与科学信仰，已经在一定程度上超越了现存一代科学家共同体的境界，达到了一个新的层次。而他们在现实世界中，或者说在社会中看到的现象与问题，正是在这样一种新的境界和层次上发现的。这也正是他们的独特优势。他们更加愿意以一种"顺应"的方式去面对和接受新的事物与挑战，而不愿意，或者说是不能够简单地去"同化"它们。正是这样的"顺应"，使得他们获得了非常不同的理念，也的确给学术界和理论界造成了一种新的冲击。当然，这样一种新生代的教育社会学的学术共同体，还没有完成或正式地形成，或者说，还没有完全地定型和成熟，但他们是值得关注的一个群体，而且，我个人认为，他们的著作、文章和思想观点已经显示了蓬勃的生命力和一定的群体特征。这里，我也非常希望借为徐瑞、刘慧珍的《教育社会学》一书写序的机会，抒发对这样一批新生代学者的敬意，谈谈新生代学术群体的出现和产生的时代特征与意义，以及由此应该具有的对新生代教育社会学家的作品的阅读方式。

目前，有一个十分值得关注的现象：当整个世界都在高喊"创新"时，当创新逐渐由学者的笔端转变成政策的话语时，当创新慢慢地从议政厅的高谈阔论转变成企业的新产品与社会的时尚时，当创新研究开始成为一种意识形态时，我们的教育受到了越来越多的批评与指责，特别是当整个社会和世界都在呼唤创新人才时，教育的改革似乎总是不能满足社会的要求。这究竟是什么原因呢？我们的教育究竟犯下了什么错误？实事求是地说，我们必须承认我国多年来教育领域的改革与发展所取得的成就，我们也应该为我国义务教育的普及与高等教育的大众化给人们带来的巨大机会和普遍的收益感到欣慰，我们也完全可以列举出教育领域中的许多创新与突破，来证明教育界的人士在改革与发展过程中是有所担当和勤勉的。但是，何以教育在创新的时代总是站在"被告席"上呢？难道是我们及整个社会关于教育的那些最基本的信念与规范出现了什么问题吗？

按照这样一种思路去思考和分析，在国外学者提出"文凭社会""学历社会"时，当法国思想家布迪厄提出"文化资本"的理论时，我们就应该警醒和反思了：过去一直以社会为基础与根底的教育，如今怎么能够有资格给整个社会"定性"呢？过去始终是作为上层建筑的文化与教育，现在何以能够获得了货币所具有的一般等价物的功能呢？我们甚至应该追问，以往一直是由于人生而平等而自然获得的教育公平，以及这样一种对教育公平的消极定义，如今怎么会成为一种直接关系到人们发展与生存的重要因素，进而具有了一种非常积极的定义方式呢？看来，教育以社会为基础，或者说，社会是教育的基础，这样一种长期以来一直为人们所想当然，并且奉为圭臬的原理，开始受到了质疑和挑战。这可是教育科学的一个基本信念呀！也是教育科学研究的基本规范之一呀！由此再浏览一下近年来的教育政策，我们竟然发现，即使在中国的教育政策话语中，类似的论述实际上也早已存在了。例如，早在几年前，中国政府就提出了教育是整个社会的基础性工程。有一次我在中国全国政协的某次会议上提出这个问题时，竟然还得到了一位与会专家的认同，并且指出某欧洲国家也具有同样的政策话语。而就现实而言，案例也不胜其数。例如，教育的投入与支出，无论在国家和家庭，都越来越成为十分重要的项目。早在20世纪，美国思想家就已经提出了人力资本的理论，说明了教育对经济增长所具有的积极意义，进而表明了教育已经不单纯是一种上层建筑，也成为经济基础中非常重要的组成部分，构成了整个社会的重要基础之一。我们曾经还听到了这样的说法，某个国家的人们在遭受到一次恐怖袭击事件以后甚至认为，无论国家的经济体系受到了怎样的打击，只要这个国家的大学系统存在就没有关系。由此看来，我们过去对教育的整个理论定位好像是出现了问题，因为，按照这样的一些说法和变化，教育的确不能仅仅是一种上层建筑了，我们也确实不能仅仅按照一种文化的属性运行和管理教育了。教育需要一种新的形态，一种新的表达方式，一种新的价值体系，当然，它也非常需要一种新的评价标准和发展模式。难道教育真的要成为整个社会的重要基础了吗？如果真是这样，那已经成为圭臬和常识的教育理论就要被颠覆了！

如果说，上述信念与规范的变化只是一种教育与社会的空间关系的调整与重新定位，那么，与此相关的另一种根本性的变化则是时间序列上的变化与调整。而这同样也是一种关于教育的基本信念与规范的变化，是对于长期以来想当然的一种教育"常识"的更新，它同样也涉及教育发展的重新定位。习近平总书记在全国教育大会上的讲话指出，教育事关国家发展、事关民族未来，是国之大计、党之大计，是功在当代、利在千秋的德政工程。坚持把优先发展教育事业作为推动党和国家各项事业发展的重要先手棋，突出教育的基础性、先导性、全局性地位和作用，对加快教育现代化、建设教育强国具有重要意义。

按照美国社会学家帕森斯的观点，教育本身的基本社会功能是模式维护，即对于社会上已经存在的价值观念、道德与行为规范及文化传统，进行维护、宣传与教化等，因此，根据教育学的一般原理，以及教育的这样一种基本特点，教育具有一种与生俱来的"保守"的性质。这种所谓保守的性质，决定了教育的发展总是比整个社会的发展，特别是政治经济的发展，要慢一拍。或者说，它使得教育总是给人们一种滞后的感觉与印象。而作为一种原理和基本性质，它也使得教育学界理所当然地接受这样一种"保守性"，或者是自觉或不自觉地认可这样一种"滞后"和"慢一拍"。而这也恰恰是今天的教育总是受到批评或者总是站在"被告席"的重要原因之一，而且是这种现象出现的深层次原因。因为按照这样一种说法与定性，教育创新似乎是有悖于教育性质的事情。而如今对教育的要求则似乎是更加"出格"，因为，根据社会的期望与要求，教育不仅要创新，而且应该具有先导性，进而来引领整个社会的前进和发展。显然，这样的"创新"与"先导性"，对正统的教育基本理论是一种极大的冲击，当然也是一种"颠覆"。而这些也的确是让人们很难接受的事情。因为，这样一种"创新"的教育，不仅不能发挥传统的模式维护的功能，而且不能以社会已经形成的价值标准与道德行为规范去教化青少年，甚至有可能引发新的矛盾与冲突。而"先导性"所达到的功能则恰恰是要冲破传统的约束，打破原来已经有的模式，而这岂不是与帕森斯所说的"模式维护"背道而驰吗？然而，现代化的关键的确是人的现代化，而社会的变革与发展也确实需要有一批具有新观念的人来引领；更加重要的是，有人已经用"引擎"或者"发动机"这样的角色来比喻大学，这意味着高等教育发挥了推动社会经济与科技文化进步的作用，等等。显然，这已经不是单纯的教育理论系统中某些方面的调整和改变，也不仅仅是教育学中某些概念与范畴的内涵与外延的变化，它涉及整个教育理论体系的重构。如果真是这样，它乃是教育学的基础的变化，是整个教育学理论的"脱胎换骨"，而且，这简直就是教育史上一次完全的革命。

坦率地说，由于我个人学识的浅薄和视野的有限，虽然听到、看到和想到这些变化与矛盾，还实在不敢妄自得出结论，而更多的只是借此提出自己的疑问和困惑。同时，我也不愿意简单地以自己已经形成的观点去同化这样一些疑惑与挑战。但我却有理由相信，与教育现实的这种巨大变化相适应，在教育理论界，在教育社会学界，也一定会有一批新的年轻学者相伴而生。他们是在这种新的教育现实中成长起来的，他们的思想和理论也是在这样一种现实对教育理论和教育社会学理论的挑战与冲突中逐渐形成的，并且在整个过程中生成一种新的学科信念与学科规范。他们的理论研究和现实认识也许还多多少少带有一些传统教育理论或教育社会学理论的痕迹与印记，他们的话语或叙述或许还并不系统或流畅，但是，他们可能真的是教育理论或教育社会学理论发展的未来，代表了新思想前进的方向。而且，我更愿意认为，教育与教育社会学理论的发展与创新，还的确需要一批新的学者，并且由他们来推动和引领教育社会学的新的变革和发展。因为这是时代的要求。由此，我又记起曾经读过的米德的著作《代沟》，特别是其中关于"后喻文化"的论述。按照周晓虹的说法，以往，人们往往把代沟产生的原因仅仅归咎于年轻一代的"反叛"上，而米德却进一步把这种反叛归咎于老一代在新时代的落伍之上。以往，尽管也有人强调两代人之间应该进行交流，但他们往往把建立这种交流当成恢复老一代对新一代教化的手段，而米德却申明："真正的交流应该是一种对话。"值得注意的是，参与对话的双方在地位上虽然是平等的，但他们对未来所具有的意义却完全不同。当代世界独特的文化传递方式（即后喻方式），决定了在这场对话中，虚心接受教益的应该是年长的一代。这种经历或许是惨痛的，却是无法回避的现实。你若不想落伍于时代，就只能努力向年轻人学习，因为今天正是他们代表着未来。"只有通过年轻一代的直接参与，利用他们广博而新颖的知识，我们才能够建立一个富于生命力的未来。"这就是米德对解决代沟问题所给予的中肯回答。也许，我们这个时代真是到了库恩所说的科学革命的时候了，到了米德所说的"后喻文化"的时候了。如果真是这样，我们还有什么理由去忽视新生代教育社会学家们的作品和观点吗？我们不应该给予他们更多的重视吗？

徐瑞只是这些新生代教育社会学家中的一个例子，我知道在当前中国的教育社会学界，还有一批像他这样年轻有为的学者。我们应该认真地对待他们，包括他们的作品、观点，尊重他们的意见，审慎地考虑他们的批评。我们不能以自己的理论去同化他们的观点，包括与我们不同的说法；我们也不能以自己思想和理论的系统性与闭合性，去责备他们在研究和表达中的某些深刻的"片面"。在这个思想与理论的变革时代里，这是我们顺应趋势的选择。当然，在这本《教育社会学》中，还有许多值得一说的思想观点和理论创新，也有许多能够启发我们的新的探索和角度，包括值得我们进一步思考的地方，但是，在这篇序言中，我并没有谈及本书的具体内容，没有就书中教育社会学的某些理论和观点发表自己的意见，而更多的只是"表态"，表示自己向年轻学者学习的态度。

谢维和

第 3 版修订说明

《教育社会学》教材系新世纪高等学校教材、教育学基础课系列教材、普通高等教育"十一五"、"十二五"国家级规划教材。《教育社会学》教材自 2010 年 5 月出版发行以来，受到广大读者的厚爱和好评，已被数十所高校选定为本科生教材或研究生指定参考教材。在经过一段时间的使用之后，为了更好地适应时代发展要求，及时全面地体现国内外教育社会学学科的发展成就，合理吸纳教材使用者的反馈意见，更好地服务于教育社会学教学实践，经过修订后的《教育社会学(第二版)》于 2017 年 3 月出版发行。

迄今为止，《教育社会学(第二版)》教材已经使用了 7 年之久。其间，在习近平新时代中国特色社会主义思想指引下，党和国家全力推进中国式现代化建设，完整、准确、全面贯彻新发展理念，着力推动高质量发展，我国新时代中国特色社会主义事业取得了举世瞩目的伟大成就。为了更好地学习宣传贯彻党的二十大和二十届二中、三中全会精神，有效发挥《教育社会学》教材在全面贯彻党的教育方针，落实立德树人根本任务，培养德智体美劳全面发展的社会主义建设者和接班人方面的重要使命，我们对《教育社会学(第二版)》教材进行了全面修订。此次教材修订，坚持以习近平新时代中国特色社会主义思想为指导，全面准确贯彻落实党的二十大精神，坚持与时俱进，注重理论联系实际，力求体现《教育社会学》教材的中国特色、中国风格、中国气派，以便更好地发挥《教育社会学》教材在落实立德树人根本任务方面所具有的独特价值与重要作用。

首先，坚持以习近平新时代中国特色社会主义思想为指导，把党的二十大精神贯穿于本次教材修订的全过程，渗透到教材的所有章节，把党的二十大精神的相关内容全面有机地融入教材的各章节内容之中，为《教育社会学》课程思政的顺利开展奠定良好基础。其次，为了讲好教育社会学建设发展的中国故事，促进教育社会学自主知识体系创新，在本次教材修订过程中，我们注重体现党的十八大以来我国教育社会学领域建设发展的新成就、新进展，在各章节相关内容部分给予充分阐释。

再次，为了有助于读者了解国内外教育社会学研究的最新成果，以便有针对性地开展延伸学习，教材在附录部分列出了 21 世纪以来教育社会学领域取得的著作类（含译著）形式的一些代表性研究成果。最后，为了更好地适应新的时代要求，更加符合学科发展实际，我们对全书文字进行了认真校对、调整与增删。

本次修订得到了北京师范大学出版社郭兴举先生、何琳女士的大力支持，得到了许多师友的关心和帮助，参考了许多学者的相关研究成果，在此一并表示诚挚的谢意！受限于作者的眼界与水平，书中缺点错漏在所难免，恳请各位方家和广大读者赐教指正，我们将不胜感激！

徐瑞、刘慧珍

2024 年 12 月

目录

第一章　教育社会学概论

任何一个学科都要将学科自身的概念界定、学科的性质与研究对象、学科的研究视角与学科意识等问题作为本学科的首要问题加以研究，教育社会学也不例外。一方面，对于这些问题的初步解答奠定了教育社会学的研究基础，规范着教育社会学的研究行为；另一方面，随着教育社会学研究的深入，在教育社会学发展的不同阶段，人们对于这些问题又会有着不同的认识和解答。

党的二十大报告指出，"只有把马克思主义基本原理同中国具体实际相结合、同中华优秀传统文化相结合，坚持运用辩证唯物主义和历史唯物主义，才能正确回答时代和实践提出的重大问题"。构建中国教育社会学学科体系，必须坚持以习近平新时代中国特色社会主义思想为指导，坚持马克思主义的立场观点方法，坚持理论联系实际，增强文化自信，把党的二十大精神有机融入中国教育社会学学科体系建设的全过程。

第一节　什么是教育社会学

"教育社会学"的概念是教育社会学学科中的核心概念，因为每个"教育社会学"的概念都必然包含着学者关于教育社会学的研究对象、学科性质和研究视角的基本观点，深刻影响着教育社会学学科的构建与发展。在某种意义上，给教育社会学下定义的过程就是表明学者对教育社会学学科基本要素的认识、观点和看法的过程。

一、教育社会学的两种定义方式

教育社会学学者给教育社会学下定义主要从以下两个角度进行:一个是从研究方法论的角度,另一个是从研究对象的角度。

(一)从研究方法论角度定义教育社会学

教育社会学的第一个定义是由美国社会学家苏扎罗(Suzallo)提出来的。他认为,教育社会学是对教育进行科学研究的特殊方法之一,它主要通过详细观察和分析来构建自己的原理和理论①。显而易见,这个定义关注学科的方法论问题,强调教育社会学自身理论建构的重要性。

美国学者彼得威尔(Bidwell)和弗里德金(Friedkin)认为,教育社会学最核心的概念在于分析教育行动——它们的形式和内容,它们在更大社会结构中的表现,以及它们对个人和集体的影响②。尽管这个定义较为折中,在定义中包含了对教育社会学研究领域的界定,但是它整体上还是更多地强调了学科的方法论方面。

(二)从研究对象角度定义教育社会学

从研究对象的角度来界定教育社会学,最为典型的当属法国社会学家、教育社会学的创始人埃米尔·迪尔凯姆(Emile Durkheim)③提出的影响至今的"社会化研究说"。迪尔凯姆认为,教育是年长的一代对尚未为社会生活做好准备的一代所施加的影响,是年轻一代系统地社会化的过程。④

尽管迪尔凯姆没有给教育社会学下过一个明确的定义,但是从他在《教育与社会学》《道德教育》《教育思想的演进》等著作中所进行的经典教育社会学研究中,我们可以看出,在他那里,教育社会学就是研究个体社会化的学科。这个定义从教育功能的角度界定了教育社会学的研究对象。

英国社会学家米切尔(Mitchell)认为,教育社会学通常研究教育与社会制度之间的功能关系⑤。也就是说,教育社会学是研究教育活动之社会过程及其与其他社会

---

① [瑞典]T. 胡森、[德]T. N. 波斯尔斯韦特:《教育大百科全书》第2卷,348页,重庆,西南师范大学出版社,2006。
② [瑞典]T. 胡森、[德]T. N. 波斯尔斯韦特:《教育大百科全书》第2卷,348页,重庆,西南师范大学出版社,2006。
③ 迪尔凯姆,旧译"涂尔干"。本书统一使用迪尔凯姆这一译名。
④ [法]涂尔干:《道德教育》,235~236页,上海,上海人民出版社,2006。
⑤ [英]邓肯·米切尔:《新社会学词典》,354页,上海,上海译文出版社,1987。

过程影响关系的学说体系。这个定义从过程角度界定了教育社会学的研究对象。

我国学者鲁洁认为，教育社会学是研究作为一种特殊社会现象的教育的学科[1]。吴康宁认为，教育社会学是"主要运用社会学的原理和方法对教育现象（或教育问题）的社会学层面进行"事实"研究的一门科学"[2]。他们从学科特点的角度界定了教育社会学的研究对象是"有社会学意味的教育现象或教育问题"，或者"教育现象或教育问题的社会学层面"。

教育社会学的其他定义，如米尔斯、厉以贤、林清江等人的定义虽存在差别，但核心含义都是认为教育社会学是研究教育和社会关系的一门学科。

二、教育社会学的概念界定

上述两种定义方式的不同，显示出教育社会学界对教育社会学研究对象和视角的不同看法。但是就教育社会学而言，其交叉学科的性质，使得只关注对象或只关注研究方法论的角度要么过于具体，要么过于抽象。太抽象和太具体的定义角度，都不能很好地表达教育社会学的特殊性。从研究方法论定义，难以清楚地描述教育社会学的研究内容；从研究对象定义，又难以将教育社会学与其他教育学科区分开来。

我们认为，教育社会学是研究教育活动之社会过程及其与其他社会过程相互影响关系的学说体系[3]，换句话说，教育社会学是研究社会结构中的教育制度与教育过程中的社会行动的学说体系（见框 1-1）。

框 1-1 系统论的教育社会学概念

教育社会学研究教育的特点，是以一种系统论的方法，把社会看作一个动态的整体，把教育看作社会整体存在与发展不可缺少的构成部分，即在整个社会的运转过程中，认识教育活动的社会特性及其意义，探讨教育的社会组织、社会过程、社会作用，教育中的人际关系，教育与其他社会环境各层次、各侧面的相互影响等问题。

——刘慧珍：《教育社会学》，10 页，沈阳，辽宁教育出版社，1988。

[1] 鲁洁：《教育社会学》，27 页，北京，人民教育出版社，1990。
[2] 吴康宁：《教育社会学》，20 页，北京，人民教育出版社，1998。
[3] 刘慧珍：《教育社会学》，10 页，沈阳，辽宁教育出版社，1988。

显而易见，这种教育社会学的定义方式主要采用了系统论的方法。① 系统论的教育社会学由三个相互联系的基本观点构成：(1)社会是一个巨系统；(2)教育是社会的一个子系统；(3)教育自身是一个社会系统。系统论的教育社会学把社会看作一个动态的整体，具体研究和探讨教育活动的社会属性，即"社会结构中的教育制度与教育过程中的社会行动"问题。

准确理解社会学理论框架中的社会和社会行动的概念，是理解教育社会学研究视角的关键，也是我们揭示教育社会学学科本质特点的关键。

社会与社会行动两个概念在社会学中占有重要的基础性地位。迪尔凯姆、孔德(Comte)、帕森斯(Parsons)、韦伯(Weber)等社会学大师都很看重对社会和社会行动概念的界定。在韦伯那里，社会行动是指向他人并赋予其文化意义的行动。只有同时具备了下列两个条件的行动才能被称为社会行动。一是与他人有关联(即指向他人)。并非任何形式的人与人的接触都具有社会的性质。只有当自己的行动在意向上以他人的行动为取向时，这一行动才是社会行动。例如，两个骑自行车的人相撞，如同一个自然现象，是个纯粹的事件，但是，如果他们试图躲开对方，因相撞而相互谩骂、殴打或者平心静气地协商，他们的行为就成为社会行为。② 二是赋予行动以意义(即文化意义)。人做事是由社会的文化价值观念决定的，同一事物在不同人那里意义不同。不同的人追求的目标不同，处理方法也会不同。

帕森斯继承了韦伯的社会行动理论，并以结构功能及体系的观念进一步丰富了韦伯的社会行动概念。在帕森斯看来，每一种社会行动都包含四个基本因素。一是社会行动者，或称行动主体。在帕森斯的体系内，行动者是个人。因此，在教育社会学的研究中，既要关心学习、教学等社会行动，也要关心学生和教师。也就是说，"人"被纳入教育社会学的研究视野。二是行动的目标。行动者追求的目标将影响到行动的过程和结果。三是行动的手段和工具。这决定着人们在多大程度上达到目标，因为可选择的手段会制约目标的实现。四是行动的社会环境和情境条件(物质条件和精神条件，如社会行为规则、价值)。现实生活中人们的行为是很复杂的，会受到来

---

① 运用系统论的方法对教育社会学进行界定，是目前教育社会学界最受认可的、最为常用的方法。国内最有影响力的教育社会学教材之一吴康宁的《教育社会学》，就是受到其在日本攻读时的导师、日本教育社会学会前任会长新堀通也教授的影响，以"将教育视为一种社会子系统"为基本假设，建构起其完整的教育社会学体系的。(吴康宁：《教育社会学》，2页，北京，人民教育出版社，1998。)

② [德]韦伯：《社会学的基本概念》，29页，上海，上海人民出版社，2005。

自他人及外界环境的限制，并不是由个人独立选择的。①

　　本书所称的社会是指有相互影响关系的人群。构成社会的关键不在于人数多寡或规模大小，关键在于"有相互影响关系"。即便是一个只有三五个人的小团体，只要他们之间有相互影响的关系，就可以被称为一个社会群体，如青少年的同辈群体。社会行动是指包含人与人之间相互影响关系的行动，或者说是有互动意义的行动。教育社会学研究的是教育过程中的社会行动，即教育中涉及人与人相互影响的问题和现象。

　　明确社会和社会行动的概念有助于我们把握教育社会学研究的问题，即研究在教育过程中从事任何教育活动时来自他人的影响，以及自身活动过程对他人的影响；也有助于我们计划自己的行动，理解他人的行动，如对待迟到问题、学习困难等现象就不会从单一的角度去评价学生的行为。总之，社会和社会行动的概念引导我们把个人放在群体关系的角度去讨论，这是我们建立教育社会学研究视角的重要基础，运用它们去分析问题将有助于我们发挥教育社会学的想象力，形成教育社会学的学术敏感性。

第二节　教育社会学的学科性质与研究对象

一、教育社会学学科性质之争

　　目前有关教育社会学学科性质的观点很多，具有代表性的主要有以下几种。

　　第一种观点认为，教育社会学是社会学的分支学科，准确地说是社会学的应用学科②。这种观点是从研究的视角和方法来界定教育社会学学科性质。持这种观点的学者认为，单凭研究对象是不能确定一个知识体系的特点的，任何一个知识体系之所以与其他知识体系不同，是因为把握研究对象的方法、手段、角度及利用的原理与其他学科不同。该观点认为，教育社会学是运用社会学的理论和研究方法，从社会学的角度来研究教育的。因此，教育社会学从本质上看应属于社会学的应用学科。

---

① ［美］特纳：《社会学理论的结构》上册，31～32 页，北京，华夏出版社，2001。
② 传统教育社会学时代的学者多数持这样一个观点。因为这一时期教育社会学的学科任务主要是运用社会学理论解决各种教育问题。代表人物主要有美国的布朗（Brown）、裴恩（Payne）、苏扎罗、史密斯等。

第二种观点认为，教育社会学是社会学的理论分支学科。这种观点认为，教育社会学研究的主要目的是将教育体系进行社会学的分析，即把教育体系作为社会学的一个重要领域进行研究，以发展新的理论观念，使社会学理论更趋完备。该观点主要见诸新兴教育社会学学者之间。①

第三种观点认为，教育社会学是教育学科的一个分支。这种观点从研究对象的角度来界定教育社会学的学科性质，认为教育社会学的研究对象属于教育领域。教育科学作为理论体系包含若干学科，如教育哲学、教育法学等，因此，教育社会学具有与这些学科同等的性质，理应属于教育科学体系。②

第四种观点认为，教育社会学是教育学和社会学的边缘学科。这种观点认为，就其研究对象是教育活动和教育现象而言，教育社会学属于教育学科的研究领域；就其研究的理论、方法和视角主要是社会学而言，教育社会学又属于社会学的研究领域。因此，把教育社会学作为教育学科的一个分支学科，或作为社会学的一个分支学科都是合理的，不能用一个来否定另一个。③ 教育学者看它（教育社会学）是教育学，但社会学者一样也可以看它是社会学。④

第五种观点认为，教育社会学是教育学与社会学的中介学科。⑤ 该观点认为，教育社会学并非教育学与社会学的边缘学科或交叉学科，原因在于这两门学科之间存在着包含与被包含、指导与被指导的关系。因此，尽管教育社会学产生于教育学和社会学之后，但它并不是这两个学科的边缘学科。教育社会学是社会学应用于教育领域，而不是教育学的产物。

总结上述观点，我们可以将学界对于教育社会学学科性质的认识大体上分为三大类。一是将教育社会学归属于社会学门下，认为教育社会学是社会学的一个分支。所不同的是，有的学者认为教育社会学是社会学的一个应用学科（上述第一种观点），而有的学者则认为教育社会学是社会学的一个理论分支学科（上述第二种观点和第五

① 鲁洁：《教育社会学》，23页，北京，人民教育出版社，1990。
② 由于我国目前的教育社会学从业者多数具有教育学的学科背景，故这一观点在我国仍有一定的影响力。
③ 厉以贤：《试谈教育社会学的学科性质和研究对象》，载《北京师范大学学报·社会科学版》，1985(2)。
④ 林生传：《教育社会学》（修订版），2页，高雄，复文图书出版社，1985。
⑤ 吴康宁：《教育社会学》，12~16页，北京，人民教育出版社，1998。

种观点）。二是将教育社会学归属于教育学门下，认为教育社会学是教育学的一个分支学科（上述第三种观点）。三是更加强调教育社会学学科的边缘性质（上述第四种观点）。

二、教育社会学学科性质界定

我们认为，教育社会学是社会学的分支学科，但不仅仅是社会学的应用学科。教育社会学理应具有理论创新的勇气和担当。

首先，教育社会学在创设之初就与社会学结下了不解之缘。教育社会学是由法国著名社会学家迪尔凯姆所创立的，是他最先将教育活动视为一种"社会实在"，并系统地运用社会学的视角来研究教育现象，因此他也被赋予了"教育社会学之父"的美名。

其次，从教育社会学的学科发展历史来看，将教育社会学归属于社会学门下更有利于教育社会学学科的发展。翻开教育社会学的学科发展史，我们发现当其归属于教育学时，它的发展就会变得缓慢，而当其归属于社会学时就会有较好的发展。

以美国教育社会学的发展为例。教育社会学传入美国之初曾经有过较快的发展。据美国著名教育社会学家班克斯（Banks）所言，1910 年至 1926 年，美国大学和学院中开设教育社会学的数量由 40 个迅速增长到 194 个，在 1916 年至 1936 年的 20 年间，美国有 25 本教育社会学教科书出版。[①] 但是，到 1940 年以后，课程数量不断下降。造成这一状况的主要原因在于此时的美国教育社会学归属在教育学门下，被看作社会学的一个纯粹应用学科。教育社会学只是一个为了解决各种实际教育问题的社会学实用知识汇编，因此它在学科理论发展方面几乎没有任何建树。此外，由于教育社会学的教学主要在社会学系之外进行，因而也得不到社会学家的关注和支持，最终被排斥在主流社会学之外。美国教育社会学发展的颓势，一直到 1963 年才出现了根本性的转机。转机的重要标志之一就是教育社会学归属到了美国社会学学会门下，创刊于 1927 年的《教育的社会学》（*Educational Sociology*）杂志也被社会学学会所接管，并被更名为《教育社会学》（*Sociology of Education*）。在教育社会学归属于社会学门下及杂志被接管之初，一些美国学者担心教育社会学的发展会走向衰落，怀疑社会学理论家只会建构冗长的理论，将忽视理论的教育应用和检验。他们认为，

---

① ［瑞典］T. 胡森、［德］T. N. 波斯尔斯韦特：《教育大百科全书》第 2 卷，349 页，重庆，西南师范大学出版社，2006。

那些社会学家只会沉溺于封闭的学术研究之中，不会关注教育领域中的各种鲜活的事实和现象。①

但是，事实证明，正是由于教育社会学归属于美国社会学学会，强调教育社会学的社会学性质，以及社会学家的积极参与，才使得美国教育社会学在 20 世纪 60—70 年代出现了一次理论的大发展。在这一时期，教育冲突论和教育互动论纷纷涌现并最终成为教育社会学理论的主流力量，使得美国教育社会学从此进入了理论林立、学派纷争的繁荣时期。到 20 世纪 80 年代，教育社会学已经成为美国社会学研究领域中最受关注、最高产的一个分支学科。

三、教育社会学的研究对象

我们认为，教育社会学的研究对象是教育活动。教育社会学的基本特点是把教育活动作为一种社会活动和社会现象进行研究。而这样一种作为社会活动的教育活动正是教育社会学的研究对象。这样一种意识也是教育社会学最基本的学科意识。②事实上，我们可以把教育看作一个研究领域，人们可以运用各种不同的研究方法和学科视野对教育活动进行探索和研究。如果把教育活动比作一个景色优美而又神秘幽深的大花园，那么心理学、社会学、政治学、经济学、管理学、文化学、哲学、法学等学科视野就是探究教育这所花园的条条曲径。运用不同的学科视野审视教育活动，就会得到不同的教育镜像，就像经由不同的小路探究美丽的、巨大的花园所欣赏到的景色不同一样。

事实上，教育社会学、教育哲学、教育心理学等都以教育活动作为研究对象，在这一点上，它们之间并无多大的区别。但是，由于社会学、哲学、心理学都有自己学科独有的研究视角，因此，在运用这些学科研究教育现象时便会有不同的研究路径、研究方法和研究视角，也会对教育现象做出不同的解释，得出不同的研究结果。但是，教育社会学在研究视角和研究结果方面与其他教育学科的不同，并不代表教育社会学在研究对象方面有什么独特之处。教育社会学与其他教育学科的不同正是在于社会学的研究视角不同于其他学科。

---

① Dan W. Dodson, "Valedictory," *The Journal of Educational Sociology*, 1963(9), pp. 407-409.

② 谢维和：《教育活动的社会学分析：一种教育社会学的研究》2 版修订本，13~14 页，北京，教育科学出版社，2007。

　　教育社会学并没有自己独有的、其他学科不能涉猎的研究对象。只要是教育现象和教育问题，教育社会学就可以研究，当然其他学科也可以研究。教育现象和教育问题本身并无任何学科的标号，没有哪个现象和问题是带有某个学科特有的色彩的，有的只是人们提出问题的方式的差异。正是针对教育现象提出的问题不同，导致了研究教育现象的诸多学科的学科意识和学科性质的差异。同样一个教育现象和教育问题，教育社会学可以研究，教育哲学、教育心理学也可以研究，但是不同学科的研究成果却带有各学科明显的学科意味。其中的主要原因在于各个学科针对同一教育现象提出了不同的问题，准确地说应该是提出了带有不同学科意识的问题。

　　我们以课程研究为例。同是研究课程问题，心理学一般会提出课程与个体心理（尤其是学习心理）的发展问题。心理学家一般考虑特定心理发展阶段的学生应该学习哪些内容，怎样组织这些内容才能最适合学生学习等问题。心理学家很少就课程背后的教育理念和哲学基础进行考量和反思。与之相反，哲学家在研究课程问题时会就课程设计背后所蕴含的教育理念和哲学基础发问，常见的问题是：课程设置与设计反映了什么样的知识观和价值观？在他们看来，这才是课程研究最基础的问题。只有解决学什么和为什么学的问题，才可以提出怎么学的问题。相比较而言，社会学家在课程问题上更加关注课程与社会环境之间的交互作用。[①] 社会学家把课程作为社会文化的一个组成部分，他们经常就课程如何受社会政治、经济等因素的制约，以及课程的社会文化职能及其对社会发展的影响问题发问。当然，不同的社会学理论流派的看法又不尽相同，这就形成了不同教育社会学流派，如教育功能论、教育冲突论和教育互动论等课程研究。

　　由此看来，担心由于没有教育社会学"独特的"研究对象，而导致教育社会学丧失学科合法性的想法是不必要的。将教育社会学的研究对象界定为教育活动并不会导致教育社会学学科的合法性丧失。恰恰相反，如果教育社会学"认定"一些自己特有的研究对象，并在研究中固守这些"研究领地"，倒是更容易导致教育社会学研究范围和眼界的窄化，对于学科的长远发展来讲无异于画地为牢、作茧自缚，长此以往会使教育社会学因研究的窄化和僵化而逐渐丧失学科的生存空间。

---

① 施良方：《课程理论：课程的基础、原理与问题》，43页，北京，教育科学出版社，1996。

第三节 教育社会学的研究视角与学科意识

////////////////////

与其他社会科学相比,教育社会学并没有自己特有的具体研究方法。教育社会学基本上是借用社会科学的通用研究方法进行具体研究,常用的方法包括调查法、统计分析法、文献法、访谈法等。但是,这并不表明教育社会学没有自己独特的研究视角。相反,正是有了自己的独特研究视角,教育社会学才得以获得学科地位。而对于教育社会学研究视角、学科性质、学科定位与归属等问题的自觉就是所说的学科意识,在明晰的学科意识指导下的研究就具有了教育社会学的学科意味。

一、教育社会学的研究视角

一个学科的研究视角指的是该学科讨论问题时的着眼点。教育社会学的研究视角就是从社会行动角度分析教育中的社会现象和社会问题,即从人与人、人与整体、教育与社会结构的关系角度分析教育问题。正如英国社会学家齐尔格特·鲍曼所言,把社会学与其他社会科学区分开来,并使它成为有其独一无二的特征的东西,是社会学将人类行为看作广泛的整体结构的要素①。从教育社会学的视角看问题,就是要运用"社会学的想象力"②对教育现象和问题进行思考和研究,使我们能够在司空见惯的教育现象中发现新的问题。概言之,在整体社会的运转过程中把握教育制度,在群体生活中理解个人的学习与发展,是教育社会学研究教育问题的独特视角,也是"教育社会学的想象力"。

目前,教育社会学的研究视角问题,是制约我国教育社会学研究的重要问题。吴康宁认为,我国教育社会学研究最致命的缺陷,莫过于众多的所谓教育社会学研究,其实并没有体现出教育社会学的独特视角,并未体现出教育社会学与教育学到底区别何在,这些研究与其说是教育社会学,不如说仍然是教育学或教育的社会哲

---

① [英]齐尔格特·鲍曼:《通过社会学去思考》,8页,北京,社会科学文献出版社,2002。
② "社会学的想象力"是美国著名批评社会学家米尔斯提出的一个重要概念,它指的是"一种心智的品质""一种视角转换的能力"。他运用社会学想象力所做的最有成果的区分是"环境中的个人因素"和"社会结构中的公众论题"。([美]米尔斯:《社会学的想象力》2版,3~6页,北京,生活·读书·新知三联书店,2005。)

学。① 为了更好地说明教育社会学与其他学科在研究视角方面的不同，吴康宁专门以教学研究和课程研究为例展示了教育社会学的研究视角（见框 1-2）。

> **框 1-2　教育社会学研究视角举例**
>
> 　　比如，教师的教育技能差，不会运用启发式教学，这个问题就不具有社会学意味，它是一个"教育学"问题，而不是"社会学"问题。倘若教师只对部分学生充满期待，运用启发式教学，而对其他学生不抱期待，只用填鸭式教学，那么，这个问题便具有了社会学意味，因为它涉及教育微观领域中的机会均等问题。再如，对于学校中的课程，教育学、教育心理学研究它，教育社会学也研究它，但各自研究的层面不同。教育学研究的是"作为教育活动要素的课程"，旨在阐明课程的学科结构、设置与安排；教育心理学研究的是"作为心理发展材料的课程"，旨在探明课程的心理逻辑结构及其发展价值；教育社会学研究的则是"作为社会控制中介的课程"，旨在揭示课程的社会文化特征。
>
> 　　　　　　——吴康宁：《教育社会学》，6～7 页，北京，人民教育出版社，1998。

　　对教育社会学的研究视角重视不够，教育社会学研究的学科意识不强，确实是制约我国教育社会学研究进一步发展的"瓶颈"。只有确立并体现出教育社会学研究的独特视角，才能解决教育社会学研究存在的必要性和合理性问题。事实上，教育社会学与教育学、心理学、教育哲学等相关学科在研究视角上的确存在着较大的差异，存在自己独特的研究风格和学科意识。

（一）教育社会学与心理学

　　教育社会学在解释教育活动或教育现象时，多数从环境入手；而心理学则大多从个体入手。或者说，教育社会学一般将个体的教育行为归因于个体所处的社会环境，而心理学则一般将其归因于个体自身的心理因素。

　　我们以学生越轨行为研究为例来考察两种研究视角的差异。心理学一般称其为学生"问题行为"，心理学家一般将越轨主要归因于越轨者的心理问题——个人特性。针对学生越轨行为，心理学家一般会提出这样的问题：为什么你越轨而别人就不越轨呢？答案是"你"有心理问题。矫正的措施就是对越轨者个人进行临床心理干预。与心理学家不同，社会学家认为，尽管个体的心理因素无疑是越轨的重要原因，但

---

① 　吴康宁：《教育社会学》，50 页，北京，人民教育出版社，1998。

是，越轨行为得以在其中发生、承受及改造的社会环境则是越轨更为主要的原因。社会学家一般会提出这样的问题：为什么其他学校中学生的越轨概率更低呢？答案是学生生活的社会环境不同。消除越轨的主要措施则在于改善学生的生活环境。

我们还可以以教师职业倦怠研究为例来区分两种研究视角。针对教师职业倦怠，心理学家提出的问题是：为什么在同一所学校里，面临同样的工作压力的情况下，有的教师产生了职业倦怠，而有的教师却没有产生职业倦怠呢？答案是导致教师职业倦怠的最直接、最根本的原因在于教师个性心理特征。因此，心理学家把提高个人的抗压能力和心理韧性看作预防和矫正教师职业倦怠的有效方法。同样是研究教师职业倦怠，社会学家提出的问题则是：同样面临工作压力，为什么其他学校的教师发生倦怠的比例小呢？答案是导致教师职业倦怠的最根本的原因在于学校的组织环境等外在因素。因此，社会学家更加强调从教师所处的社会环境方面解释和防范教师职业倦怠问题。

由此可见，教育社会学与心理学的研究视角存在一定的差异。用美国社会学家科恩(Cohen)的话来说，心理学是"关于人的理论"，而社会学则是"关于情景的理论"。[①] 当然，随着社会心理学研究的不断发展和成熟，社会学和心理学在教育问题研究上，尤其是微观教育问题研究上的区别将逐渐变得模糊。

此外，迪尔凯姆在《教育与社会学》一书中专门就社会学与心理学在教育研究中的区别进行了阐述，对于我们认识两种学科研究视角的异同也有一定的启发意义。在他看来，只有社会学能够帮助我们确立教育的目的。

心理学家认为，人的智力素质和身体素质是人们自发的渴求，教育应该按照个体本性所指示的方向对其施加影响，使个体各种潜能得以呈现和发展。迪尔凯姆否定了这一观点，他认为，每个人身上都有两种存在：个体存在和社会存在。教育是使年轻一代系统地社会化的过程。教育的目的就是在个体身上形成这种社会的存在。用他的话来说，"教育并不局限于依照单个有机体的本性所指示的方向促使其发展，也不局限于显露那些只需要加以呈现的各种潜能。教育在人的身上创造了一种新的存在"[②]。因此，迪尔凯姆认为，唯有社会学才能够告诉教育者应该追求什么样的目标，而心理学在确定教育方法的过程中无疑会扮演一个有用的角色。然而，由于教育的目标是社会性的，实现教育目标的手段也必然是社会性的，所以，究竟从什么

① [美]波普诺：《社会学》第10版，214页，北京，中国人民大学出版社，1999。
② [法]涂尔干：《道德教育》，236页，上海，上海人民出版社，2006。

样的审慎态度出发，在什么样的限度之内，它(学校)才适合于采用心理学的数据，甚至从确定方法的方面来看，① 都不能没有社会学的合作。

（二）教育社会学与教育学原理

谢维和认为，教育社会学与教育学原理主要存在两个方面的差异：一是研究的抽象层次方面的差异；二是研究对象方面的差异。②

从研究的抽象层次来看，教育社会学是一门中观的学科，而教育学原理是一门宏观的学科。自 20 世纪 50 年代以来，美国社会学家默顿(Merton)的"中层理论"在社会学研究乃至在教育社会学研究中都得到了较好的体现，社会学基本上放弃了高度思辨的、抽象的、以整个社会为研究对象的雄心壮志，纷纷把目光转向具体的社会问题。正是在这一背景下，现代教育社会学也在对教育活动的研究中体现出了中观性的明显特征。

从研究对象来看，教育社会学与教育学原理也是有所不同的。教育学原理研究的是一般的教育现象，是教育现象及其过程的最一般规律；教育社会学研究的是作为一种社会现象的教育活动，是一种特殊的和具体的社会现象。

（三）教育社会学与教育哲学

为了确立教育社会学独特的研究视角，迪尔凯姆在《教育与社会学》中对教育社会学与教育哲学的研究视角进行了比较。

在迪尔凯姆看来，教育社会学是一门科学。他认为，科学的研究必须具备以下几个特征：一是必须处理那些得到证实、选择和观察到的事实；二是这些事实必须具有同质性，可以根据同样的标准归类；三是研究这些事实只是为了公允地了解和表达它们。科学家的角色是表达现实，而不是评判现实。③

迪尔凯姆从目的和取向两个方面对教育社会学与教育哲学的研究视角进行了很有见地的区分(见框 1-3)。在他看来，教育社会学的目的是描述和解释"是"或"曾是"，它的取向是过去和现在。换句话说，教育社会学要对现在或过去的现象进行描述，以便寻求这些现象产生的原因，并确立这些现象的功能和效果。与之相反，教育哲学的目的不是去解释"是"或"曾是"，而是确立"应是"。在取向方面，教育哲学的取向既不是过去也不是现在，而是未来。

---

① [法]涂尔干：《道德教育》，275 页，上海，上海人民出版社，2006。
② 谢维和：《教育活动的社会学分析：一种教育社会学的研究》2 版修订本，22～23 页，北京，教育科学出版社，2007。
③ [法]涂尔干：《道德教育》，250 页，上海，上海人民出版社，2006。

> **框 1-3　教育社会学与教育哲学研究视角的差异**
>
> 　　它们(教育哲学)并不想表达既存的现实,而是去制定行动的准则。它们并不告诉我们存在是什么,为什么存在,而是告诉什么是必须做的事情。教育理论家们通常以一种几近轻蔑的态度去讨论现在和过去的传统实践。他们首先指出了其中的不足之处。几乎所有伟大的教育家,如拉伯雷、蒙田和卢梭,都带有一种革命精神,都反叛着同时代人的实践。当他们提到古老的或既存的体系时,只是为了谴责这些体系,宣称它们根本没有本来的基础。他们或多或少都以"白板"为基础,着手建构一种全新的体系。
>
> 　　————[法]涂尔干:《道德教育》,253页,上海,上海人民出版社,2006。

　　在《教育思想的演进》一书中,迪尔凯姆比较和分析了人文主义教育哲学与教育社会学对于教育问题认识的不同。在他看来,人文主义的教育理论建立在两个基本的假设之上:第一个假设是"不论何时,无论何地,人性是同一的";第二个假设是"古典作家的卓越之作,尤其是拉丁作家的卓越之作,构成了可能有的最佳学园"。① 从这两个假设出发,人文主义者便会推演出一个永恒主义的教育主张。与之相反,教育社会学则注重从历史考察中理解教育现象,希望从中发现人实际上是什么,并据此对人实施相应的教育。

　　迪尔凯姆认为,教育社会学的研究不能像教育哲学研究那样,从一个基本的假设出发进行严格的逻辑推演。迪尔凯姆的社会学经典研究思路由以下几个步骤构成:第一步是对所研究的对象下定义,严格界定研究对象;第二步是批驳先前流行的具有代表性的各种相关解释;第三步是对所研究的现象做一番真正社会学的解释。②

　　事实上,教育社会学与教育哲学两个学科在研究目的和取向上的不同确实存在,但这并不表明这两个学科在学科价值上有什么高下之分。教育哲学具有明显的思辨性质,反思批评和演绎推理是它的典型特性。教育哲学总是从基本的人性假设和理想人格的假设出发,通过反思和批判已有的教育理论和教育实践,来演绎推论出理想形态的教育理论和实践。如果没有了反思和批判,没有了基于基本假设的演绎推论,教育哲学也就失去了活力,甚至丧失其存在的合理性。

---

① [法]涂尔干:《教育思想的演进》,14页,上海,上海人民出版社,2006。
② [法]阿隆:《社会学主要思潮》,244页,北京,华夏出版社,2000。

二、教育社会学的学科意识

教育社会学的学科意识指的是关于教育社会学的总体意识，是教育社会学的研究者应该具有的对教育社会学的研究对象、学科归属、学科定位、学科性质、研究视角等基本问题的意识和把握。教育社会学的学科意识主要回答教育社会学是什么，以及什么样的研究是教育社会学的研究等问题。清晰的学科意识既依赖于教育社会学学科本身的发展和成熟，又是教育社会学学科发展和成熟的一个重要的前提条件。

一个具有清晰学科意识的研究者提出的问题、运用的研究视角及得出的研究结论，都具有教育社会学的学科意味。但是，由于我国的教育社会学整体上还处于学科的初创时期，受学科发展水平的制约，我国的教育社会学研究在学科意识方面的自觉性还不够。许多冠以"教育社会学研究"的研究或者自称"某某教育问题的社会学分析或研究"的研究，其实很少有教育社会学的学科色彩。其原因主要在于研究者缺乏明晰的学科意识：在研究之初，没有从教育社会学的视角提出问题；在研究实施的过程中没有运用教育社会学的视角和方法分析问题和解决问题。在教育社会学的学习和研究过程中，尽快树立起明确清晰的学科意识，是促进我国教育社会学学科发展和成熟的一个途径。如果没有学科意识，教育社会学的研究就没有自身的特点和价值，也就没有了存在的必要性和合理性，它的发展和成熟也就成了无稽之谈。

根据对学科界限的强调程度不同，我们可以区分出两种不同的教育社会学的学科意识观，谢维和将这两种教育社会学的学科意识分别称为"常规性学科意识"和"反思性学科意识"。① 常规性学科意识的持有者要求从严格的学科角度出发，来分析和研究教育活动和现象，规范教育社会学的研究过程，包括选题、研究方法及研究的视角和结构等。反思性学科意识的持有者则更多地从现实的教育问题出发，在比较模糊的学科界限的基础上进行教育社会学的分析和研究，不仅不拘泥于某些具体的研究框架和标准，而且会不断地反思、批判并重构教育社会学已有的研究框架和标准。

在现实的教育社会学研究中，这两种学科意识存在着一定的张力。常规性学科意识的持有者一般会有一个学科"规训"情结，有一个关于教育社会学研究的相对固定的研究模式和框架，并要求或希望其他从业者也遵循这一模式和框架，以便突出研究的教育社会学学科意味。反思性学科意识的持有者则并不太在意学科之间的人

---

① 谢维和：《教育活动的社会学分析：一种教育社会学的研究》2版修订本，6页，北京，教育科学出版社，2007。

为界限，他们更加强调"问题决定研究"，主张发挥教育社会学的综合性特征和长处，充分借鉴和吸收相关学科的学术资源来研究教育现象和问题。后者对于教育社会学的已有研究模式和框架往往抱有反思、批判和建构的态度。事实上，常规性学科意识和反思性学科意识在教育社会学的学科发展过程中各有其存在的合理性，在现实的教育社会学的学习和研究中常常交织在一起。因此，我们认为充分认识两种学科意识的优点与不足，秉持一种动态的学科意识观更有利于我国教育社会学的学科发展。

在教育社会学学科发展的初期，应该更加强调常规性学科意识。在发展的初期应强调教育社会学的学科意识和研究视角，这是教育社会学存在的必要性和合理性基础。尤其在我国教育社会学发展的现阶段，强调常规性学科意识更加具有现实性和必要性。在许多的教育社会学研究中都存在学科意识不清、学科视角不明的问题，有些理论研究缺乏对基本概念的界定和说明，许多实证研究在研究设计、实施和解释方面都存在一些不规范的现象。这些现象的存在极大地影响到我国教育社会学的研究质量，制约了学科的进一步发展。在这样一个现实背景下，常规性学科意识对于教育社会学研究模式和规范的强调，有利于提高我国教育社会学研究的规范性和严谨性，促进学科建设的体系性和完整性。

建立在严格的学科分类基础上的常规性学科意识，只是一种学习和研究教育社会学的初步取向。在教育社会学发展的初期，常规性学科意识对于明晰教育社会学的学科特点，界定教育社会学的学科边界等都具有非常重要的价值和意义。但是，当教育社会学的发展达到一定的阶段后，如果固守常规性学科意识，一味强调对教育社会学研究的"学术规训"，就会对教育社会学的进一步发展和深入研究造成不利影响。与常规性学科意识不同，反思性学科意识具有非常强烈的反思批判意识和取向。在研究具体教育问题时，反思性学科意识更多地强调教育问题的复杂性和整体性，主张"问题决定方法"，模糊传统学科之间的界限，更多地从跨学科的视野来分析和研究教育问题。对于教育社会学已有的研究框架和理论，反思性学科意识也采取一种基于建设的自我批判的态度，从而不断推进教育社会学的理论发展和创新。

由此看来，随着教育社会学的进一步发展和成熟，反思性学科意识因其有一个更加开放和包容的胸怀，而更有利于教育社会学的创新和发展。

三、教育社会学研究的方法论

由于人们在教育社会学的学科性质、研究对象，以及功能定位等方面存在一定的分歧，因此学界关于教育社会学的研究方法论也存在不同的观点和看法。这里，我们试图结合我国教育社会学学科发展的现状与存在的问题，谈谈教育社会学研究的方法论。

（一）事实研究基础上的价值涉入原则

我们认为，在教育社会学的研究中应该奉行事实研究基础上的价值涉入原则。教育社会学学者在研究教育现象和教育问题时，应该将其视为一种社会事实或一种社会实在。在研究过程中，研究者应该摆脱个人在认识和情感等方面的偏好和成见，力求对教育现象进行客观分析、解释和评价。在方法论方面强调教育社会学研究的客观性，对于规范教育社会学的研究，提高研究的质量和水平具有非常重要的意义。但是，不能将此作为反对教育社会学研究中的价值涉入的理由，采取非此即彼的取舍态度。我们知道，教育最基本的功能就是价值引导，没有价值引导的教育便不能算作教育。同样，也不存在完全没有价值涉入的教育社会学研究。实际上，在从众多的教育现象和教育问题中选择研究对象的那一刻起，研究者的价值因素就已经开始涉入教育研究了，否则便很难解释为什么选择"此问题"而不是"彼问题"。

事实上，无论是社会学的创始人还是教育社会学的创始人，都是奉行这个方法论原则的。社会学之父、法国著名社会学家孔德在创建社会学之初所使用的学科名称是"社会物理学"，他希望建立一门能够像解释物理世界运行规律一样解释社会世界规律的、关于社会的实证科学。[①] 尽管孔德强调社会学的目标是发现社会的"不可更改的规律"，但是他的最终目的是在此基础上建立新的社会秩序。正如美国社会学家戴维·波普诺所认为的那样，"孔德并没有以纯科学的兴趣去分析社会，他更想建立一个'精神的精英'——由他自己领导——去管理新的社会秩序"[②]。用法国著名社会学家阿隆（Aron）的话来说，"孔德既想成为一个学者，又想成为一个改革者"[③]。

与孔德一样，迪尔凯姆也强调摒除偏见和意识形态对于研究社会事实的重要性。他把教育现象看作一个"社会事实"，观察社会事实的"第一条也是最基本的规则是：要把社会事实作为物来考察"[④]。在他看来，科学的态度要求接受一个感官证据，摆脱先入为主和各种偏见的宽广心态。他要求社会学家研究事物的本来面目，构造反

---

① ［英］安东尼·吉登斯：《社会学》第 4 版，8 页，北京，北京大学出版社，2003。
② ［美］波普诺：《社会学》第 10 版，13 页，北京，中国人民大学出版社，1999。
③ ［法］阿隆：《社会学主要思潮》，52 页，北京，华夏出版社，2000。
④ ［法］E. 迪尔凯姆：《社会学方法的准则》，35 页，北京，商务印书馆，1995。

映社会事物真实本质的新观念。但是，个人与集体之间的关系始终是迪尔凯姆思想的中心。因此，他又强调，对于任何一个的社会事实，认识到原因和功能这两个问题以后，我们就应当规定解决它们的方法①。迪尔凯姆的整个社会学思想旨在通过强调"集体意识"，即"一般社会成员共同的信仰和情感的总和"，来重构社会的"协调一致"，强加集体的指令和戒律的权威。② 迪尔凯姆的教育社会学名著《教育思想的演进》本来是为"大中学校教师资格考试"的应试者所开设的"法国中等教育史"的讲稿，其目的就是帮助法国摆脱中等教育危机，寻求切实可行的中等教育改革法案。由此可见，迪尔凯姆在社会学和教育社会学研究中奉行的也是事实研究基础上的价值涉入方法论。

如果我们坚持奉行事实研究基础上的价值涉入方法论，那么教育社会学研究就应该关注、研究并以自己特有的适当方式积极参与到教育实践和教育改革之中。教育社会学研究的内容也就不能只包括"是什么"和"为什么"的事实研究和客观解释部分，还应该包括"应该怎么样"的价值涉入部分。当然，这里的第三个部分应该以前两个部分为前提和基础。

（二）宏观研究与微观研究互补原则

在教育社会学理论流派中，教育功能论和教育冲突论主要关注教育与其他社会结构和社会制度之间的关系研究。也就是说，教育功能论者和教育冲突论者主要从事宏观的教育社会学研究。教育互动论者则主要关注微观领域的教育现象和教育问题。教育互动论者主要运用符号互动论、拟剧论、角色理论和现象学等理论资源对课堂中的师生互动、人际交往、知识与权力关系等问题进行观察、分析和解释。我们认为，强调宏观研究和微观研究的相互融合、相互借鉴和相互补充，无论对于教育社会学的学科发展，还是对于更加全面地认识教育现象都具有十分重要的意义。

从世界教育社会学的学科发展历史来看，20世纪60年代末以前，教育社会学的研究主要是受功能论支配的宏观研究。当时研究的主要内容是教育的社会功能，主要探究教育与政治、经济、文化等社会制度之间的相互关系。20世纪60年代末70年代初，教育冲突论和教育互动论兴起。随着教育冲突论和教育互动论的兴起，教育功能论在教育社会学理论中的支配地位逐渐丧失，宏观研究一枝独秀的局面也就变成了宏观研究和微观研究齐头并进、相互竞争的局面。到20世纪70年代末80年

---

① ［法］E. 迪尔凯姆：《社会学方法的准则》，114页，北京，商务印书馆，1995。
② ［法］阿隆：《社会学主要思潮》，270页，北京，华夏出版社，2000。

代初，宏观研究与微观研究相互结合的重要性日益显现，最终出现了两个层面相互融合的局面，并一直持续至今。尤其是受教育互动论影响的教育微观研究，在研究方案的设计及研究结果的解释方面，一般会以某种宏观教育社会学理论作为背景，不是以功能论为背景，就是以冲突论为背景。

我国目前的教育社会学研究在宏观和微观相互融合、相互补充和相互借鉴方面做得还不是很好。强调宏观与微观之间的相互融合和相互补充，对于促进我国教育社会学研究的深入开展具有重要的现实意义。

（三）量化研究与质性研究并存原则

量化研究应该注重理论框架的建构，要有充分的理论支撑；样本的选取要符合样本容量和代表性的要求；问卷设计要规范，要有效度和信度的分析和考量。一个既不测试问卷的信度和效度，也不进行试测和修订，随意"设计"或"编制"的问卷获得的数据，是不会有任何研究价值的。

质性研究也称质的研究，它不同于定性研究。顾名思义，定性研究含有价值判断的成分；质性研究则强调研究者价值中立的研究态度，其基本特征是描述和解释。① 此外，质性研究也不同于量化研究，它不追求研究对象的代表性和研究结论的普适性。但是，质性研究在研究方法的运用、研究过程的实施，以及研究结论的得出与解释等方面，也同样存在一定的"研究规范"。这些研究规范是任何一个严肃的教育社会学质性研究都应该认真遵守的。

应该说，量化研究与质性研究方法本身并不存在高低优劣之分，如果应用得当都能够对教育现象和教育问题起到很好的描述和解释作用。因此，我们主张在教育社会学研究中，应该允许量化研究和质性研究并存。

（四）理论研究与应用研究并重原则

理论研究与应用研究并重，是教育社会学研究的又一个重要的方法论原则。目前，我国教育社会学缺乏理论创新，常见的教育社会学研究大多是西方社会学理论或教育社会学理论在我国教育领域的应用研究。因此，重视教育社会学的理论研究，加强教育社会学的理论创新，对于我国教育社会学的学科发展具有非常重要的现实意义。首先，应继续加强对西方教育社会学理论，尤其是 20 世纪 80 年代以来的西方教育社会学理论的引介和研究。"他山之石，可以攻玉。"我国教育社会学还处于

---

① 陈向明：《质的研究方法与社会科学研究》，7页，北京，教育科学出版社，2000。

"初创"时期，西方教育社会学理论的研究和借鉴对于学科发展具有十分重要的意义。张人杰主编的《国外教育社会学基本文选》和厉以贤主编的《西方教育社会学文选》，对于我国教育社会学的重建和发展起到了至关重要的作用。但是，两本文选的选文都是 20 世纪 80 年代以前的教育社会学文献。20 世纪 80 年代以来，西方教育社会学已经由边缘走到了中心，成为社会学中最热门、最高产的学科，取得了一大批有价值的研究成果。及时地翻译、引介和深入研究当代西方教育社会学理论研究的成果，将有助于我国教育社会学的学科发展和进步。

研究者从事教育社会学的理论研究，既需要具有扎实的社会学理论基础和宽广的学术视野，又需要耐得住"寂寞"，[1] 能够不受或少受"短视性"科研管理制度的约束。只有如此，我们才有望在教育社会学的教材中更多地展现我国教育社会学家的理论研究成果。

应用研究主要是应用已有理论成果研究教育现实问题。应用研究一般从教育现实问题出发开展研究，既可以有助于教育现实问题的解决，又可以有助于已有理论的检验、修正和提升。由此可见，理论研究和应用研究存在一定的内在联系，奉行两种研究并重的方法论有助于我国教育社会学学科的健康发展。

第四节　教育社会学的学科功能和边界

教育社会学的学科功能与边界问题是教育社会学"元研究"的重要内容。教育社会学的学科功能涉及教育社会学的价值和功用，学习和研究教育社会学的意义等重要问题。教育社会学的边界则涉及教育社会学的学科抱负与教育社会学的学科发展程度之间的张力等问题。

一、教育社会学的学科功能

探讨教育社会学的学科功能实际上是在回答教育社会学研究成果有何功用的问题，要回答这个问题必须先搞清楚教育社会学研究的方法论问题。如前所述，我们

---

[1] 德国著名教育家威廉·冯·洪堡(Wilhelm von Humboldt, 1767—1835)认为，"寂寞"和"自由"是大学最根本的两个组织原则。在他看来，寂寞是自由的条件，而自由是寂寞的目的。（陈洪捷：《德国古典大学观及其对中国大学影响》，58～65 页，北京，北京大学出版社，2002。）

认为，教育社会学除了回答"是什么"和"为什么"这样的问题之外，还应该回答"怎么做"的问题。当然，"怎么做"问题的回答应该严格建立在对"是什么"和"为什么"的认真回答基础之上，这也是教育社会学研究方法论"事实基础上的价值涉入原则"在具体研究中的要求和体现。

基于上述认识，我们认为，教育社会学研究主要具有描述、解释和咨询三大功能。

（一）描述功能

教育社会学的描述功能是通过回答"是什么"来实现的。客观全面地描述教育活动，真实地再现各种教育现象和场景，既是教育社会学研究的基础和前提，也是教育社会学发挥其他功能的基础和前提。

教育社会学可以通过量与质的研究方法来对教育活动进行社会学的描述。量的描述方法一般要借助一定的研究工具和技术手段，特别强调研究的效度和信度、取样的随机性和代表性，研究结果一般会以某种数量化的形式出现。质的描述方法主要运用教育叙事、口述史、田野工作、参与式观察等方法就教育活动的社会属性进行探究，一般不强调研究的代表性问题，也不要求得出一般性结论。

（二）解释功能

教育社会学的解释功能是通过回答"为什么"来实现的。在准确、客观、全面、真实地描述教育活动的基础上，解释教育活动之所以具有如此社会属性的原因，是教育社会学的又一个重要的学科功能。

一般而言，教育社会学常用的解释方法可以分为两类：一是现代主义的解释方法；二是后现代主义的解释方法。现代社会科学从教育活动的外部影响因素及其内部客观功能对教育活动进行客观解释，认为在终极意义上正确的解释是唯一的。迪尔凯姆就是现代主义解释方法的代表人物之一。迪尔凯姆主张，当我们试图解释一种社会现象时，必须分别研究产生该现象的原因和它所具有的功能①。在他看来，一种社会事实的决定性原因，应该到先于它存在的社会事实之中去寻找，而不应到个人意识的状态之中去寻找……一种社会事实的功能应该永远到它与某一社会目的的关系之中去寻找②。这就是迪尔凯姆的社会学方法准则。后现代主义的解释是一种个体化的解释方法，这种解释力求说明教育现象的意义与教育活动主体的主观动

---

① ［法］E. 迪尔凯姆：《社会学方法的准则》，111 页，北京，商务印书馆，1995。
② ［法］E. 迪尔凯姆：《社会学方法的准则》，125 页，北京，商务印书馆，1995。

机、意向等之间的关联。后现代主义的解释方法认为对于一个教育活动的意义解释可以是无限的，不存在终极意义上的那个所谓"唯一正确的"解释。

（三）咨询功能

教育社会学的咨询功能是通过回答"怎么做"来实现的。教育社会学的研究，绝不仅是要去发现问题和说明问题，而是同时具有解决问题的积极作用。① 所谓教育社会学的咨询功能就是教育社会学研究成果对教育问题解决所具有的参考价值和功用。

参与教育改革和为教育制度的制定提供咨询和研究支持，分析和评价教育政策和教育改革，是教育社会学咨询功能的重要表现之一。《教育社会学手册》的主编哈里楠(Hallinan)认为，多数(教育社会学)研究对教育政策都有着或明或暗的启示作用……当然有些研究的政策导向意图更加明确些。总体来说，理论越是坚定、资料越是翔实，教育社会学研究对教育政策和教育改革的影响就越大②。由此可见，教育社会学的咨询功能以描述功能和解释功能为基础，咨询功能的发挥受到描述和解释力度的制约和影响。

二、教育社会学的学科边界

每一个学科都有其研究的边界，教育社会学的学科边界要回答的问题就是：哪些问题是教育社会学不研究的或不能研究的？

社会学自从创建之日起就有一个"雄心壮志"：它要像物理学等自然学科探究自然界的发展规律那样探究人类社会的发展规律，最终利用这些规律更好地改造人类社会。在这样一个伟大抱负的激励下，许多社会学家都以探讨人类社会发展的基本规律为己任，至少在思想意识上几乎将人类社会发展中的所有问题都纳入自己的学科视野之中。

迪尔凯姆在《自杀论》的自序中开门见山地反思了"社会学的抱负"问题。他认为，社会学家不应该放弃任何抱负，但是……社会学家不应该热衷于对社会现象进行形而上学的思考，而应该把各种具有界限的现象作为研究的对象③。在他看来，社会

① 谢维和：《教育活动的社会学分析：一种教育社会学的研究》2版修订本，30页，北京，教育科学出版社，2007。
② [美]莫琳·T.哈里楠：《教育社会学手册》，13页，上海，华东师范大学出版社，2004。
③ [法]埃米尔·迪尔凯姆：《自杀论》，2页，北京，商务印书馆，1996。

学应以说明社会领域的有限部分、研究特定问题为己任，而不应该研究所有的问题，研究那些"引人入胜的一般性"，否则社会学很快就会重新信誉扫地。为了保证社会学研究能有所建树，除了限定社会学的研究对象外，迪尔凯姆认为，社会学家还应该仔细参考各种辅助学科，如历史、人种志和统计学；没有这些学科，社会学就可能一事无成。①

迪尔凯姆在 19 世纪末对社会学研究的忠告，对我国教育社会学的学科发展具有重要的借鉴意义。当前我国教育社会学发展过程中存在两个学科边界不清的问题。一是无限拓展教育社会学的"地盘"，单纯依靠教育社会学的理论逻辑演绎来解释、说明教育活动或教育现象等，似乎没有什么教育问题是教育社会学所不能研究的。二是缺乏扎实深入的、具有教育社会学学科意味的具体研究，许多冠以教育社会学之名的研究其实并不属于教育社会学领域的研究。前者看似提高了教育社会学的学科地位，实际上却削弱了它的力量和功能，因为明确的边界意识恰恰是充分发挥教育社会学作用的必要条件，而一个无所不包、无所不能的学科只能是一个一无所是、一事无成的学科。后者将教育社会学学科边界之外的研究冠以"教育社会学"的名头，同样会导致教育社会学学科边界的模糊和消失，最终将导致教育社会学学科合理性的丧失。

尽管自重建以来，我国的教育社会学学科已经取得了重大进展，也在一些领域取得了重要的研究成果，但是整体来看，我国教育社会学学科仍然处于发展初期。一个学科在发展初期总会有这样那样的问题存在，学科边界问题就是这个发展阶段的特有问题之一。这些问题的存在应该成为我们努力的理由，而不应该成为我们放弃的借口。正如迪尔凯姆所言，"一门诞生不久的科学有权犯错误和进行探索，只要它意识到自己的错误和探索以免重复"②。

---

① ［法］埃米尔·迪尔凯姆：《自杀论》，2 页，北京，商务印书馆，1996。
② ［法］埃米尔·迪尔凯姆：《自杀论》，2 页，北京，商务印书馆，1996。

第二章　教育社会学的历史和发展

　　教育社会学的诞生地在法国，但随后它很快在美国和英国得到了学界和社会的认可，并在学科建设与发展等方面取得了重大进展。到 20 世纪 80 年代，教育社会学在世界范围内已经成为社会科学中的显学，成为热门、高产的社会学分支学科之一。

第一节　国外教育社会学的产生和发展

　　有史以来，很多思想家都非常关心年轻人的教育问题，都会把教育问题作为他们社会理论的一个重要的组成部分。在古希腊三贤——苏格拉底、柏拉图和亚里士多德那里，教育问题就是他们最为重要的研究对象。尽管苏格拉底没有任何著述留世，但他一生都致力于社会教育事业，试图通过他的努力改变雅典人的政治理想和政治制度，并最终为此殒命。柏拉图作为西方世界的圣人著有《理想国》《法律篇》，亚里士多德则著有《政治学》《尼各马可伦理学》等教育名著。但是，真正有意识地运用社会学的视角研究教育现象，还要等到 20 世纪初期教育社会学产生之后。

一、迪尔凯姆与教育社会学的创建

　　教育社会学产生于 20 世纪初期的法国，它的创始人是法国著名社会学家埃米尔·迪尔凯姆。因此，迪尔凯姆被誉为"教育社会学之父"。① 迪尔凯姆对于教育社会学学科产生和发展的贡献主要表现为以下几个方面。

（一）创设教育社会学学科

孔德逝世的第二年，埃米尔·迪尔凯姆诞生。1858 年 4 月 15 日，迪尔凯姆诞生于法国洛林省的埃皮纳勒。他幼年丧父，在经过两次考试失败后，于 1879 年年底终于考入法国哲学家和思想家的摇篮——巴黎高等师范学校。他毕业后在中学教授哲学，后赴德国多所大学留学，曾受教于实验心理学创始人冯特。1887 年，迪尔凯姆获得法国波尔多大学文学院"社会学与教育学"授课资格。1902 年，他被任命为巴黎大学教育学讲座代理教授。1906 年，他被一致推举为巴黎大学教育学讲座教授。1913 年，他的社会学讲座荣获"巴黎大学社会学讲座"称号，并在索邦大学获得教育学教席，并将其改名为"教育学与社会学"。1917 年 11 月 15 日，迪尔凯姆在巴黎病逝，终年 59 岁。迪尔凯姆的教育学和教育社会学方面的代表作主要有：《教育与社会学》(1922)、《道德教育》(1925)、《教育思想的演进》(1935)等。②

正如《教育思想的演进》法文 1938 年版的序言作者哈布瓦赫（Halbwachs）所言，社会学并未被允许大张旗鼓地进入巴黎大学的课堂，而是经由教育理论这扇小门悄悄进去的。③ 为社会学打开巴黎大学之门的正是迪尔凯姆。迪尔凯姆从 1902 年开始在巴黎大学教授"道德教育"和"文艺复兴时期的教育学"，并首次针对"道德教育"课程发表演讲，后以《教育与社会学》为名出版。从 1904 年开始，他又讲授了"法国中等教育史"课程，这门课的讲稿，后以《教育思想的演进》为名出版。我们一般认为，1913 年，迪尔凯姆获任"教育学与社会学"教授之时，教育社会学得以产生。

（二）形成教育社会学的独特研究视角

与绝大多数社会学家不同，迪尔凯姆一生都在讲授教育学，同时也在讲授社会学。从 1887 年至 1902 年，他在波尔多大学教授教育学 15 年，每周都开设 1 小时的教育学讲座。从 1902 年到巴黎大学任教直至去世，他的教学工作中有三分之一到三分之二的时间用于教育学工作。对于迪尔凯姆而言，"教育问题是一个社会学家首先

---

① ［瑞典］T. 胡森、［德］T. N. 波斯尔斯韦特：《教育大百科全书》第 2 卷，348 页，重庆，西南师范大学出版社，2006。

② 迪尔凯姆的教育学和教育社会学的代表作目前皆有中译本出版。在 2006 年上海人民出版社出版的《教育与社会学》被合订在《道德教育》中。本书中有关迪尔凯姆生平简介的主要材料源于上海人民出版社 2006 年版的《道德教育》中译本"涂尔干年表"。

③ ［法］涂尔干：《道德教育》，252 页，上海，上海人民出版社，2006。

要考虑的问题"①。但是,他探讨教育问题的视角与此前所有人的不同点在于,他把教育当成一个社会事实来看待。在他看来,这种视角(也就是教育社会学的独特视角)是揭示教育现象的最适合的方法。

1913年,迪尔凯姆替代比松(Buisson,1841—1932)荣获索邦大学教育学教席,并将其由"社会学与教育学"改名为"教育学与社会学"。在任职讲演中,他进一步明确地阐述了教育社会学的研究视角。他说:"的确,在我看来,一切教育学思考的首要前提就是,教育在起源上和功能上都显然是一种社会事物,与其他科学相比,教育学更紧密地依赖于社会学。"②

迪尔凯姆所说的教育是一种"社会事实""社会事物"到底有什么含义呢?他是说,教育像其他的"物"或"事物"一样都是"客观实在""既存现实"或"既定事实",它的发生和发展深受历史条件和社会需要的客观制约。教育并不是一块可以任意涂写的"白板",而是一种无法随意创建、毁坏或更改的既存现实。对于教育我们要做的是理解它"是什么"而不是它"应该是什么",然而要想理解教育"是什么",就必须对它进行历史的考察:要考察它的起源,观察它曾经是由什么组成的,曾经满足过什么样的需求。只有认真客观地考察过教育的"曾是",才能真正地理解当下教育的"所是"。

除了强调对教育现象的历史探究之外,迪尔凯姆还特别强调对教育功能的研究。他认为,特定的教育一经形成,就会发生作用,人们完全可以考察它们是怎样发挥作用的,也就是说,它们究竟产生了什么样的结果,什么样的条件能够使这些结果有所不同。③ 至此,迪尔凯姆便完整地确立了教育社会学的独特研究视角,即通过对教育现象的过去和现在进行描述,寻求教育现象的起因并确定其功能。

(三)提供教育社会学的研究范例

迪尔凯姆对教育社会学的贡献不仅体现在从理论上探讨教育社会学的研究视角,还体现为他在《教育与社会学》《教育思想的演进》《道德教育》等著作中熟练地运用比较法、历史分析法等开展具体研究,为教育社会学的研究提供了范式。

迪尔凯姆一直关注法国中学教育的兴起和发展问题。1904年至1905年,巴黎大学委托他为"大中学校教师资格考试"的应试者开设一门教育理论方面的专业培训课程,迪尔凯姆便顺势开设了"法国中等教育史"课程。《教育思想的演进》就是由这门

---

① 引自保罗·福孔奈为迪尔凯姆的《教育与社会学》初版所作序言"迪尔凯姆的教育学工作"。
② [法]涂尔干:《道德教育》,263~264页,上海,上海人民出版社,2006。
③ [法]涂尔干:《道德教育》,252页,上海,上海人民出版社,2006。

课程的讲稿整理而成的。《教育思想的演进》为了讲清中等教育的产生和发展历程，考察了法国长达十几个世纪的教育制度和观念史，几乎涵盖了从早期教会教育到19世纪整个法国教育的演进过程。在这部教育社会学专著中，迪尔凯姆给我们展示了一个经典的教育社会学研究范式。

为了帮助未来的中学教师更加清晰地认识19世纪法国中等教育的危机和变革方向，迪尔凯姆采用了历史分析的方法来考察法国中等教育的产生和发展历程。他认为，对教育进行历史的考察，不仅可以帮助我们理解教育组织，还可以让我们看清教育组织旨在实现怎样的教育理念，以及是什么样的目标决定了教育组织的存在并赋予其正当性。他认为，任何教育体系都是历史的产物，为了理解它，仅考虑它今天是什么样子还不够，唯有历史才能解释它。正如他所言："我相信，只有细致地研究过去，我们才能去预想未来，理解现在；因此，教育史为教育理论的研究奠定了最坚实的基础。"[1]

在研究法国中等教育的演进过程中，迪尔凯姆不断对各种当时流行的最具代表性的、关于教育制度和教育活动的观点进行比较分析和批驳。在给出自己的定义之前，比较和分析已有的具有代表性的相关定义和观点，是迪尔凯姆惯用的研究模式。此外，他还总是在研究过程中，针对特定的教育问题，对比和分析不同学科对特定的教育问题的看法和观点，以便突出教育社会学研究的特色。

目前，我国教育社会学界对于迪尔凯姆的了解不多，对其教育社会学思想的研究还不够深入。这一方面可能与学界对迪尔凯姆对于当前教育社会学研究的重要性的认识不足有关，另一方面可能与语言障碍有关。相信随着我们对迪尔凯姆重要性的认识不断提高，随着迪尔凯姆著作的大量翻译出版，国内对于他的研究将会不断深入。时至今日，他的许多观点对我国教育社会学的发展仍然具有十分重要的启发和借鉴意义。

二、国外教育社会学的发展历程

教育社会学起源于社会学发展的早期，现在已经成为社会学的一个重要分支学科。但是，教育社会学在许多社会学奠基人那里都处于边缘地位。在早期的社会学家中，只有迪尔凯姆将其三分之一到三分之二的时间用于教学和教育研究，并有教

---

① ［法］涂尔干：《教育思想的演进》，14 页，上海，上海人民出版社，2006。

育社会学的专著出版。其他经典社会学家，包括马克思和韦伯在内，尽管他们的思想对于当代教育社会学各学派思想的发展产生了巨大的影响，但他们都没有直接论述教育问题的著作。

教育社会学在社会学科和教育理论与研究的起源时期也属于边缘学科。造成这一局面的原因主要有两个：一是早期的社会学家认为研究学校和教育没有意义，教育社会学在社会学中的学科地位较低；二是教育家认为社会学家对于教育的研究太过宏观和空洞，忽视了教学和学习的日常运作过程，对教育社会学也不够重视。

但是，经过20世纪60年代一系列的理论突破和方法论创新，教育社会学逐渐充满活力，日益兴盛起来。教育社会学的重要性日益上升，并逐渐进入一般社会学的主流行列。到20世纪80年代中期，教育社会学已经成为社会学中热门、高产的研究领域之一。仅英语世界就有三本教育社会学专业杂志：创刊于1927年的美国《教育社会学》杂志、创刊于1980年的《英国教育社会学》杂志和创刊于1991年的《国际教育社会学研究》杂志。1965年创刊的《教育社会学摘要》每年对600种期刊文章和书籍做出摘要，引用各国至少9种语言的370种期刊。① 20世纪90年代初期，教育社会学研究委员会已经成为国际社会学协会34个研究团体中最大、最活跃的团体之一。

由此可见，国外教育社会学在20世纪60年代以来取得了突飞猛进的发展，已经逐渐从边缘变成了主流。下面我们将尝试分国别将国外教育社会学的发展状况进行简要的介绍。②

（一）美国教育社会学及其发展现状③

纵观20世纪美国教育社会学学科发展历程，我们发现，美国教育社会学在经历了第二次世界大战之后的学科创建阶段后，很快便进入了教育功能论一枝独秀的垄

---

① ［瑞典］T. 胡森、［德］T. N. 波斯尔斯韦特：《教育大百科全书》第2卷，350页，重庆，西南师范大学出版社，2006。

② 这一部分的写作主要得益于杨昌勇和钱民辉在《教育理论与实践》1997年第5期发表的《对国外教育社会学的介绍研究及其文献的回顾》一文所提供的文献索引和世界各国教育社会学的发展概况介绍。此外，我们也根据研究需要及时补充了20世纪90年代以后的一些相关研究成果。

③ 国内关于美国教育社会学的研究文献主要有：吴康宁：《教育社会学》，北京，人民教育出版社，1998。［美］珍妮•H. 巴兰坦：《美国教育社会学》，北京，春秋出版社，1989。吴小平：《西方教育社会学的发展概述》，载《外国教育动态》，1985(6)。吴钢：《美国教育社会学的回顾》，载《外国教育资料》，1992(6)。［美］E. 拉吉曼、禾子：《康茨及其教育社会学研究》，载《国外社会科学》，1992(12)。

断时期。之后，受冲突论及互动论兴起的影响，美国教育社会学出现了学派纷争的新时期，目前正呈现出一种新的理论融合趋势。

1. 教育社会学学科的制度创建时期

20世纪初到第二次世界大战结束，是美国教育社会学制度化建设的时期，也称"教育的社会学"时期。

美国教育社会学学科制度化建设主要有以下几个标志性事件。1907年，苏扎罗在哥伦比亚大学开设"教育社会学讲座"，这是世界上第一个以"教育社会学"命名的讲座。1916年，斯奈登（Snedden，D.）在哥伦比亚大学创建了教育社会学系。1917年，史密斯出版了世界上第一部以"教育社会学"命名的教科书《教育社会学导论》。1923年，斯奈登、史密斯和裴恩等人发起成立了"全美教育社会学研究会"。1927年，全美教育社会学研究会的机关刊物《教育的社会学》杂志创刊。至此，美国教育社会学的制度创建基本完成。[①]

这一时期，美国教育社会学的研究呈现出明显的规范性和描述性的特征。教育社会学的教学是在社会学系之外进行的，设置教育社会学课程的主要目的是培训师资，以提高教师的教学实践能力。教育社会学研究主要是应用社会学理论去解决教育实践中的各种问题，教育社会学基本上没有自身的理论建构。在研究方法方面，正如巴兰坦所言，"1950年以前，教育研究很少用客观的测量标准和测量方法，而更多采用叙事的和价值判断的方法来说明和支持提出的观点"[②]。因此，整体上看，这一时期的教育社会学无论是在社会学还是在教育学中的地位都不高，也没有取得什么有价值的研究成果。

2. 教育功能论的垄断时期

第二次世界大战结束到20世纪中期，美国教育社会学研究进入功能论垄断时期。这一时期的标志性事件主要有两个：一是大批社会学学者开始关注并参与教育研究，提高了教育社会学的研究水平；二是全美教育社会学研究会于1963年改换门庭，投入美国社会学学会门下，其机关刊物也由《教育的社会学》更名为《教育社会学》。

这一时期，美国教育社会学逐渐摆脱了上一时期的规范性和描述性的基本特征，开始转向强调价值中立和科学分析的研究范式。与此同时，美国出现了世界上第一个教育社会学的理论流派——教育功能论。20世纪五六十年代，教育功能论一直垄

① 吴康宁：《教育社会学》，25～26页，北京，人民教育出版社，1998。
② ［美］珍妮·H. 巴兰坦：《美国教育社会学》，29～30页，北京，春秋出版社，1989。

断着教育社会学的研究。这一时期，教育功能论的代表性研究主要有帕森斯的班级社会学研究、科尔曼(Coleman)的教育机会均等研究等。

3. 学派纷争时期

20世纪60年代末至70年代，教育功能论的垄断地位受到了教育冲突论和教育互动论的强力冲击，逐渐丧失理论的支配地位。从此开始，美国教育社会学进入了学派纷争的时期。在这一阶段，教育冲突论和教育互动论成为教育社会学理论的主流。

与教育功能论从积极的社会功能的视角来考察教育现象不同，教育冲突论更加强调从社会冲突的视角来考察教育现象。教育冲突论的代表人物和研究成果主要有：柯林斯(Collins)的学历社会理论、鲍尔斯(Bowles)和金蒂斯(Gintis)的直接再生产理论、伊里奇(Illich)的非学校化社会理论等。

受20世纪70年代初英国兴起的"新"教育社会学的影响，美国教育社会学也出现了关注微观教育领域的互动论研究。针对教育功能论和教育冲突论等"宏观"方法忽视个体相互作用的问题，教育互动论者把他们的思想建立在符号互动论、人类学方法论和现象学的基础上。[①] 教育互动论的代表人物和研究成果主要有：戈夫曼(Goffman)的拟剧性互动理论、加芬克尔(Garfinkel)的常人方法理论等。

与此同时，这一时期的美国教育社会学研究也出现了另外一种高度量化的研究取向：使用因果分析模式考察决定教育成就的多元变量，以及教育成就对职业生涯的影响。受美国的影响，从20世纪70年代开始，因果关系分析模式成为许多国家教育社会学研究的重要取向。

4. 理论融合时期

20世纪80年代以后，美国教育社会学开始进入理论的修正与融合时期。这一时期美国教育社会学的发展有以下几个特点：一是出现了宏观研究与微观研究的融合，如教育冲突论与教育互动论的融合就较为明显；二是量化与质性研究的并存和融合；三是各理论流派开始进行自我修正，以使自己的理论观点更具说服力。

这一时期，美国教育社会学研究中出现了一种通过教育过程解放和改变社会的理论倾向，这就是所谓的"批评理论"。比较有代表性的批评理论作家和成果主要有：吉鲁(Giroux)的抵制理论和阿普尔(Apple)的知识社会学理论等。此外，迈耶

① ［美］珍妮·H. 巴兰坦：《美国教育社会学》，19页，北京，春秋出版社，1989。

(Meyer)关于教育的制度学研究也产生了一定的影响。

（二）英国教育社会学及其发展现状①

大体上可以以 20 世纪 70 年代初期英国"新"教育社会学的兴起为界，将英国教育社会学的发展划分为两个大的阶段：关注教育改革阶段与"新"教育社会学研究阶段。

1. 关注教育改革阶段

20 世纪 70 年代以前，英国教育社会学研究在世界教育社会学舞台上影响不大，世界教育社会学的研究成果和领导力量主要集中在美国。在这一阶段，英国教育社会学在不同时期的研究主题也不尽相同：从 20 世纪初到 1944 年教育法案颁布时期，英国的教育社会学的研究主题是运用社会调查方法揭露教育机会的不平等，以促进教育制度的改革。此后，教育机会均等、教育与经济的关系和教育的社会功能则成为英国教育社会学研究的主线。

与美国同时期不同，通过哈尔西（Halsey）和道格拉斯（Douglas）等人的努力，英国教育社会学研究在教育改革中发挥了核心的作用。在英国，教育研究更加引发社会学的兴趣和关注，教育问题位列英国社会学家所有关注问题的第二位。

2."新"教育社会学研究阶段

1970 年，英国社会学协会大会的召开标志着"新"教育社会学的产生。在这次大会上提交的教育社会学论文反映出一个新的潮流，即更加关注微观教育问题的研究。1971 年，麦克·扬（Young）主编的论文集《知识与控制：教育社会学新探》首次在英国出版，随即便被英国开放大学选为教育社会学的第一门课程，并成为"新"教育社会学的基础教材。② 这部文集收录了包括麦克·扬、伯恩斯坦（Bernstein）、凯迪（Keddie）、布迪厄（Bourdieu）等著名教育社会学家的论文。这样，英国在 20 世纪 70 年代便形成了以伯恩斯坦和麦克·扬为领袖的"新"教育社会学流派，对英国和世界教育社会学的发展都产生了重大影响。

"新"教育社会学主要"新"在研究方法和研究领域上。首先，在研究方法上，它把符号互动论、人类学方法和现象学方法与马克思主义冲突论和知识社会学相结合，

① 国内关于英国教育社会学的研究文献主要有：环惜吾：《英国教育社会学的发展和近况简介》，载《外国教育动态》，1981(1)。［英］O. 班克斯、王佩雄：《英国教育社会学 30 年》，载《国外社会科学》，1984(10)。吴纲：《英国教育社会学研究主题之演变》，载《比较教育研究》，1992(2)。
② ［英］麦克·F. D. 扬：《知识与控制：教育社会学新探》，1 页，上海，华东师范大学出版社，2002。

运用质性研究方法探究微观教育问题。其次,在研究领域方面,它把长期被宏观教育社会学所忽视的微观教育领域作为研究对象,主要关注课堂互动、课堂语言和课程与教育知识等问题。

当然,这一时期,宏观的教育社会学研究并没有完全销声匿迹,主要的研究成果有:特纳(Turner)的社会流动与学校教育制度的关系研究、霍珀(Hopper)的教育制度分类的类型学研究等。

20世纪80年代后期,"新"教育社会学开始衰落。英国教育社会学也像美国一样进入理论的修正和融合时期。为了克服宏观与微观、结构与能动性的二元对立,英国著名社会学家吉登斯(Giddens)提出了著名的结构理论。

(三)法国教育社会学及其发展现状①

法国为社会学和教育社会学的发展做出了重要贡献。事实上,两个学科最初都是在法国产生的。孔德创立了"社会学"②这一术语,并首次在大学中讲授社会学课程。因此,孔德被誉为"社会学之父"。巧合的是教育社会学也产生于法国。

与英美国家不同,法国属于典型的欧陆国家,在学术制度方面,它奉行的是教授主导的学术体制。布迪厄是法兰西学院唯一的社会学教授,他的学术造诣直接影响和控制着法国教育社会学的发展方向,并在一定程度上决定着法国教育社会学的研究成果。与迪尔凯姆不同,布迪厄更多地将目光转向高等教育中的教育机会不均等③,其主要教育著作《再生产:一种教育系统理论的要点》《继承人:大学生与文化》《国家精英:名牌大学与群体精神》等,主要就法国高等教育领域中的文化再生产现象进行调查和研究。

在法国,还有两位人物对教育社会学产生了重要影响:一位是阿尔杜塞(Althusser),另一位是福柯(Foucault)。阿尔杜塞是法国马克思主义哲学家,在他

---

① 国内有关法国教育社会学研究的主要文献有:[法]J.C.帕塞隆:《法国的教育社会学》,载《国外社会学》,1986(4)。[法]F.埃朗、江小平:《教育社会学与调查研究的社会学:对普遍主义模式的思考》,载《国外社会科学快报》,1992(4)。杨昌勇:《法国教育社会学概述》,载《国外社会科学》,1993(2)。刘欣、王小华:《迪尔凯姆教育社会学思想述评》,载《高等教育研究》,1993(4)。

② 为了便于获得学科合法性,孔德最初把这门新生的学科命名为"社会物理学"(Social Physics),后来才改为"社会学"(Sociology)。

③ 迪尔凯姆主要把精力放在中等教育的研究。他的《教育思想的演进》其实应该翻译为《法国中等教育思想的演进》。在这部著作中,他主要就法国中等教育的产生与发展的原因以及其对法国社会所具有的功能进行了探究。

看来，个体是结构的产物，而结构是意识形态的结合，结构通过意识形态而形塑了个体。阿尔杜塞的新马克思主义的观点，尤其是关于意识形态方面的论述，对于教育社会学的发展，尤其是对法国教育社会学的发展具有很强的影响力。福柯是法国著名的后现代主义思想家，在他看来，个体是被规范化的，是被"规训集团"中的那些人文科学的人士们用考试、测量和分类技术建构出来的。正是人文科学将个体"规训"为驯服的、有用的和实践的存在。福柯对人文科学的批判，在一定程度上将教育社会学引向了教育活动中的"权力/话语分析"。此外，有关性别教育的相关问题研究也受到福柯的影响。

（四）日本教育社会学及其发展现状①

日本的教育社会学是在第二次世界大战后形成的，在半个多世纪以来的发展过程中，引进了各种研究范式。日本教育社会学的发展过程大致可以分为以下五个阶段。②

1. 重新建设和确立时期

日本教育社会学的启蒙可以上溯到 20 世纪初，而它的真正形成时期却是第二次世界大战之后。从第二次世界大战结束到 20 世纪 50 年代，日本教育社会学处于重新建设和确立的时期。这一时期日本教育社会学在学科制度建设方面取得了重大进展，主要表现有：1949 年日本的大学开始开设教育社会学课程；1950 年成立全国教育社会学学会；1951 年出版全国性的专业杂志《教育社会学研究》。

这一时期，日本教育社会学的引进和建立是按照美国占领军的指示进行的，美国当时正处于"教育的社会学"时期，这与战后处于"混乱时期"的日本解决社会实际问题的需求相吻合。因此，这一时期日本的教育社会学主要是社会学理论在教育上的简单应用，如对社区的教育环境和青少年的生活状况进行现状调查，并积极承担起为教育实践和教育政策提供基础资料的任务等。

---

① 国内关于日本教育社会学研究的主要文献有：[日]友田泰正：《日本教育社会学》，北京，春秋出版社，1989。刘星：《教育社会学在日本》，载《外国教育研究》，1983(1)。吴康宁：《日本教育社会学的历史与现状》，载《教育研究》，1984(11)。[日]江马成也、梁忠义、陈英招：《社会结构的变动与教育——关于日本的"教育社会学"》，载《外国教育研究》，1988(1)。厉以贤：《注重学生个性的班级社会学介绍——[日]片冈德雄教授〈班级社会学〉一书中的观点》，载《教育研究》，1993(4)。[日]藤田英典、张琼华：《二战后日本教育环境的变化和教育社会学的发展——教育社会学的范式和研究的新动态》，载《华东师范大学学报(教育科学版)》，2000(1)。

② [日]藤田英典、张琼华：《二战后日本教育环境的变化和教育社会学的发展——教育社会学的范式和研究的新动态》，载《华东师范大学学报(教育科学版)》，2000(1)。

2. 发展和扩大时期

20世纪60年代,日本进入经济高速增长期,学校教育也得到了极大的发展。为了适应经济发展和教育环境的变化,日本教育社会学积极用人力资源开发论或教育投资论中的各种概念,并从技术功能主义的角度对经济、产业与学校教育的关系进行了考察,运用比较系统论对教育的形态和制度进行了探讨。

这一时期的日本教育社会学,注重全社会和社会经济,主要考察分析教育系统和社会化的机制,并且试图确立作为政策科学或纯粹科学的教育社会学。这也是日本教育社会学的展开时期,这时日本的教育社会学具有了研究和专论的性质。

3. 扭曲显著化时期

20世纪70年代伴随着经济的高速增长,日本经济社会和教育都出现了一些新的问题,如环境污染、学历至上主义、校园暴力等。此时的日本教育社会学进入了第三个阶段,即实证主义研究阶段。

在这一时期,日本教育社会学主要以实证主义方法论为指导,更多地开展考察教育环境、社会环境的各个要素的教育功能的研究。许多研究都是在设定了有关教育的各种各样的社会问题的假说基础上,运用数据统计来进行验证的实证性研究。从这一时期起,日本的教育社会学开始进入深入研究阶段并形成了自己的特色。

4. 调整和怀疑时期

20世纪80年代,日本教育社会学研究中出现了后结构主义的研究倾向。日本教育社会学一方面继续在各个领域进行实证研究;另一方面受20世纪70年代欧美兴起的后现代思想潮流和教育社会学新潮流的影响,出现了作为"现代的社会重组计划"的教育的后结构和转换范式的倾向。

这一时期,受麦克·扬的知识社会学、舒茨(Shuts)的现象社会学、加芬克尔的常人方法论,以及戈夫曼的拟剧性互动理论的影响,日本教育社会学的主要研究主题有:教师、教室的社会学研究,学校文化研究,阶层文化研究,越轨和不正当行为研究,以及教育的社会史研究等。此外,这一时期,以冲突论、再生产论的视点进行的研究有所增加。

这一时期,日本教育社会学有了较大发展,仅就教育社会学的专业人员数量来看,到20世纪80年代后期,日本全国教育社会学学会就有会员近1 000名。

5. 转换和摸索时期

20世纪90年代,日本教育社会学进入新实证主义时期。这一时期的日本教育社会学研究出现了三个明显的倾向:一是以"第三次教育改革"的改革动向为背景,以新的视点和框架开展了对教育的公共性的讨论，并对教育制度、资格制度及学力、去向选择进行了研究；二是在国际化、多元文化的发展和对社会性别问题高度关心的背景下，社会性别研究、少数民族研究、多元文化教育研究变得引人注目；三是在研究方法方面，不仅有运用调查表和统计方法的实证研究，而且有大量的运用民族方法论的研究。

从总体来看，日本教育社会学起步较晚，却紧跟世界教育社会学发展的潮流，并在学习和借鉴的基础上有所发展和创新。日本教育社会学的发展经验对于我国教育社会学的发展具有一定的借鉴价值。

第二节　我国教育社会学的产生和发展[①]

从陶孟和1922年出版的第一本教育社会学著作《社会与教育》算起，我国的教育社会学已经有100多年的历史。其间，大致经历了三个大的发展阶段：1922年至1949年的创建时期；1949年至1978年的停滞时期；1979年至今的恢复重建与发展时期。

一、教育社会学的创建时期

从20世纪20年代开始到1949年中华人民共和国成立，教育社会学在我国从无到有，逐步得以创建。在这一时期，我国教育社会学者通过翻译，将美、英、法等国的教育社会学经典著作介绍到国内，在大学甚至部分中学广泛开设教育社会学课程，并在借鉴和吸收国外教育社会学研究成果的基础上积极尝试创建我国的教育社会学体系。

（一）陶孟和与我国教育社会学的创建

我国教育社会学创建于20世纪20年代，其主要标志就是1922年著名社会学家、教育社会学家陶孟和《社会与教育》一书的出版。[②] 作为中国教育社会学的创建

---

① 这一部分内容主要介绍我国大陆教育社会学产生和发展的基本情况，没有涉及我国香港、澳门和台湾地区。

② 杨昌勇在为福建教育出版社重新出版的陶孟和的《社会与教育》一书中所写的"特约编辑前言"中称陶孟和为中国教育社会学的开创者，称其《社会与教育》是中国教育社会学诞生的标志。本书这一部分内容主要参考了杨昌勇的研究成果。

者，陶孟和与迪尔凯姆几乎有着同样的学科背景：迪尔凯姆是社会学和教育学教授，陶孟和也有着社会学和教育学的双学科背景。陶孟和是在日本学习的教育学，在英国学习的社会学。

1920年，陶孟和开始在北京大学讲授教育社会学课程，以自己的讲义为主，参考史密斯1917年出版的《教育社会学导论》和弗里德里克·雷德曼·克洛（Frederick Redman Clow）1920年出版的《社会学原理的教育应用》，1922年，《社会与教育》一书出版后，广受学界的好评，到1925年，被印行3版①，之后，又陆续再版。

在陶孟和看来，教育社会学的学科使命就是要改良教育，并通过改革教育最终达到改良社会的目的。为了实现教育社会学的学科功能，他认为教育社会学的研究内容应以教育与社会之间的关系，以及教育、社会和人三者之间的关系为经典选题。社会学与教育之关系，就是应用社会学的知识，改良教育。② 陶孟和认为，社会与教育关系密切，相互影响。从根本上说，社会决定和制约着教育，但教育可以反作用于社会，可以改良社会，"教育具有改良社会、指导社会的能力"。教育对于社会的改良是通过人实现的。因此，他特别重视培养人的社会责任感。在他看来，受过教育的人，应该觉悟到与社会的关系、他的改良社会的责任③。这样一来，他就在社会、教育和人的发展这三者之间建立起了内在的逻辑关联。《社会与教育》一书就是围绕着社会、教育与人三者的关系架构基本框架的。整体上看，这部中国教育社会学的奠基之作具有较高的学术造诣，书中提出的许多观点和命题即便在今天看来仍具有较高的启发和借鉴价值。

（二）创建时期的学科建设概况

这一时期，我国教育社会学在学科建设方面取得了一些重要的进展，具体而言，主要表现在以下几个方面。

1. 开设教育社会学课程

进入大学讲堂，在大学开设课程，是一个学科制度建设的重要方面，也是一个学科得到学界认可的重要标志。1949年之前，我国不仅在综合性大学（如北京大学、厦门大学），甚至在部分中学（如江苏省立上海中学师范科）也开设了教育社会学课程。

---

① 陶孟和：《社会与教育》序言二，2页，福州，福建教育出版社，2008。
② 陶孟和：《社会与教育》，9页，北京，商务印书馆，1926。
③ 陶孟和：《社会与教育》，13页，北京，商务印书馆，1926。

2. 译介西方教育社会学著作

为了了解并借鉴西方教育社会学的研究成果，这一时期大量的国外教育社会学著作被翻译和介绍到国内。1925 年，陈天启将美国著名教育社会学家史密斯的《教育社会学导论》的下半部分译为《应用教育社会学》。此后，日本教育社会学家田制佐重的《教育社会学》、美国教育社会学家芬赖（Finney）的《教育社会哲学》、美国教育社会学家彼得斯（Peters）的《教育社会学原论》（上、下册）、法国著名社会学家迪尔凯姆的《道德教育》、英国著名社会学家曼海姆（Mannheim）的《知识社会学》等重要的教育社会学著作相继被翻译出版。

3. 尝试创建中国的教育社会学

20 世纪二三十年代，在借鉴和吸收国外教育社会学研究成果的基础上，我国先后出版了 20 多部教育社会学著作，其中包含多部有较高水准的著作。这些著作是对教育社会学进行的中国化探索，为中国教育社会学的创建奠定了坚实的基础。这一时期我国有代表性的教育社会学著作有：陶孟和的《社会与教育》（1922）、雷通群的《教育社会学》（1931）、沈冠群和吴同福的《教育社会学通论》（1932）、卢绍稷的《教育社会学》（1933）、陈翊林的《教育社会学概论》（1933）、钱歌川的《社会化的新教育》（1934）、苏芗雨的《教育社会学》（1934）、陈科美的《教育社会学》（1947）等。①

二、教育社会学的停滞时期

1949 年之前，尽管从学科制度的角度看，我国教育社会学还难以成为一门独立的学科，但是也取得了较大的发展。应该说，创建时期教育社会学的研究成果已经为学科的制度化建设和研究的进一步发展奠定了较好的基础。但是，中华人民共和国成立后，教育社会学并没有得到进一步的发展，反而彻底丧失了学科的生存权。从 1949 年至 1979 年，我国的教育社会学处于停滞阶段。

教育社会学发展停滞的 30 年对于我国教育社会学影响极大：一方面，使得我国教育社会学研究和建设的延续性和连贯性中断，不利于知识的积累、理论的发展和人才的培养；另一方面，也使得我们长期游离于国际教育社会学研究的场域之外，与西方国家在教育社会学研究方面的差距逐渐拉大。

---

① 2008 年，福建教育出版社"二十世纪中国教育名著丛编"重新编辑出版了陶孟和的《社会与教育》、卢绍稷的《教育社会学》和雷通群的《教育社会学》是这一时期最具影响力的教育社会学著作。

三、教育社会学的恢复重建与发展时期

1979 年，伴随着社会学的恢复和重建，我国的教育社会学也进入恢复重建和发展时期。同年，国内开始有学者著文介绍国外教育社会学的发展，并呼吁我国教育社会学的重建。[①] 1980 年 12 月，《教育研究》编辑部与中国社会科学院社会学研究所联合召开座谈会，邀请了部分社会学和教育学的专家和学者讨论教育社会学的恢复重建事宜。此次会议对于推进我国教育社会学研究，加快教育社会学的恢复与重建步伐起到了非常重要的作用。

自恢复重建至今，我国教育社会学在人才培养、组织建设、教学科研等方面都取得了重要进展。

（一）课程设置与教材建设

我国教育社会学恢复与重建的第一步就是重新在高等师范院校开设教育社会学课程。1982 年 2 月，南京师范大学率先开设教育社会学课程。接着，北京师范大学、华东师范大学、东北师范大学、杭州师范大学、山东师范大学、福建师范大学也相继开课。目前，我国大部分师范大学及一部分综合大学都相继开设了这门课程。许多师范大学和部分综合大学招收教育社会学方向的硕士研究生，一些重点师范大学和综合大学还获准招收教育社会学方向的博士研究生。教育社会学从业人员不断增加，教学和科研队伍逐渐得到增强。

在教材建设方面，我国教育社会学也取得了重要的发展。目前，已有一批教育社会学的教材、辞书和文选陆续出版。其中，比较有影响力的教材主要有：鲁洁主编的《教育社会学》(人民教育出版社 1990 年版)，董泽芳主编的《教育社会学》(华中师范大学出版社 1990 年版)，吴康宁著的《教育社会学》(人民教育出版社 1998 年版)等。重要的教育社会学辞书有：张人杰主编的《教育大辞典·教育社会学分册》(上海教育出版社 1992 年版)等。重要的教育社会学文选有：张人杰主编的《国外教育社会学基本文选》(华东师范大学出版社 1989 年版)，厉以贤主编的《西方教育社会学文选》(五南图书出版股份有限公司 1992 年版)等。

---

① 主要的学者与著述有：张人杰：《教育科学中的几个新领域》，载《教育研究》，1979(3)。钟启泉：《教育社会学的发展》，载《全球教育展望》，1979(3)。[法]阿兰·格拉、张人杰：《教育社会学的四个研究趋向》，载《全球教育展望》，1979(3)。马骥雄：《"教育成层论"简介》，载《全球教育展望》，1979(4)。

（二）组织与制度建设

在学术组织和学科制度化建设方面，我国教育社会学也取得了重要进展。1989年4月，我国第一个教育社会学学术团体——"全国教育社会学专业委员会"在杭州成立。1991年，在天津成立了中国社会学属下的教育社会学学术团体——"中国社会学会教育社会学研究会"，后更名为"中国社会学会教育社会学专业委员会"。1991年11月，全国教育社会学专业委员会会刊《教育社会学简讯》作为内部学术交流材料开始不定期印发。1992年6月，中国社会学会教育社会学研究会会刊《中国教育社会学研究会通讯》作为内部学术交流材料开始不定期印发。全国教育社会学专业委员会、中国社会学会教育社会学专业委员会各自每两年举办一次学术年会，讨论教育社会学的学科建设和专题研究。如果按大学设课、成立专业学术团体和出版专业学术刊物等标准来衡量的话，我国教育社会学的学科制度重建工作可以说"基本"完成。说其"基本"完成主要是因为到2024年为止教育社会学还没有自己公开出版的专业杂志。

（三）学术研究进展

在学科制度建设不断成型的同时，我国教育社会学的学术研究也取得了重大进展。现在，每年都有数以百计的教育社会学学术论文发表。除翻译出版了一些国外教育社会学的重要研究文献外，我国学者也出版了一些有影响的教育社会学著作。①相对而言，我国教育社会学界在教育的社会功能、教育与文化、教育与人口、教育与社会分层、民主与教育、大众传播与学生个体社会化等宏观教育社会学问题上进行了探索，取得了较大的进展。在班级的社会学分析、课堂教学社会学等微观领域也取得了一些重要的研究成果。

经过40多年的恢复重建，我国教育社会学已经逐渐步入了学科分化发展的新阶段。1999年，南京师范大学出版社出版了鲁洁和吴康宁主编的"教育社会学丛书"。这套丛书第一批出版了四部学术著作：《学校生活社会学》《课程社会学》《课堂教学社会学》和《家庭教育社会学》。正如吴康宁在"教育社会学丛书"总序中所言，这套丛书的出版标志着中国大陆的教育社会学终于从初始时的以学科概论性研究为主、分支领域性研究为辅的状况，逐步转变为后来的以学科概论性研究与分支领域性研究并

---

① 据张人杰统计，从1979年到2000年，我国大陆出版的教育社会学主要著（译）作共有22部。张人杰：《中国大陆教育社会学的二十年建设(1979—2000)》，载《华东师范大学学报（教育科学版）》，2001(2)。

重的局面；直到发展为现今的以分支领域性研究为主、学科概论性为辅的格局①。

但是，我们也应清醒地看到，目前我国的教育社会学还存在许多不足之处，主要问题包括教育社会学研究的学科意识不强，研究成果未能体现出教育社会学的独特视角，科研创新不足，理论体系建设滞后，对 20 世纪 80 年代以来西方教育社会学研究的新进展缺乏系统研究等。

第三节　我国教育社会学的理论创新困境与突破

如前所述，自 20 世纪 70 年代末 80 年代初恢复重建教育社会学学科以来，我国教育社会学在课程设置、学科建设、专题研究，以及对国外教育社会学研究成果的翻译介绍等方面都取得了很大的成就。但是，我国的教育社会学研究也存在一些不足之处。其中一个重要的表现，就是目前我国的教育社会学研究普遍缺乏理论创新，现有的教育社会学研究大多数仍停留在对国外社会学理论、教育社会学理论的应用、验证，甚至翻译介绍等较浅层面上。

造成我国教育社会学研究缺乏理论创新的原因是多方面的，既有主观原因，也存在客观因素。我国教育社会学从 1979 年重建算起至今不过四十几年的历史，研究起步较晚确实是影响教育社会学理论创新的一个客观原因。研究队伍知识背景缺乏、研究视野狭窄、学术素养不高则是制约教育社会学理论创新的重要的主观因素。目前，国内各高校从事教育社会学教学与研究的人员大多数"出身于"教育学，这与我国在 1979 年重建教育社会学以来，主要将教育社会学归属于教育学学科门类有着直接的关系。这使得我国教育社会学的教学和研究人员主要具备教育学的学科背景，而普遍缺乏社会学、人类学、哲学、政治学等与教育社会学相关学科的专业知识和基本理论素养。毋庸置疑，这些都是造成目前教育社会学理论缺乏创新的重要原因。

但是，我们认为，基于对学科性质误识而产生的教育社会学教学与研究的认识论困境，可能是导致教育社会学缺乏理论创新的重要的根本性原因之一。教育社会学的研究人员固然需要具备社会学、人类学、哲学、政治学等相关学科的专业知识和基本理论素养，但是如果不能正确认识和理解教育社会学的学科性质，没有教育

---

① 吴康宁：《课堂教学社会学》，2页，南京，南京师范大学出版社，1999。

社会学应有的学科意识，也很难有理论建树。对教育社会学学科性质的错误认识与定位会从观念层面和意识层面妨碍教育社会学的理论创新，成为我国教育社会学学科发展的一个瓶颈。

一、阻碍教育社会学理论创新的认识论困境

阻碍教育社会学理论创新的认识论困境主要表现为对教育社会学的学科性质认识不清、定位不准，具体表现为如下几个方面。

（一）将教育社会学归属于规范教育学学科

将教育社会学归属于规范教育学的学科范畴，是我国教育社会学界对于教育社会学学科性质的一大误识，也是在认识论层面上制约教育社会学理论创新的一大困境。为教育政策的制定与实施服务，为教师的具体教育实践提供行动指南和行为规范，是规范教育学的主要任务和重要特征。作为这一特征的一个重要表现就是规范教育学特别重视对于各种"原则"的阐述、论证和强调，如"德育原则""教学原则""教育管理原则"等。规范教育学正是通过对这些教育"原则"的阐述、论证和强调，来达到规范教师教育行为的目的。

在学科性质的界定上，将教育社会学归属于规范教育学的学科范畴，为教育社会学的理论创新带来认识论上的障碍。规范性的教育社会学将研究的着力点放在对教师教育实践的直接指导和帮助上，更多地关注"怎么做"，而不是"是什么"和"为什么"。这一方面使得教育社会学的研究不可避免地带有强烈的价值判断的色彩，研究成果带有很强的主观臆断的性质和特点；另一方面也使得教育社会学因致力于为教师的教育实践提供具体的行动指南和行为规范，而不可避免地忽视了对理论创新的追求。

其实，这种对教育社会学学科性质的误识并非为我国独有。在教育社会学学科发展的早期，国际教育社会学界普遍将教育社会学归属于规范教育学。例如，20世纪中叶以前的美国和英国就是如此。当时美国、英国教育社会学的规范性倾向非常明显，教育社会学基本上是一个"教师手册"，主要从教育内容、教育方法、教育原则等方面对教师予以指导和规范。教育社会学教学只是在教育学系进行，社会学系并不开设教育社会学课程，社会学家也不屑于进行教育社会学的教学和研究。这时的教育社会学教学与研究主要关注具体的教育实践问题，教育社会学被排斥于主流社会学之外。将教育社会学归属于规范教育学学科极大地阻碍了美国教育社会学的

042 / 教育社会学（第 3 版）

理论创新和学科发展。受其影响，人们普遍对教育社会学的学习、研究和教学兴趣不高。在 1940 年以后的一段时间内，美国的大学和学院中开设教育社会学课程的数量一直呈下降趋势。①

教育社会学这种规范性的学科性质与统率美国社会学研究的价值中立原则相互冲突，因此，到了 20 世纪中期，学界开始对教育社会学的学科性质进行反思。美国教育社会学家阿切尔（Archer）在 20 世纪 70 年代指出，教育社会学成为当时社会学学科中发展最缓慢的学科之一的一个非常重要的原因是，教育社会学在学科性质方面的规范性倾向。这种规范性的学科性质反映了教育家而非社会学家的兴趣和理论偏好②。科温（Corwin）也同样深刻地认识到美国早期教育社会学理论创新的缺乏。他曾明确地指出："早期教育社会学的不足，并不在于缺乏结论，而在于缺乏富有创见的理论建树。"③经过反思，人们逐步认识到廓清教育社会学的学科性质问题或教育社会学的学科归属问题，对于教育社会学的发展至关重要，而将教育社会学归属于社会学将更加有利于其理论创新和学科发展。因此，在美国，教育社会学逐步被更多的人归属于社会学学科。

可能是受早期英、美教育社会学影响过深，在英、美教育社会学界对教育社会学学科性质的认识已发生了重要突破和转变的今天，我国许多学者在认识上仍习惯于将教育社会学看作规范性教育学科，这就为教育社会学的理论创新制造了认识论上的困境，使教育社会学研究难以有所建树，只能亦步亦趋地步社会学研究之后尘，成为社会学的一个纯粹应用型学科。

（二）将教育社会学归属于纯应用型社会学学科

将教育社会学仅仅看作社会学理论与方法在教育实践与研究领域内的简单应用，是当前学界对于教育社会学学科性质的又一大误识，成为我国教育社会学理论创新与学科发展的又一个瓶颈。将教育社会学仅仅看作"社会学理论与方法在教育领域的运用"，或者将教育社会学简单地看作"运用社会学理论和方法对教育现象与教育问题进行研究的一门学科"，会在观念层面和意识层面上阻碍教育社会学研究者的理论创新。如果教育社会学仅仅是运用已有社会学的理论和方法开展教育研究，那么教

---

① Olive Banks, *The Sociology of Education* (*2nd ed.*), London, Batsford, 1971, p. 24.
② ［瑞典］T. 胡森、［德］T. N. 波斯尔斯韦特：《教育大百科全书》第 2 卷，349 页，重庆，西南师范大学出版社，2006。
③ Ronald G. Corwin, *A Sociology of Education*, New York, Appleton-Century Crofts, 1965, p. 65.

育社会学研究就永远不可能在理论上有所建树，其所谓"研究"最多也只能是应用性研究。这样的教育社会学研究也就不可能为社会学及其他学科提供理论滋养与学术借鉴，这样的教育社会学也只能是社会学的一个应用学科。在这样一种错误学科性质和学科意识的钳制下，教育社会学将会丧失理论创新的可能性。这样的教育社会"学"只能名存实亡，很难具备作为一个学科存在的合法性基础。

早期的教育社会学（educational sociology）的确是社会学的一个纯粹应用型学科，从 19 世纪末 20 世纪初到 20 世纪中叶，西方教育社会学研究整体上都是规范性的、应用性的，其研究的基本取向就是运用社会学的理论和方法来研究和解决教育实践问题，以便为教师的教育实践提供直接的指导和帮助。也就是说，早期的教育社会学主要关注如何将社会学的基础知识和具体理论应用于教育实践，以便规范教师的教育教学行为，从而直接为教师的教育实践服务。但是，自 20 世纪中叶开始，在国际范围内，教育社会学逐步由规范性、应用性的研究范式转向了理论创新性的研究范式。从此，教育社会学便被改称为"sociology of education"。20 世纪中期以后的教育社会学在研究范式方面发生了根本性的变革，逐步放弃了应用性和规范性为主的研究范式，代之以理论创新的研究范式。这就在认识论层面上为教育社会学的理论创新和学科发展创造了条件，也正是在这一时期，教育社会学在世界范围内取得了大量的研究成果，教育社会学学科取得了较大发展。

不可否认，尽管我国多数教育社会学学者都承认教育社会学是社会学的一个分支，但是，这其中有相当一部分教育社会学学者在潜意识中还是将教育社会学视为社会学的纯应用性学科，认为教育社会学不过是社会学理论在教育领域中的应用。

二、教育社会学理论创新的认识论突破

党的二十大报告要求，"加快构建中国话语和中国叙事体系，讲好中国故事、传播好中国声音""加快构建中国特色哲学社会学学科体系、学术体系、话语体系，培育壮大哲学社会科学人才队伍"。为了促进我国教育社会学的理论创新，学界必须坚持以习近平新时代中国特色社会主义思想为指导，对教育社会学的学科性质予以正确定位。只有正确把握教育社会学的学科性质，教育社会学研究者才能真正具备理论创新的自信和担当，教育社会学才能在理论创新方面有大的突破，教育社会学的学科发展才能取得大的进步。

（一）教育社会学是社会学的分支学科

教育社会学源于社会学发展的早期，现在已经成为社会学的一个重要分支。[①]
19世纪末20世纪初，以迪尔凯姆、马克思、韦伯等现代社会学的先驱者对教育的社
会学分析为教育社会学的产生奠定了基础。但是，教育社会学在许多社会学奠基人
那里处于边缘地位，在早期社会学学科中也属于边缘学科。从20世纪初期到20世
纪40年代，由于早期的社会学家对于学校和教育研究的意义认识不足，没有充分认
识到教育社会学研究的价值，并很少专门从事教育的社会学研究，所以，当时的教
育社会学在社会学学科中的地位较低。那时，在社会学学科体系中受到冷遇的教育
社会学只能被归属于教育学科，成为一门规范性教育学科，这不可避免地造成了人
们对理论创新的忽视，致使教育社会学发展缓慢。

教育社会学的社会学学科性质的重新确立，为教育社会学摆脱规范性、应用性
的研究范式，走向理论创新和学科发展奠定了认识论基础。突破了认识论困境的教
育社会学，自20世纪60年代起就已经呈现出加速发展的态势。不可否认，促进英、
美教育社会学学科迅速发展的原因是多方面的，但理论与方法的创新则是教育社会
学学科发展的重要原因之一。正如美国当代著名教育社会学家萨哈(Saha)所言，20
世纪60年代教育社会学之所以能够日益盛行、高产和充满活力，主要得益于一系列
教育社会学理论和方法的发展。教育社会学在理论创新与方法变革方面的突破，使
得教育社会学的重要性日益上升，并为教育社会学进入主流社会学做出了重要
贡献。[②]

借鉴国际教育社会学发展的成功经验，我国教育社会学界当前亟须进一步明确
教育社会学的学科性质，积极吸纳社会学家或具备社会学、人类学等学科背景的学
者从事教育社会学研究，这对于突破制约我国教育社会学理论创新的认识论瓶颈，
促进我国教育社会学的学科发展具有重要意义。只有这样，我国教育社会学的理论
创新与方法变革才能拥有认识论基础，才能早日成为主流社会学，成为"社会学中最
热门、最高产的领域之一"。

（二）教育社会学是社会学的特殊理论学科

突破制约我国教育社会学理论创新的认识论瓶颈，仅仅将教育社会学视为社会

---

① ［瑞典］T.胡森、［德］T.N.波斯尔斯韦特：《教育大百科全书》第2卷，347页，重庆，西南师
范大学出版社，2006。

② ［瑞典］T.胡森、［德］T.N.波斯尔斯韦特：《教育大百科全书》第2卷，350～351页，重庆，
西南师范大学出版社，2006。

学的一个分支还不够，还应当进一步将教育社会学视为社会学的一个重要的特殊理论学科。将教育社会学看作社会学的特殊理论学科，是推动教育社会学理论创新的又一个认识论基础。事实上，只要认真浏览教育社会学的学科发展史，我们就会发现，无论是柯林斯的学历社会理论、鲍尔斯和金蒂斯的直接再生产理论，还是布迪厄的文化再生产理论，以及吉鲁、阿普尔和威利斯（Willis）的抵制理论等，这些原创性的理论成果没有一个来自对社会学已有理论的应用，尽管他们都首先是社会学家。相反，这些研究成果倒是为社会学提供了理论滋养，进一步充实和丰富了社会学的理论宝库。

事实上，吴康宁在《教育社会学》一书中早就提出了"教育社会学是社会学的特殊理论学科"这一主张，并对其进行了有力的论证。教育社会学是社会学的特殊理论学科，主要包含两个方面的含义。一方面，教育社会学并非仅仅是社会学理论在教育领域的应用，它完全有能力也有义务为社会学提供理论滋养。在教育社会学的学科发展上，一些前辈学者已经做到了这一点。另一方面，教育社会学毕竟是社会学的一个分支学科，因此，在教育社会学的理论研究与学科发展过程中，必须注重对社会学基本原理和方法的借鉴和运用，必须具备社会学的学科意识。许多冠名为"教育社会学"的研究之所以名不副实，就在于这些研究没有运用社会学的视角分析问题和解决问题，不具备社会学的学科意识。这样的研究即便能够有一定的理论建树，也不属于教育社会学。

由此可见，重新界定教育社会学的学科性质，重塑教育社会学的学科意识，是突破我国教育社会学理论创新的认识论困境的必然要求。将教育社会学由教育学门下划归到社会学门下，是对教育社会学学科性质认识的一个转变；将教育社会学看作社会学的一个特殊理论学科，则是对教育社会学学科认识的又一个转变。前一个转变解决教育社会学姓"社"姓"教"的问题，这一个转变已引起学界的重视与关注，并正在逐步实现；后一个转变将为教育社会学实现理论创新奠定更为直接、更为重要的认识论基础，这一转变还有待进一步推进。

第三章　教育社会学的理论流派

自 20 世纪 60 年代末 70 年代初以来，教育功能论一统天下的局面被打破，西方教育社会学进入学派争鸣和发展时期。这一时期的西方教育社会学可谓流派纷呈、理论林立。但是，人们一般习惯于根据社会学理论学派的分类依据，将教育社会学理论划分为功能论、冲突论和互动论三大流派。① 党的二十大报告指出："我们要拓展世界眼光，深刻洞察人类发展进步潮流，积极回应各国人民普遍关切，为解决人类面临的共同问题作出贡献，以海纳百川的宽阔胸襟借鉴吸收人类一切优秀文明成果，推动建设更加美好的世界。"坚持以习近平新时代中国特色社会主义思想为指导，把握好习近平新时代中国特色社会主义思想的世界观和方法论，坚持好、运用好贯穿其中的立场观点方法，紧跟时代步伐，顺应实践发展，以海纳百川的宽阔胸襟批判性地分析、借鉴、吸收人类一切优秀文明成果，对于加快新时代中国教育社会学学科体系建设具有重要指导意义。

---

① 胡森和波斯尔斯韦特主编的《教育大百科全书》将教育社会学区分为四种理论范式：功能理论、功利主义理论、冲突理论和互动理论，并认为四种理论范式之间既相互对立又相互交错和渗透。考虑到功利主义教育社会学理论在教育经济与管理研究中已有较多研究和应用，因此，本书还是按照传统的分类方式将教育社会学的理论分为三大流派。

第一节 教育功能论

////////////////////

正像功能论是社会学的第一个理论流派一样，教育功能论也是教育社会学的第一个理论流派。它与教育冲突论一起构成了教育社会学的宏观理论体系。

一、功能论与功能论教育社会学

功能论又称功能主义，发轫于 19 世纪初期的有机体论，是社会学中历史最悠久的理论方法。[①] 为了使社会学获得学科地位，社会学的创始人孔德不得不从当时备受尊崇的生物科学中借用术语和概念。通过比较社会和生物有机体，孔德创立了功能论。这也是使功能论成为社会学第一个理论流派的原因。

（一）功能论的基本观点

英国社会学家斯宾塞（Spencer）在他的《社会学原理》一书中通过系统地比较社会和有机体，使有机体类比得以充分发展。法国社会学家迪尔凯姆的基本假设也是有机体论的。他认为，社会自身是一个实体和系统，区别于并且不可还原成自己的各个组成部分。社会系统的各个组成部分是完成系统基本功能、满足社会整体需要的必要条件。社会系统包含着一些均衡点，正常的功能围绕着这些均衡点而产生。当社会各个组成部分不能满足社会的功能需要时，社会便处于病态之中。

美国当代社会学家特纳认为，两位英国人类学家马林诺夫斯基（Malinowski）和拉德克利夫（Radcliffe）的著作使得功能论作为一种表达明确的方法，占据了 20 世纪的前半个世纪。[②] 他认为，是马林诺夫斯基描画出了现代社会学功能论的大致轮廓。马林诺夫斯基和拉德克利夫与迪尔凯姆永恒的分析一起推动了现代功能论的形成。当然，韦伯对主观含义和社会结构类型或理想类型的强调，以及研究"社会有机体"属性的方法，也同样塑造了现代功能论。

20 世纪功能论的代表人物是美国社会学家帕森斯和默顿。帕森斯是他那个时代最重要的理论家。1931 年，帕森斯将社会学引入哈佛大学，并于 1946 年建立哈佛大

---

① ［美］特纳：《社会学理论的结构》上册，18 页，北京，华夏出版社，2001。
② ［美］特纳：《社会学理论的结构》上册，13 页，北京，华夏出版社，2001。

学社会学系。帕森斯的雄心壮志是试图创建一个宏大的、能够解释一切社会现实的功能分析框架。从1950年到20世纪70年代末，帕森斯的功能理论始终是社会学理论论战的焦点。帕森斯将社会分为三个系统：文化系统、社会系统和人格系统。他所关心的主要问题是：社会系统如何生存？社会怎样解决自身的整合问题？他的答案是：社会通过将人格系统整合到社会系统中，而实现系统自身的整合。人格系统通过两种机制可以整合到社会系统中：一是社会化机制，二是社会控制机制。文化模式则通过向所有行动者提供公共文化资源和共同的"情景定义"，来对社会秩序和均衡的维持发生作用。

20世纪50年代中期以后，帕森斯提出了分析系统必要条件的AGIL模型。他认为，系统的生存必须具备四个必要条件：适应（adaptation）、目标达成（goal-attainment）、整合（integration）和模式维持（latent pattern-maintenance）。"适应"指的是从外部环境中获取足够的资源，并在整个系统中分配。"目标达成"指的是建立系统的目标等级，并调动系统的资源达成这些目标。"整合"指的是协调系统单位之间的相互关系。"模式维持"指的是在确保行动者显示出合适的个性的同时，处理好系统中行动者的内部紧张。

与帕森斯不同，默顿反对功能论的宏大分析框架，他强调经验功能论的重要性。他认为，就社会学现有的研究基础来看，实现宏大理论体系所必需的理论研究和经验基础都不具备。因此，默顿主张在社会学中采用"中层理论"。他认为，对有限现象进行理论描述和经验实证，最终会形成更加复杂的理论。此外，默顿还对早期功能论者的基本假设——结构对于系统发挥"功能"，即只存在"正功能"的观念进行了修订。他认为结构对于系统既有正功能，也有反功能；既有显性功能，也有隐性功能。

从上述分析可以看出，功能论的基本观点是：社会的每一个组成部分都对整体发生功能，并由此维持了社会的整合和稳定[①]。

（二）教育功能论及其基本主张

教育功能论或称功能论的教育社会学理论，源于斯宾塞和迪尔凯姆的功能理论。功能论的教育社会学于20世纪50年代初产生于美国；20世纪50年代至60年代前半期在欧美教育社会学界占据支配地位，到20世纪60年代末和70年代早期，受到

---

① ［美］波普诺：《社会学》第10版，18页，北京，中国人民大学出版社，1999。

复兴的冲突论的挑战而有所衰落。教育功能论的代表人物主要有：法国的迪尔凯姆、美国的帕森斯和克拉克（Clark）、英国的特纳和霍珀等。

认识和研究一个理论流派最为要紧的是弄清楚它想说明什么现象或解决什么问题。只要把握住这条主线，就可以比较准确地把握一个理论的精髓，也可以比较准确地评判该理论的优劣得失。功能论者在运用他们的观点研究教育时，想要解决的主要问题是：教育可以满足哪些社会需要？教育对于维护社会的稳定起到了哪些作用。① 也就是说，功能论的教育社会学者主要关心教育的社会功能，分析教育对整个社会的影响。功能论教育社会学常用的分析模式是列举教育在现代社会中的作用和功能。一般而言，功能论教育社会学者认为，教育的社会功能主要有两个：一是社会化功能；二是社会选拔功能。但是，值得注意的是，功能论教育社会学者对这两个功能的重视程度不同。比如，帕森斯非常强调教育的社会化功能，而特纳和霍珀则更加强调教育的社会选拔功能。

二、教育的社会化功能

帕森斯关于教育的论述主要集中在《现代社会体系》一书及《作为一种社会体系的班级：它在美国社会中的某些功能》一文中。尽管帕森斯提出教育具备两大基本功能②，但是，对于帕森斯来说，教育的主要功能是社会化③。换句话说，帕森斯更多地将教育视为社会整合的源泉。④

（一）教育传递"共享的价值观念"

在帕森斯看来，每一个社会都有一些为所有社会成员所"共享的价值观念"，这是维护社会秩序和稳定的必要条件。美国教育的主要功能就在于传递"成就"和"机会均等"的思想，而这些思想正是构成现代美国社会共享价值观念的重要因素。

在《现代社会体系》一书中，帕森斯认为，20 世纪中期，美国发生了一场重要的

---

① ［英］戴维·布莱克莱吉：《当代教育社会学流派——对教育的社会学解释》，73 页，北京，春秋出版社，1989。
② 张人杰：《国外教育社会学基本文选》，507 页，上海，华东师范大学出版社，1989。
③ ［英］戴维·布莱克莱吉：《当代教育社会学流派——对教育的社会学解释》，73 页，北京，春秋出版社，1989。
④ ［瑞典］T. 胡森、［德］T. N. 波斯尔斯韦特：《教育大百科全书》第 2 卷，328 页，重庆，西南师范大学出版社，2006。

教育革命，极大地扩大了受教育机会的均等程度。但是，学习机会的均等必然会带来教育成就的差异，原因在于每个学生的能力、学习兴趣、动机和努力程度，以及家庭的期待和教养态度，存在较大的差异。教育成就的差异又可能带来社会地位的不平等，从而造成了潜在的社会分裂和冲突。那么，社会是如何化解这种潜在的紧张状态，维持社会的秩序，实现社会的稳定的呢？

帕森斯在《作为一种社会体系的班级：它在美国社会中的某些功能》一文中，对这个问题进行了解答。在他看来，社会正是通过教育的社会化功能，即通过教育传递某种共享的价值观念而使得这种不平等合理化，从而消除了潜在的社会分裂和冲突。具体而言，教育所传递和灌输的是这样一种观点：教育对于每个人而言都是公平的，机会对于每个人而言也都是均等的，教育成就的差异主要在于学习者的个人因素。这样，教育所传递的"成就"和"机会均等"的价值观念，就成功地防止了人们在争取较高社会地位的竞争中因失败而产生冲突和矛盾，从而发挥了重要的社会整合功能。

（二）教育是社会化的主要机构

在帕森斯看来，学校中的班级是一个社会化的机构。那么，什么是帕森斯所说的"社会化"呢？他所说的"社会化"具体包含哪些内容呢？社会化就是个体成为社会所需要的人的过程。在《作为一种社会体系的班级：它在美国社会中的某些功能》中，帕森斯将教育的社会化功能概括为两个方面：一是个体责任感的发展；二是个体能力的发展。也就是，通过教育培养个体具备社会角色扮演所必需的责任感和相应的能力（见框3-1）。一个受过教育的人，应该是一个信守社会普遍的和共享的价值观念，并具有各种技术和社会能力的人。就这样，教育以它特有的方式在维持着社会的共同文化，并为社会提供适当的人力资源，从而使社会成为一个协调一致的稳定的整体。

在帕森斯看来，学校班级所具有的角色分配和社会选拔功能，从本质上看也是一种社会化的过程。他认为，所有的学生在入校时水平相差无几，也都受到了平等的待遇，教师给他们讲授同样的内容，布置同样的任务，以同样的标准和方法来对他们进行考核和评价。但是，机会的均等最终带来了教育成就的差异。而这个过程也是社会化的过程，因为以学业成就为标准的区分制度，在使学生在认同新的社会地位不平等的同时，强化了社会的共享价值观念。

框 3-1 帕森斯论社会化的功能

　　社会化功能也许可以概括为个体责任感和能力的发展，这些责任感和能力对于他们未来的角色扮演是最基本的前提。责任感可依次分解成两个部分：履行广泛的社会价值的责任感和完成社会结构中某一特定类型角色的责任感。这样，一个从事相对卑微职业的人对履行较高层次的社会价值会漠不关心，但在他对本职工作的责任感这层意义上，可能会是个"淳厚的公民"；或者相反，另一些人也许会反对把女性的角色固着于婚姻和家庭，理由是，这样的固着阻止了社会的人才资源在商业、政府等部门的公平分布。能力也可以分解成两个部分：第一部分是完成个人角色中的任务所需的能力或技能；第二部分是作为实现他人对适合这些角色的人际行为的期望所需的能力或"角色职责"。这样，不光技工，医生也必须不仅具有基本的"行业技能"，还需要具有对那些在工作中接触到的人的行为得体的能力。

　　——张人杰：《国外教育社会学基本文选》，507 页，上海，华东师范大学出版社，1989。

三、教育的社会选拔功能

　　尽管许多著名的功能论教育社会学家都将教育视为社会整合的源泉，更加重视和强调教育的社会化功能。但是，也有一些学者强调教育的功能分化和社会选拔功能。在这些学者中最著名的要数英国教育社会学家特纳和霍珀了。他们更加倾向于把教育视为一种为特定社会位置选拔特定类型的人的机制，认为社会选拔是教育的首要功能。

（一）教育选择与社会整合

　　特纳主要关心这样一个问题：一个国家在有着严重阶层分化的情况下是如何保持社会秩序的稳定和实现社会整合的？他以美、英两国为例进行了关于教育选拔功能的著名个案研究。

　　1958 年，特纳发表了《赞助性流动、竞争性流动和学校教育》一文。在这篇文章中，特纳运用功能论的视角考察了美、英两国学校教育制度的社会选拔功能。他运用"理想型"的研究方法，根据美国和英国教育制度促进社会流动的方式不同，将两国的教育制度区分为两个不同的类型：一是英国教育选拔制度带来的"赞助性流动"；二是美国教育选拔制度带来的"竞争性流动"。在赞助性流动模式中，社会地位的升迁是由现在的精英来决定的；在竞争性流动模式中，社会地位的升迁体现出较为明显的公开竞争的特征，是一场所有人都知道竞赛规则的比赛，能否实现向上的社会流动主要靠个人的能力和努力（见框3-2）。

> **框3-2　特纳论赞助性流动、竞争性流动与学校教育**
>
> 竞争性流动是一种制度。在这种制度中，英才地位是一种依据某些公平原则在公平竞争中获得的奖品。竞争者可以在可运用的策略方面享有广泛的自由。由于成功的向上流动所获得的"奖品"不是由某个公认的英才赐予，所以这位英才就无权决定谁将得到、谁将得不到"奖品"。在赞助性流动中，英才的新成员由公认的英才或其代理人挑选，英才地位是依据某些假定的德行标准而被授予，它不可能靠努力或策略来获得。向上流动就像加入一个私人俱乐部，每个候选人须经一个或多个成员的保荐。全体成员最终准予或否决其向上流动，则依据他们对候选人是否具备他们希望在同伴身上看到的那些品质而做出的判断。
>
> ——[英]张人杰：《国外教育社会学基本文选》，92页，上海，华东师范大学出版社，1989。

在特纳看来，无论是英国的赞助性流动教育制度还是美国的竞争性流动教育制度，都在致力于解决同样的问题，即如何维护社会成员对于社会制度的忠诚度。美国解决这一问题的策略是：为每个人的发展提供平等的教育条件，鼓励人人都争取获得精英的位置。美国的教育制度并不急于判定失败者，相反，许多学生是在竞争的最后阶段被淘汰的。这样一来，失败者在将失败的责任归于自身的同时，也已经培养起了对社会的忠诚度。

与美国不同，在英国，未来的精英从很小的时候就被挑选出来，被送到文法学校学习，其他学生则到现代中学学习。然后分别教育精英分子认识到自己的社会领导意识和责任，教育其他人员安心于自己在生活中的位置。通过这种教育方式，英国也较好地培养起了社会成员的忠诚度，较好地维持了社会秩序。

（二）教育制度与社会选择

霍珀认为教育的主要功能是选择。用他的话来说，就是教育制度的结构，尤其是工业社会的教育制度，应主要从其选择过程的结构去理解[①]。在《关于教育制度分

---

① [英]戴维·布莱克莱吉：《当代教育社会学流派——对教育的社会学解释》，90页，北京，春秋出版社，1989。

类的类型学》一文中，霍珀对于特纳将教育制度划分为"竞争性流动"和"赞助性流动"的做法进行了质疑和修正。他认为特纳关于教育制度的两分法仅仅代表扩展的类型学中的两种特例。

为了更全面地考察各国教育制度在社会选拔方面的差异，霍珀提出了一个"四维分类法"。他认为，根据对以下四个维度的问题的不同回答，就可以对不同教育制度的选择功能做出合理的区分。这四个问题是：怎样进行教育选拔？何时进行教育选拔？谁应该入选？入选的理由是什么？尽管不同的教育制度在这四个问题上的回答不尽相同，但是霍珀认为，所有的教育制度都有三个明显的功能：对于不同的能力类型和能力水平的儿童进行筛选；为通过筛选过程形成的不同类别的儿童提供适合的教学；受训人员的最后分配，不是直接去工作，就是继续接受专业训练。[①] 正是通过上述三个连续的阶段，教育制度最终实现了其社会选拔功能。

四、教育功能论简评

教育功能论的主要学术贡献在于，它推动了对教育及其组成部分功能的社会学研究，促进了对教育与社会结构之间关系的考察。通过教育功能论的研究，人们认识到教育制度及教育改革和发展的社会制约性，理解到教育对于其他社会制度的功能及其相互关系。

但是，正如教育冲突论所批判的那样，教育功能论也存在一些局限和不足。比如，它过分强调教育与社会之间的和谐而忽视冲突，过分强调教育体制的稳定而忽视变迁，过分强调教育的积极功能而忽视消极功能，等等。在教育冲突论看来，这些理论局限将使得教育功能论成为一种为现存社会制度和秩序辩护的理论工具，并最终帮助统治阶级实现社会生产关系和阶级关系的再生产。

功能论的教育社会学理论在 20 世纪 60 年代遭到复兴的冲突论的挑战，此后便迅速走向衰落。值得注意的是，尽管宏观教育社会学理论的主导性话语已经转向了冲突论，但是，功能论仍然以各种方式在具体的教育实践中体现着自己的存在。比如，在中观层面的组织分析中，在学校管理人员的日常取向中，功能论的观点仍然具有很大的市场。

为什么一个在理论层面已经失去主导地位的教育社会学流派，还会在教育实践

---

① 张人杰：《国外教育社会学基本文选》，115 页，上海，华东师范大学出版社，1989。

层面继续存在并具有相当大的影响力呢？其原因大概有以下几个方面：一是功能论和冲突论作为考察教育现象的两种社会学理论各有一定的解释力，尽管冲突论能够更好地解释当前的一些教育现象，但它并不能完全替代功能论；二是人有追求确定性和稳定性的基本需求，很显然，冲突论很难满足这样的需求，而功能论却能够更好地做到这一点；三是社会的既得利益者大多信奉功能论，因为功能论更加强调秩序、稳定和整合，符合社会既得利益者的根本利益。正是由于这些复杂原因的存在，功能论教育社会学理论的许多思想还将会在教育实践中不断得到体现和运用。

第二节　教育冲突论

冲突论教育社会学理论流派是在与功能论的论战中逐渐形成的。目前，冲突论已成为宏观教育社会学中的支配性理论流派。

一、冲突论与冲突论教育社会学

（一）冲突论的基本观点与理论传统

西方学者一直公认两位德国社会学家——卡尔·马克思与马克斯·韦伯为冲突论的直接理论先驱，一般推崇马克思为冲突论的鼻祖，把马克思主义视为冲突论的同义语。马克思的阶级斗争学说和从经济角度对社会政治关系的考察，对冲突论影响最大、最直接。

在法国社会学家阿隆看来，马克思首先是一位社会学家和资本主义制度的经济学家。马克思作为一个社会学家，这一点是毋庸置疑的。但他是一个特定形态的社会学家，即经济社会学家。[①] 马克思特别强调从了解经济制度的运行入手来了解现代社会，他认为经济基础决定上层建筑，一切社会的历史都是阶级斗争的历史。马克思与今天所说的客观的社会学家不同，他既是一个学者，又是一个预言家和行动者。他直言不讳地认为对既存的"实然"的解释与"应然"判断之间是有联系的。

作为冲突论的另一个先驱韦伯在许多方面与马克思不同：首先，他反对以经济基础作为决定社会结构的唯一条件的观点，他认为宗教、教育和政治党派与经济因

---

① ［法］阿隆：《社会学主要思潮》，94页，北京，华夏出版社，2000。

素具有同样的作用；其次，他的社会阶级分析更加具象与多元，包括阶级、地位群体和党派三个方面；最后，也是最重要的，就是他将分析社会的出发点建立在个人自我利益基础之上。

这样，冲突论在西方就存在两个理论传统：一是西方马克思主义的传统，代表人物有米尔斯、法兰克福学派及其他新马克思主义者；二是韦伯主义的传统，代表人物有达伦多夫（Dahrendorf）、科塞（Coser）和柯林斯等人。①

（二）冲突论教育社会学及其基本主张

作为教育功能论的对手，教育冲突论产生于 20 世纪 60 年代末 70 年代初期，其主要理论分别源自马克思和韦伯。其理论的主要特征在于：教育冲突论基于社会冲突来审视教育现象，认为社会资源分配不平等是教育变化的动力。教育冲突论的研究主题有：国家对教育的控制，阶级、民族和种族隔离，师生冲突，学生的分组和分流，教育公平等。

尽管各种教育冲突论都认为教育变化的动力在于社会资源的分配不平等，但教育冲突论并不是一个统一的理论流派，相反，教育冲突论本身具有显著的多样性。根据其理论渊源不同，可以把西方众多的教育冲突理论分为两大类：马克思取向的教育冲突论和韦伯取向的教育冲突论。

二、马克思取向的教育冲突论

马克思取向的教育冲突论主要关心的问题是：社会是如何通过学校教育实现其不平等社会秩序的合理延续的？马克思取向的教育冲突论学者大多从阶级或阶层分析的方法入手来回答这个问题。其代表人物主要有：葛兰西（Gramsci）、阿尔杜塞、鲍尔斯、金蒂斯、安扬（Anyon）、伊里奇、阿普尔、吉鲁、威利斯等。

根据对意识形态独立性程度的认识不同，以及对学校内部意识形态的统一程度的认识不同，我们可以将上述教育冲突论学者分成两大类。其中的一类学者认为，意识形态作为上层建筑最终取决于经济基础和物质条件，但是它们也具有一定程度的自主性，即相对独立性。在他们看来，学校内部的意识形态是统一的。这一类教育冲突论学者以阿尔杜塞、鲍尔斯和金蒂斯为代表。另一类学者则更加强调意识形态的独立性，认为学校内部的意识形态也并非统一，而是存在不同意识形态的激烈

① 贾春增：《外国社会学史》2 版，251 页，北京，中国人民大学出版社，2000。

冲突。这一类教育冲突论学者主要有：葛兰西、阿普尔、吉鲁和威利斯。

（一）学校教育帮助现存社会秩序的再生产

阿尔杜塞与马克思的理论非常相近，他主张经济基础决定上层建筑，但同时认为意识形态具有相对独立性。意识形态对于社会的各种具体制度都有影响作用，但它的力量在学校中体现得尤为明显。学校教育通过传递与物质生产关系相适应的知识技能、思维方式和态度情感等方式，来维护资本主义现有的社会秩序和阶级体制。

美国教育社会学者鲍尔斯和金蒂斯的理论与阿尔杜塞的理论接近，他们最明确、最全面地阐述了"直接再生产理论"。在《资本主义美国的学校教育》一书中，鲍尔斯和金蒂斯全面阐述了他们的基本观点。概括而言，他们的整个理论包括三个部分：教育的功能——再生产；教育如何实现社会再生产——对应原则；推动再生产的主要力量——经济结构。[①]

1. 教育的功能是再生产

鲍尔斯和金蒂斯认为，教育是社会的一部分，不可能带来更大程度的平等和社会公正。在美国，教育起着延续和再生产资本主义制度的作用，是维护和加强现存的社会秩序和经济秩序的若干社会机构中的一个。[②]

在他们看来，美国经济是一种形式上的极权主义制度。资本主义经济对于剩余价值的追求，必然会导致劳资之间的冲突。因此，工人潜在的团结威胁着资本家的统治。为了维护自身的统治地位，维持和再生产现有的社会制度，除了直接使用暴力以外，资本家更加看重教育在传递统治阶级的意识形态，从而实现现有社会秩序合法化方面所具有的无可比拟的重要作用。

教育通过两种手段再生产资本主义的社会制度：一是合法化；二是社会化。所谓"合法化"手段是指教育通过传播"教育机会均等"和"专家治国、英才统治的意识形态"，为社会的阶级结构和不平等制度辩护，并使之合法化。通过特定意识形态的传递，教育使学生相信经济上的成功和社会地位的获得取决于个人的能力和学业成就，从而掩盖了个人的社会经济背景在经济成功中的关键作用，最终使得社会不平等被

[①] [英]戴维·布莱克莱吉：《当代教育社会学流派——对教育的社会学解释》，156页，北京，春秋出版社，1989。

[②] 事实上，鲍尔斯和金蒂斯认为不仅美国教育具有直接再生产现有社会秩序的功能，在他们看来，苏联等东欧社会主义国家的教育也具有同样的功能。但是，他们还是选择以美国为例来探讨这一问题。（[英]戴维·布莱克莱吉：《当代教育社会学流派——对教育的社会学解释》，148页，北京，春秋出版社，1989。）

合法化。所谓"社会化"是指，教育使学生形成工人的"意识"，使个人的自我意识、抱负和社会阶级身份适应社会劳动分工的需要。

2. 教育的再生产功能通过对应原则实现

鲍尔斯和金蒂斯认为，教育的社会再生产功能可以实现的原因在于资本主义社会生产关系与学校上层建筑作用之间的对应。工厂的结构与学校教室的结构实质上是相互对应的：二者都强调遵守纪律、遵守时间、服从权威和外部评价。

具体而言，学校教育的社会关系与工厂的社会关系的相互对应主要体现在以下四个方面。第一，学校的学生对应于工厂的工人。学生不能控制课程设置，工人也一样不能控制自己的劳动内容。第二，接受教育与从事劳动的目的相对应。接受教育是为了取得良好的学业成就，从事工厂劳动是为了得到工资和奖赏。第三，学校中的知识专门化和学生之间的不必要的竞争对应于工厂的劳动分工与劳动竞争。第四，教育的不同层次对应于职业结构的不同层次。

鲍尔斯和金蒂斯强调，教育再生产功能主要是通过"隐性课程"的形式得以实现的。在他们看来，教育维持和再生产现有的社会秩序，并非教师和经营管理人员有意为之。这完全是由于制约着工厂中的社会关系与学校中的社会关系相互对应造成的。换句话说，教育的社会再生产功能主要是通过教育制度的形式而不是内容实现的。这一形式构成了学校的"隐性课程"。正是通过"对应"这种"隐性课程"，学校生产出维持资本主义阶级体制所必需的品质和态度。

3. 经济结构是推动教育再生产的主要动力

鲍尔斯和金蒂斯认为，经济结构是教育结构的主要决定因素，是导致再生产的主要力量。在《美国的资本主义制度与教育》一文中，他们对于这个观点进行了详细的阐述。他们认为，用"大众需求"和"技术需要"来解释美国的教育变革和发展，都是不适当的，也是没有说服力的。与此相反，他们认为，美国每一时期的教育改革，都是对工厂中的经济生活结构变化的反映。

用鲍尔斯和金蒂斯的话来说，"教育改革的主要时期是与社会不安定和政治冲突的严重时期同时或相继出现的""政治制度脱胎于政治和经济的冲突，这些冲突是由资本家逐渐加强对生产过程的控制和由这个过程内在固有矛盾所引起的"。因此，他们得出结论："资本积累的矛盾性和资本主义秩序的再生产是教育变革的动力。"[1]由

---

[1]　张人杰：《国外教育社会学基本文选》，346～347页，上海，华东师范大学出版社，1989。

于经济结构是推动教育再生产的主要动力，所以在他们看来，追求社会的改善、教育的开放和机会的均等，在一定程度上有助于增强学校在重建阶级制度和扩大资本主义生产方式中的作用。

（二）学校是意识形态冲突的主要场所

在马克思取向的教育社会学家中，阿普尔的理论更接近葛兰西的观点。阿普尔是美国当代著名的教育社会学家，威斯康星大学课程、教学和教育政策研究系教授，曾任美国教师协会主席之职。他的代表作是"阿普尔三部曲"（《意识形态与课程》《教育与权力》《教师与文本》），以及《官方知识》《教科书政治学》《文化政治与教育》《教育中的文化与经济再生产》等。[1]

在阿普尔看来，物质基础和上层建筑之间并不存在简单的对应关系，学校并非仅是简单直接地传递统治阶级的意识形态。相反，统治阶级的意识形态霸权是由学校运作生产出来的。相对于鲍尔斯和金蒂斯，阿普尔更加强调意识形态的独立性，并认为意识形态对于阶级关系再生产的影响是间接的和微妙的。同时，他也认为，学校是意识形态冲突的主要场所，这些冲突产生于经济基础与上层建筑之间的矛盾，以及它们内部的矛盾。

换句话说，阿普尔认为学校教育对于现有社会秩序的再生产并不像鲍尔斯和金蒂斯认为的那样直接，也不是那么一帆风顺。事实上，在他看来，教育也是各类知识与应当传授知识之间冲突的发源地，是谁的知识是"法定知识"和谁有传授知识的法定权之间冲突的发源。[2] 因此，相对于斯宾塞提出的"什么知识最有价值"的问题，他提出了"谁的知识最有价值"的问题，注重探究教育中知识与权力之间的复杂关系。

（三）学校教育中的"抵制"现象

近年来，马克思取向的教育社会学中的"直接再生产理论"，已经被"抵制理论"所取代。"抵制理论"强调学校教育中的"抵制"现象对于资本主义再生产过程起着重要的作用。主张这一观点的代表人物主要有阿普尔、吉鲁和威利斯等。[3] 抵制理论

---

① 阿普尔的《意识形态与课程》《教育与权力》《官方知识》《教科书政治学》的中译本已由华东师范大学出版社"影响力教育理论译丛"翻译出版，《文化政治与教育》由教育科学出版社"教育、社会与文化译丛"翻译出版。

② [美]迈克尔·W. 阿普尔：《意识形态与课程》，1 页，上海，华东师范大学出版社，2001。

③ 正如阿普尔自己所言，他在早期著作《意识形态与课程》中主要信奉直接再生产理论，认为学校就是社会的一面镜子。但是，在后来的《教育与权力》和《教育中的文化与经济再生产》中，他修正了自己的观点，转而强调学校是"抵制"、冲突和矛盾的场所。

所关心的主要问题是：在学校再生产现有社会秩序时，主流意识形态是如何遭到抵制的。

1. 学校教育以学生群体的抵制意识为特征

美国当代教育社会学家吉鲁反对直接再生产理论用简单机械的观点来看待教育与经济之间的关系。在吉鲁看来，学校并非完全受制于社会经济制度。从整体上看，学校在资本主义制度中具有某种独立性。事实上，学校经常与社会的需求不一致，而且学校也经常与各个不同社会阶层的需求相冲突。比如，中上层阶级可能希望学校培养科学家，而下层阶级则可能更希望学校开设综合课程。此外，他还认为学生在学校的生活并不像直接再生产理论所主张的那样，完全受制于经济和社会制度。相反，在他看来，学生在学校生活中具有一定的自主性，他们并非一味地被动接受学校所传递的文化和意识形态，而是有所选择和抵制。

由此，吉鲁对葛兰西主义进行了修正，更加强调抵制在教育再生产中的作用。他认为，直接再生产理论在贬低了教育制度的独立性的同时，也贬低了教育制度中人的自主性，从而忽视了马克思关于"人民创造历史"的观点。与此不同，抵制理论则更加强调人的主观能动性，认为学校是意识形态矛盾、冲突和斗争的场所，而且它以学生集体(尤其是工人阶级子弟)的抵制意识为特征。这样，抵制理论就给附属阶级和社会群体重新带来了一定程度的能动作用和创新力量。以此为基础，吉鲁特别强调教育对具有批判精神公民的培养，希望教育能够培养出在一个民主社会中发挥领导作用的政治主体。①

2. "反学校文化"使工人阶级子弟学会劳动

英国教育社会学家威利斯对抵制理论进行了人种学的实证主义研究，他的主要理论见解集中在《学会劳动》一书中。在这部著作中，威利斯介绍了他对英国中部一所小镇中学的 12 名工人阶级家庭学生的人种学个案研究。研究发现，在工人阶级子弟集中的学校里，经常存在一种"反学校文化"。反学校文化作为工人阶级子弟抵制学校文化影响的一种现象，会对学校教育的再生产功能产生一定的影响。

威利斯发现，学生反学校文化的最根本的特征就是对学校和教师"权威"的普遍和根深蒂固的抵制。这种对权威态度的抵制表现为逃学、破坏学校的公物、蔑视和欺负遵守制度的学生、轻视知识和文凭、喝酒、吸烟、盗窃、打架等。威利斯认为，

---

① ［美］亨利·A. 吉罗克斯：《跨越边界：文化工作者与教育政治学》，1 页，上海，华东师范大学出版社，2002。

反学校文化与车间文化基本相似。车间文化的核心就是工人在极力试图控制生产管理过程，要在他人控制的活动中寻求乐趣。具有反学校文化的工人阶级的子弟的行为也一样，他们也试图控制课堂，按照自己的"课程表"自行其是。事实上，反学校文化不过是工人阶级文化在学校中的反映，是出身于工人阶级家庭的学生在运用工人阶级的价值观念抵制学校的主流价值观念。

威利斯对于工人阶级子弟的抵制行为的后果，在看法上存在着一定的矛盾。一方面，他认为学校内的反学校文化孕育着潜在的个性解放；另一方面，他又对此抱有一种消极的看法，认为这种反抗和抵制只会导致工人阶级不断遭受奴役。在威利斯看来，由于学生反学校文化，抵制主流文化，蔑视脑力劳动，更加类似于车间文化，所以这部分学生从学校转入工厂工作就比较容易。这样，工人阶级的子弟便在"抵制"过程中"学会了劳动"，最终帮助社会实现了再生产。[1]

三、韦伯取向的教育冲突论

同马克思取向的教育冲突论一样，韦伯取向的教育冲突论也在关注学校教育如何再生产现有的阶级体系，以及文化思想或意识形态如何介入再生产过程的问题。[2]马克思取向教育冲突论者主要从"对应"与"抵制"等方面来回答这一问题。与马克思取向不同的是，韦伯取向的教育冲突论者主要从"地位群体"或"亚群体"就荣誉、声望和文化资本所展开的竞争来回答这一问题。这一理论学派的代表人物主要是柯林斯和布迪厄。

（一）学历社会的文凭竞争

1979年，美国教育社会学家柯林斯出版《学历社会》一书。在这本书中，柯林斯继承并发扬了韦伯的冲突理论。他认为，学校并不是资产阶级维系个体文化差异的工具或机器。也就是说，柯林斯反对仅仅从阶级斗争的观点来看待学校中的各种冲突和矛盾，在他看来，阶级矛盾和意识形态冲突并不是所有学校冲突的源泉。相反，柯林斯认为，各地位群体围绕荣誉、声望所展开的竞争，以及对于教育文凭的无止境的追求，是产生学校教育冲突的主要原因。

---

① ［英］戴维·布莱克莱吉：《当代教育社会学流派——对教育的社会学解释》，156页，北京，春秋出版社，1989。
② ［瑞典］T. 胡森、［德］T. N. 波斯尔斯韦特：《教育大百科全书》第2卷，331页，重庆，西南师范大学出版社，2006。

柯林斯认为，现代社会是一个学历主义的社会。教育体制鼓励人们将文凭作为荣誉和声望的"标志"，文凭和文化资本已经成为获得更高收入和更多权力的工作的必要条件，是地位群体成员身份的标志。因此，人们为了获得更好的工作、取得更高的收入、追求更高的社会地位，就会对教育文凭展开更加激烈的竞争。由于越来越多的人要求得到更多文凭，文凭膨胀和文凭贬值就不可避免。这样，文凭对于地位群体的身份和工作机会的价值就越来越低。

但是，文凭是一种不同于一般商品的、具有特殊属性的"商品"。对于一般商品而言，当商品贬值时人们会放弃对它的购买，但是文凭这种"商品"却与之不同：随着某个层次文凭价值的贬值，人们纷纷开始追求更高层次的文凭。这样一来，就进一步加剧了文凭膨胀的恶性循环，导致人们对文化资本竞争的进一步加剧。

（二）文化资本理论与社会再生产

法国著名的社会学家布迪厄是继阿隆以后法国最有影响的社会学家，也是法国在国际社会理论界引用最多、研究最多的当代社会学家。布迪厄著作等身，一生共发表著作30余部，文章300余篇，内容涉及人类学、社会学、教育、历史、政治、哲学、美学、文学、语言学等领域，是一位试图通过自己的研究来改造世界的哲人。[①]

布迪厄在教育社会学领域内主要关注的问题有两个：一是社会结构为什么趋于再生产自身，这其中的规律是什么？二是教育是如何充当传播知识和思想的再生产体系的？与前面所有的教育社会学家不同，布迪厄主要强调文化过程对于维持和再生产社会经济结构的重要性，因此，他的再生产理论也被称为"文化再生产理论"。他的主要教育社会学代表作有：《文化资本与社会炼金术——布尔迪厄访谈录》《再生产：一种教育系统理论的要点》《继承人：大学生与文化》《国家精英：名牌大学与群体精神》等。[②]

布迪厄的资本概念与马克思不同。在他看来，资本是积累的劳动，当这种劳动在私人性，即排他性的基础上被行动者或行动者小团体占有时，这种劳动就使得他

---

① ［法］布尔迪厄：《科学的社会用途——写给科学场的临床社会学》，7页，南京，南京大学出版社，2005。

② 从20世纪末开始，国内学术界对于布迪厄的关注和研究不断升温。目前，布迪厄的主要教育社会学著作大多被翻译成中文。除了《文化资本与社会炼金术——布尔迪厄访谈录》一书由上海人民出版社翻译出版外，本书所列布迪厄的其他教育社会学著作均由商务印书馆"当代法国思想文化译丛"翻译出版。"布迪厄"又译为"布尔迪厄""布赫迪厄""布尔迪约"等。本书一致将其译为"布迪厄"。"再生产"一词在我国台湾地区被翻译为"再制"。

们能够以具体化的方式占有社会资源。① 布迪厄将资本视为"积累的劳动"，强调了"资本"的历史性，即资本是"积累的"。资本的积累需要时间、金钱和情感的投入，需要一个努力的过程，不是一蹴而就的。

与马克思主要考察经济资本不同，布迪厄将资本分为三种基本的形态：经济资本、文化资本和社会资本。他认为经济资本是最基本的资本，但是他却更多地研究了社会资本和文化资本，尤其是文化资本。他所说的"社会资本"，是指某个个人或是群体，凭借拥有一个比较稳定、又在一定程度上制度化的相互交往、彼此熟识的关系网，从而积累起来的资源的总和。②

布迪厄并未给出"文化资本"的确切定义，但他却对文化资本进行了类型学的研究。他认为，文化资本可以以三种形式存在：①具体的状态，以精神和身体的持久"性情"的形式存在；②客观的状态，以文化商品的形式（图片、书籍、词典、工具、机器等）存在，这些商品是理论留下的痕迹或理论的具体显现，或是对这些理论、问题的批判，等等；③体制的状态，以一种客观化的形式存在，这一形式必须被区别对待（就像我们在教育资格中观察到的那样），因为这种形式赋予了文化资本一种完全是原始性的财产，而文化资本正是受到了这笔财产的庇护。③

文化资本概念是布迪厄教育社会学理论中的一个核心概念，这一概念的提出很好地解释了教育是如何通过将统治阶级的文化合法化而实现社会再生产的。正如他自己所言，文化资本的概念，最早是在研究过程中作为一种理论假定呈现出来的，这种假定能够通过联系学术上的成功，来解释出身于不同社会阶级的孩子取得不同的学术成就的原因，即出身于不同阶级和阶级小团体的孩子在学术市场中所能获得的特殊利润，是如何对应于阶级与阶级小团体之间的文化资本的分布状况的。

在布迪厄看来，所有的教育行动客观上都是一种"符号暴力"，因为任何一种教育行动都是由一种专断权力所强加的一种"文化专断"。④ 教育行动通过教育权威使

① 包亚明：《文化资本与社会炼金术——布尔迪厄访谈录》，189页，上海，上海人民出版社，1997。
② [法]布迪厄、[美]华康德：《实践与反思：反思社会学导引》，162页，北京，中央编译出版社，2004。
③ 包亚明：《文化资本与社会炼金术——布尔迪厄访谈录》，192～193页，上海，上海人民出版社，1997。
④ [法]P.布尔迪约、帕斯隆：《再生产：一种教育系统理论的要点》，13页，北京，商务印书馆，2002。

它灌输的文化专断得以再生产，从而有助于权力关系的再生产，实现文化再生产的社会再生产功能。教育权威是一种表现为以合法的权力形式实施符号暴力的权力。

布迪厄充分认识到"隐性课程"在教育再生产过程中的重要作用。他认为，法国精英学校是以占据霸权位置为目的的，它的教学活动在一定程度上就是以造就分离的神圣人群为目的的神化行动，或者说是一种"制度化的仪式"。① 在布迪厄看来，从效果上看，实施教育的环境潜移默化地传授的东西比课堂上明白无误地传授的知识更重要：人们所传递的内容的主要部分不是存在于大纲、课程之类的表面材料之中，而是存在于教学行为本身的结构之中。②

布迪厄在《继承人：大学生与文化》一书中集中探讨了法国大学生与文化之间的关系。他认为，在整个大学学习期间，特别是在学业重大转折的时候，社会出身施加着重要影响。大学生从家庭和父母处获得的"惯习"和"文化资本"等，决定了他们在大学中感到"如鱼得水"或者"很不自在"。因此，他得出结论：在造成差异的各种因素中，社会出身无疑对大学生影响最大。③

四、教育冲突论简评

教育冲突论的兴起打破了教育功能论的一统天下，并最终在理论层面战胜和取代了教育功能论，成为教育社会学占主导地位的理论流派。目前，在教育社会学的理论流派中教育冲突论已经成为理论研究者关注的中心。随着教育冲突论逐渐走向成熟和完善，它的研究领域也在不断得到扩展，逐渐转向对自然性别与社会性别和种族/民族不平等问题的研究。④

教育冲突论对于教育社会学理论的贡献主要在于：相对于教育功能论而言，它为人们全面地认识教育现象提供了另外一个视角，即冲突的视角。教育冲突论更加强调教育的阶级制约性，认为教育改革和发展的动力主要在于各阶级、阶层或地位群体教育利益的矛盾和冲突。这在某种程度上补充了教育功能论的认识不足和理论盲点，便于人们更加全面地认识教育现象。此外，它为微观教育社会学，如教育互

---

① ［法］P. 布尔迪厄：《国家精英：名牌大学与群体精神》，115 页，北京，商务印书馆，2004。
② ［法］P. 布尔迪厄：《国家精英：名牌大学与群体精神》，132 页，北京，商务印书馆，2004。
③ ［法］布尔迪约、帕斯隆：《继承人：大学生与文化》，10 页，北京，商务印书馆，2002。
④ ［瑞典］T. 胡森、［德］T. N. 波斯尔斯韦特：《教育大百科全书》第 2 卷，334 页，重庆，西南师范大学出版社，2006。

动论，提供了分析问题的理论框架。

但是，如果教育冲突论过于强调利益的冲突、价值的多元，就容易导致教育上的相对主义。不容否认，对于任何一个社会的教育而言，价值引导都是教育的基本功能，因而从这个意义上讲，教育相对主义将最终导致教育的消亡。对于这个问题，已有一些教育冲突论者进行了反省。正如麦克·扬在《知识与控制：教育社会学新探》的中文版序言中所言："认为课程是一种社会建构，这种观点也是有危险的，在1971年我自己并没有认识到这一点。"①麦克·扬这里所说的"危险"就是指相对主义的危险。因为，如果仅仅强调任何教育和课程都是反映某些社会群体的利益的产物，那么我们就不能够为任何一种教育和课程形式的合理性进行辩护。

五、教育冲突论与教育功能论的区别与联系

（一）教育冲突论与教育功能论的区别

总结以上关于教育功能论和教育冲突论的基本理论著作可以发现：在关于学校教育的性质、内容、过程、学业成就及教育变革和发展的动力的认识等问题方面，教育冲突论与教育功能论存在着根本的区别。

在教育的性质方面，教育功能论学派认为，教育是实现社会公平的基础，促进社会的公正和平等是教育的重要功能。因此，他们将学校视为甄选人才的合理制度。与之相反，教育冲突论学派认为，教育受制于社会，是社会的一个组成部分。有什么样的社会便有什么样的教育，阶级社会中的教育不可能带来更多的社会公平。因此，他们将学校视为不断再生产社会不公、阶级结构和生产关系的机构。

在教育的内容方面，教育功能论学派认为，进入学校教育的学习内容主要是人类已有文明成果中最基础、最重要的部分，以及人类共享的一些基本的价值观念。他们强调，为了适应经济发展和技术升级的需要，学校教育应主要加强对于学生认知水平和技术能力的培养。教育冲突论学派则认为，多数工作并不需要太多复杂的认识能力，学校所传递的也不是什么所谓人类必须共同掌握的基础知识和共享价值观念。事实上，他们认为并没有什么价值观念是人类所"共享的"。在他们看来，学校所传授的主要是与学习者所属阶级有关的价值观念和态度。

在教育过程方面，教育功能论者认为，教师对所有阶级学生的态度都是平等的

---

① ［英］麦克·F.D.扬：《知识与控制：教育社会学新探》，2页，上海，华东师范大学出版社，2002。

和一致的，他们对所有的学生传授同样的教学内容，提出同样的教学要求，按照同样的标准对所有的学生进行同样的考核。教育冲突论者则认为，由教育的性质和内容所决定的教育过程不可能对于所有的学生都是公平的，教育过程实质上是一个社会分层的过程，它的主要作用是使社会不平等合法化。

在学业成就方面，教育功能论者认为，由于教育过程是公平的，所有的学生接受同样的教育，因此学业成就的优劣主要与学生个人的学习兴趣、态度和能力相关，与教师、教材、课程，以及考核和评价标准等因素无关。教育冲突论则认为，教育文化本质上是一种统治阶级的文化，衡量教育成功与失败的标准也是由统治阶级的文化所决定的，因此，工人阶级出身的学生天生就不适应学校教育生活，他们的学业失败与个人因素之间的关系并不像功能论者认为的那样密切。

在教育变革和发展的动力方面，教育功能论者认为，经济和社会发展的客观需要，以及由此所导致的社会对于更多更高水平的人才需求，是推动教育变革和发展的主要动力。教育冲突论者则认为，教育变革和发展与社会经济的发展之间并不存在直接的对应关系。推动教育变革和发展的真正动力要么是统治阶级的主观意图——表现为再生产现有社会秩序的需要，要么是由于"再生产"和"抵制"之间的矛盾冲突，或者是各个"地位群体"对于荣誉、声望的追求导致教育文凭膨胀所引发的。

（二）教育冲突论与教育功能论的联系

1. 两者同属宏观教育社会学理论

教育功能论与教育冲突论强调学校与社会宏观层面的联系，注重研究教育与政治、经济、文化等宏观社会制度的关系。两者都极少涉及具体教育过程的探究，也正因为如此，教育互动论者才会认为在宏观教育社会学理论者那里教育过程是一个未曾打开的"黑箱"。

2. 两者都是教育的社会决定论者

无论是教育功能论者还是教育冲突论者，都认为教育活动受制于社会结构，个体只能在社会结构设定的范围内活动，个体的行动自由是有限的。两者只是在对待社会决定的态度方面存在一些区别。教育功能论者是社会决定论的支持者。在教育功能论看来，社会制约为个体的行为提供了参照标准，个体只有在满足社会需要的前提下行动，才能维护社会的稳定和发展，才能达到个体的自我实现。而教育冲突论者则是教育决定论的反对者。他们认为，关于知识和教育没有所说的"社会共识"存在，只有某个阶级的知识和教育，因此，他们反对以"社会"的名义通过教育权威实施文化霸权和文化专断。

　　3. 两者考察教育的视角可以相互补充和借鉴

　　教育功能论更加关注教育的继承性和稳定性，教育冲突论则更加强调教育的冲突与变革，因此，在教育研究中两者存在较大的互补性。

第三节　教育互动论

///////////////////

　　教育互动论主要运用互动论的理论视角来解释教育活动和教育现象，它与教育功能论和教育冲突论的主要区别是：教育互动论是微观教育社会学理论流派，而教育功能论和教育冲突论都属于宏观教育社会学理论流派。

一、互动论与互动论教育社会学

　　互动论作为一种社会学理论流派，在 20 世纪六七十年代兴起并流行于美国及西方社会学界。这一理论认为，社会是由互动着的个人构成的，关于诸种社会现象的解释只能从这种互动中寻找答案。互动论者经常集中研究日常生活情景中的面对面式的互动，他们非常重视这类互动在创造社会结构和社会制度方面所起的作用。[①]

　　互动论贯彻主观主义原则，强调个人的主观理解，认为社会结构是许许多多的个人理解与行动的结果，社会过程是人把主观的意义赋予客体并做出反应的过程。互动论不太关注宏观的社会结构和社会制度，是一种微观社会学理论，主要关注人们在面对面的互动中符号理解的作用、角色扮演的特点与约定俗成的日常沟通规则。[②]

　　一般认为，互动论的产生直接得益于两个领域的学者：一是美国的实用主义哲学家；二是美国芝加哥学派的学者。[③] 现代互动论主要有三个理论分支：一是符号互动论与拟剧论；二是互动主义的结构论；三是互动主义的现象学。由互动论在教育中的运用所产生的教育互动论，也同样分为三个不同的理论分支。它们各自源于互动论的三个理论传统，所关注的教育问题的侧重点也有所不同。符号互动论主要

----

① ［英］安东尼·吉登斯：《社会学》第 4 版，25 页，北京，北京大学出版社，2003。

② 宋林飞：《西方社会学理论》，245～246 页，南京，南京大学出版社，1999。

③ 贾春增：《外国社会学史》2 版，321 页，北京，中国人民大学出版社，2000。

源自米德(Mead)和莫里斯(Morris)的传统；拟剧论和互动主义结构论主要受迪尔凯姆的影响；互动主义现象学则主要源自胡塞尔(Hussel)的理论。符号互动论更加强调自我概念和情景定义。拟剧性互动论更加关注自我的呈现、互动的策略性，以及宏观背景对互动的影响。互动主义结构论主要关注教育知识的组织、传递和评价过程中的差异与变化问题。现象学则更加强调分类学及知识的建构性。

二、教育互动论的基本主张

互动论不同理论分支对教育的解释存在一定的区别，为了更为全面地认识教育互动论的基本主张，以下将分别就符号互动论、拟剧性互动论、互动主义结构论及互动主义现象学的教育主张做简要阐述。

（一）符号互动论

符号互动论在教育中的应用以英国学者哈格里夫斯(Hargreaves)的早期著作为代表。1975年出版的《人际关系与教育》是哈格里夫斯运用符号互动论研究微观教育问题的范例。符号互动论的教育研究所关心的主要问题是：师生的角色观念是如何形成的？师生的角色扮演与情景定义的关系如何？因此，这一理论研究的基本内容有：师生的自我概念、师生的角色观念、师生的角色扮演，以及情景定义的产生和维持等。

自我概念是哈格里夫斯符号互动论的核心概念之一。哈格里夫斯接受了米德关于自我的发展观念，并将其本质内涵用于分析教师与学生之间的关系。他认为，在具体的教学过程中，以及在师生的交往过程中，教师和学生都会首先从自我概念出发，产生对对方的角色期待，进而对师生互动的情景进行定义，并按照各自的期待和定义进行角色的扮演。但是，当师生互动开始后，尤其是当互动产生问题时，教师和学生会根据具体的互动情形对各自的情景定义和角色扮演进行适当的调整，对自我概念进行修正，以便使互动继续有效地进行下去。在这个调整的过程中会出现教师与学生的"相互试探""调价还价"和"重新协商"。最终，师生就会形成新的角色期待和情景定义，角色扮演也会适当发生改变。

当然，由于教师相对于学生权力更大、更具权威性，因此师生之间的"重新协商"并不是在完全平等的情况下进行的，教师的自我概念、情景定义和角色扮演往往会对学生产生更大的影响。

（二）拟剧性互动论

在《宗教生活的基本形式》《道德教育》等著作中，迪尔凯姆都非常强调仪式对于社会结构的影响。戈夫曼的代表作《日常生活中的自我呈现》则提出了一个拟剧论微观领域的研究视角。在戈夫曼看来，社会是一个大舞台，生活就是在这个舞台上上演的一幕大戏，而我们每个人都是戏中的表演者。每个表演者都想运用戈夫曼所谓"印象管理艺术"控制对方对自己的印象，以便呈现出一个理想的自我，即表演者想以不同方式给观众造成某种理想化印象的倾向。①

教育社会学中的拟剧性互动论便主要源自上述两个理论传统。拟剧性互动论注重分析个体间秩序性的互动和际遇，其分析的基本内容包括自我的呈现、互动的策略、印象管理的艺术、人际交往仪式的意义，以及对于互动情景的界定和区分等。

伍兹(Woods)将迪尔凯姆和戈夫曼的理论运用到学校和课堂里的互动研究中。在《社会学与学校：一种互动论的观点》一书中，伍兹把迪尔凯姆关于个体先接受后适应学校情景的观点，与默顿关于个体对社会文化目标和手段反应的分类的理论联系起来，用以探究学校情景中师生互动过程。在伍兹看来，师生之间是一种典型的冲突型的互动模式，互动中的学生与教师有着截然不同的个人目的。师生双方在互动过程中往往会运用各种策略，经历不断的冲突、斗争和协商，以求达到各自的目的。伍兹认为，学校情景中的师生互动存在着连续不断的"协商"过程。确认、解释、推断和选择等行动的持续性维持了一种动力，在具有冲突本质的人际关系中，这种动力使人与人之间的相互作用成为最重要的因素，因为人人都试图为自己获得最大利益。因此，在学校，人们可以看到，整天都存在着一次又一次的协商。②

从这种冲突型师生关系的观点出发，伍兹对学生适应学校文化的模式进行了详细的类型学研究。他认为，在中学始终存在着两种学生亚文化：亲学校文化和反学校文化。借用默顿的分类方法，伍兹根据学生是否接受学校的目标，以及学校为学生提供的实现其目标的手段不同，将中学生对于学校目标的适应分为八种不同模式：逢迎、屈从、仪式主义、机遇、逃避、开拓、不妥协和叛逆。

（三）互动主义结构论

受迪尔凯姆结构主义理论的影响，英国教育社会学家伯恩斯坦主要关注教育知识的组织、传递和评价过程中的差异与变化问题。在他看来，一个社会如何选择、分类、分配、传递和评价它认为具有公共性的知识，反映了权力的分配和社会控制

---

① ［美］欧文·戈夫曼：《日常生活中的自我呈现》，29页，北京，北京大学出版社，2008。
② ［英］戴维·布莱克莱吉：《当代教育社会学流派——对教育的社会学解释》，284～285页，北京，春秋出版社，1989。

的原则①。他在《社会阶级、语言编码与社会控制》一文中，探讨了学校使用的语言与不同阶级所使用的语言在结构上的差异，并据此分析了学生学业失败的原因。这一研究也为他赢得了很高的学术地位，有学者甚至认为他也许是教育领域最杰出的思想家②。

伯恩斯坦广泛地吸收各种理论滋养，运用西方马克思主义意味的半结构主义思想，并将戈夫曼的一些理论元素添加到自己的分析之中，体现了迪尔凯姆的拟剧论渊源。伯恩斯坦最为教育社会学界推崇的是他关于"限制性语言编码"和"精致性语言编码"的区分。根据表达意义的普遍性、表达的清晰程度、表达受结构限制程度，以及阶级归属等方面的不同，伯恩斯坦区分了两种不同的语言编码：限制性语言编码和精致性语言编码。

精致性编码的语言倾向于表达普遍性意义，而限制性编码的语言则倾向于表达特殊性意义。精致性编码的语言很少受特定的或局部的结构的限制，因而在语言表达方面具有较大的变化可能，而限制性编码的语言则较多地受局部的社会和语言结构的限制，语言表达变化的可能性小。精致性编码的基础在明确表达的符号中，而限制性编码的基础在减缩的符号中。精致性编码采用理性的方式，而限制性编码采用隐喻的方式。③ 总之，限制性编码在关于意义和表达关系方面仍然有许多不清楚的地方，而精致性编码在意义、表达方式和表达内容等方面则非常清楚。

（四）互动主义现象学

在教育领域中，互动主义现象学的基本主张是知识、真理、能力、智慧，以及其他所谓"客观现实"都是社会性建构的结果。互动主义现象学研究的主要内容就是对这种教育领域中的社会建构的过程进行描述和分析。其代表人物主要有麦克·扬和凯迪等。

英国教育社会学家麦克·扬在1971年出版的作为"新"教育社会学产生标志的《知识与控制：教育社会学新探》一书中，集中阐述了关于教育中的知识和能力的社会建构性质的观点。

---

① ［英］麦克·F. D. 扬：《知识与控制：教育社会学新探》，61页，上海，华东师范大学出版社，2002。
② ［瑞典］T. 胡森、［德］T. N. 波斯尔斯韦特：《教育大百科全书》第2卷，333页，重庆，西南师范大学出版社，2006。
③ 张人杰：《国外教育社会学基本文选》，406～407页，上海，华东师范大学出版社，1989。

　　首先，他认为知识的增长和获得，与知识的逐渐分化是并行的。某些社会群体的知识通过正规教育机构的建立而被赋予更高的级别和更高的价值，并且由这样的教育机构将这些知识"传递"给社会中经过特别选拔的人。因此，高层次的价值在学术机构和学校中被神化，而且提供了一种为其他知识进行参照的标准。① 事实上，学校正是通过将知识人为地分为学术知识和日常知识，并将学术知识优于日常知识的观念强加给学生，而对学生进行甄别和选拔的。

　　其次，他把课程变化看成知识定义的变化，这种知识定义的变化和社会分层、专门化，以及知识组织的开放程度及取向是一致的。由此，他得出结论：课程中知识的组织是一种社会性建构。学生学业失败和离校年龄的提高，是一个社会控制的问题，而不是智力发展的问题，与教授的规定具有一定的联系。

　　最后，他认为学校对于能力的分类隐含着一种假设，即抽象的知识是高级的知识。学校是根据这一假设对学生进行能力分组的：那些能够进入抽象知识领域的学生被认为是优秀学生，他们将接受学术课程的学习和训练；而那些知识水平仍处于常识层次的学生则被认为是失败的学生，他们将只能接受非学术性课程的学习和训练。

　　英国另一位教育社会学家凯迪运用互动主义现象学的方法对一所综合性小学进行了实地考察。他试图从分析"课堂知识"出发，对能力分组教学提出质询。他期望通过这种方法能够在学校内部和课程知识的社会组织中寻求教育失败的根源。他通过实证研究发现，人们似乎倾向于把学校所教的知识当作"专家"的知识，并与日常的知识结构对立起来。这便在教学内容中确立了一种"规范秩序"，以学业成就为衡量标准向学校以外的人们推荐那些在学习上取得较好成就的学生。因此，他认为，通过保证学生与知识之间的关系一致性，学校用一定的权威性的分类结构确保社会的秩序②。

　　在凯迪看来，教育中的知识和能力的分层类属产生的根源，在学校以外的社会结构的权力分配机制中。因此，这种分类并不是基于学生的实际能力，而是基于一种建构的框架，由该框架对特定类型的知识的价值进行分类。学校中这些看似"理性"的分类和评价系统实际上只是强加给学生的一种知识形式而已。

---

① ［英］麦克・F.D. 扬：《知识与控制：教育社会学新探》，61 页，上海，华东师范大学出版社，2002。

② ［英］麦克・F.D. 扬：《知识与控制：教育社会学新探》，194 页，上海，华东师范大学出版社，2002。

三、教育互动论简评

教育互动论对微观领域的教育活动进行描述和探究，打开了被宏观教育社会学理论忽视的教育的"黑箱"。它广泛运用人类学、人种学等相关学科的研究方法，如深度访谈法、参与式观察法、常人方法等，对教育过程的人际互动进行了大量的客观描述和学理阐释，为人们深入认识教育现象提供了许多鲜活的材料。

教育互动论关于个体通过自我概念、符号解释、情景定义等认识策略来积极建构教育规范和制度的观点，对于人们充分认识教育主体的自主性和创造性，以及教育制度和教育活动的建构性质，具有重要的启发意义。

但是，教育互动论往往会过于看重个体的自主性和能动性，忽视教育的社会制约性，容易导致教育上的浪漫主义。因此，教育互动论常常因为忽视社会中的权力和结构，以及它们对教育中的个体互动所产生的影响而受到批评。

四、教育互动论与教育功能论、教育冲突论的区别与联系

（一）教育互动论与教育功能论、教育冲突论的主要区别

教育功能论与教育冲突论强调学校与社会宏观层面的联系，而教育互动论则侧重对教育情景中的个体行为做微观层面的分析。

宏观教育社会学理论是结构论和决定论的。无论是教育功能论，还是教育冲突论，它们都认为社会结构制约并最终决定着教育活动中的个体行为。在这两种理论那里，个体的自主性和创造性在教育体制和社会结构面前都极为有限。与之相反，教育互动论则是互动论和解释论的。这一理论更加强调社会结构的建构性，认为个体之间的互动最终产生社会结构或修正某些社会结构。在社会制约和个体自由之间，教育互动论更加倾向于后者。

（二）教育互动论与教育功能论、教育冲突论的相互联系

1. 教育功能论、教育冲突论为微观教育社会学研究提供宏观背景

教育互动论在对教育中的微观现象进行分析时，往往会将其置于一定的宏观背景之下。为了增强理论的解释力，关注微观教育层面的教育互动论，常常会与教育功能论和教育冲突论等宏观教育社会学流派相融合。教育互动论在对课堂活动进行微观层面的分析时，会关注那些对角色扮演、情景定义产生影响的宏观层面的变量。例如，阿切尔就曾经指出，尽管微观层面的师生互动能够"结构性塑造"宏观层面的结构情景，但是作为一种历史过程产物的教育体制却"结构性地决定"互动的过程。

因此，在考察微观层面的师生互动时，应该考虑在很大程度上受政治和经济力量影响而不断演进的教育体制的限制。①

2. 教育互动论为宏观教育社会学研究提供实证检验和材料支撑

微观研究为教育社会学带来了许多新的研究方法，如参与式观察、人类学研究方法等，在拓宽了教育社会学的研究方法的同时，其研究结果也为宏观教育社会学理论提供了实证性检验和材料支撑。

3. 微观教育社会学研究与宏观教育社会学研究出现交融趋势

伴随着教育互动论的不断发展成熟，为了进一步拓展理论视野，微观教育社会学研究逐渐开始与宏观教育社会学理论，尤其是与教育冲突论之间进行理论交融。许多重要的教育互动论者都会以教育冲突论的视野来设计研究过程，解释研究结果。

---

① [瑞典]T. 胡森、[德]T. N. 波斯尔斯韦特：《教育大百科全书》第 2 卷，333 页，重庆，西南师范大学出版社，2006。

第四章　教育与个体社会化

　　教育与个体社会化的关系问题一直是教育社会学研究的重要课题。有些学者甚至将教育过程等同于个体的社会化过程，认为教育的功能就在于促进个体的社会化。党的二十大报告要求，"实施公民道德建设工程，弘扬中华传统美德，加强家庭家教家风建设""健全学校家庭社会育人机制"。在新的时代背景下，探讨家庭、学校、同辈群体、大众传媒等社会化机构对于个体社会化的影响，厘清教育与个体社会化的关系，对于青少年的健康成长，以及教育社会学的学科发展具有十分重要的意义。

第一节　社会化的含义

　　社会学中的"社会化"概念不同于日常生活中的"社会化"概念。日常概念中的所谓"社会化"指的是将某种事物推向社会，使其获得社会的参与，从而具有广泛的社会意义。比如，"高校后勤社会化"就是将高校的后勤工作推向社会，让社会参与和经营高校后勤事务。社会学所谓"社会化"的基本含义是指个体由生物人转变为社会人，并逐步接受社会文化、适应社会生活的过程。

一、社会化的概念

　　社会化(socialization)是自然人成长为社会人的过程。社会通过各种教育方式，使自然人逐步学习社会知识、技能与规范，从而形成自觉遵守与维护社会秩序的价值观念与行为方式，取得社会人的资格，这一教化的过程就是社会化。① 我们可以从个体和社会两个方面理解社会化的含义。从个体角度来说，社会化是个体将社会的文化规范内化，并形成独特个性的过程。从社会角度来说，社会化是通过将一个生物学意义上的自然人教化、培养为一个有文化的社会人，从而使某一社会及其文化得以延续的重要手段。从社会与个体结合的角度来说，社会化就是将个体的自然人教化成为特定社会的一分子的过程。在理解社会化的含义时，应该注意以下几个方面的问题。

首先，社会化是使个体由自然人成长为社会人的过程。如果没有他人的帮助，新生儿至多只能生存几小时。与其他动物的幼崽依靠遗传和本能自然发展不同，婴儿后来的行为方式都是学而得之的。这个生物有机体要想在社会上生存下去，必须借助某种方法被改造成一个社会的人，一个能够有效地参与社会的人，而这一改造的过程正是我们所说的社会化过程。通过社会化的过程，个体掌握基本的生活知识和劳动技能，内化社会的基本价值规范，扮演一定的社会角色，真正由一个生物的自然人成长为一个社会的人。

其次，社会化是个体与社会互动的过程。正如苏联著名的社会心理学家安德列耶娃曾经指出的那样，社会化包括两个方面的内容：一方面，它包括个体通过加入社会环境、社会联系系统的途径掌握社会经验；另一方面，它是个体对社会联系系统再生产的过程，这是个体积极活动和积极进入社会环境的结果。社会化过程的第一个方面——接受社会经验——说明环境对人类的影响；社会化过程的第二个方面说明人类活动对环境的影响。总而言之，人的社会化过程是个体与社会互动的过程，是人的社会性与个体性都得到发展的过程。

一定的社会尤其是各种社会组织，要得以成立与维持，必须以一定的价值体系与规则规范职能活动与职能活动承担者的行为，从而使社会、社会组织中的各个成员具有使社会、社会组织得以成立与维持所必要的共同性，即社会性。由于每一个人都不是孤立存在的个体，个体作为一定的社会成员，不仅不可避免地要与别人、社会组织发生或多或少的相互联系、相互影响，而且在社会联系中，还不可避免地成为不同的社会角色，参与共同活动。所以，个人自然生长、成熟的过程，同时是个体的社会交往过程，并在这个过程中显示出不同个体之间的差异，即"个性"，而

---

① 中国大百科全书总编辑委员会：《中国大百科全书》社会学卷，303 页，北京，中国大百科全书出版社，1991。

现实的"个性"大都是具有一定社会—文化内涵的稳定的心理品质。①

最后，社会化是贯穿个体一生的持续过程。"活到老，学到老。"由于社会处于不断的发展变化之中，尤其是现代社会，社会变迁速度不断加快，新生事物和新的情况不断出现，而且人们的身份、地位、角色也处于发展变化之中。因此，只要个体还在参与社会生活，还在进行着社会适应，社会化过程就在持续。可以说，个体社会化贯穿于个体生命的全过程。

二、社会化的类型

分类是我们认识复杂事物的一种行之有效的方法。为了更加全面深入地认识社会化，我们可以按照不同的分类标准将社会化分为不同的类型。

（一）以社会化内容为分类标准

根据社会化的内容不同，可以将社会化主要分为：政治社会化、道德社会化、法律社会化、职业社会化、性别角色社会化。

政治社会化是个体在社会政治互动中接受社会政治文化教化，学习政治知识、掌握政治技能、内化政治规范、形成政治态度、完善政治人格的辩证过程，是社会政治体系的自我延续机制和功能运行机制。通过政治社会化，个体形成某一特定社会所要求的政治信仰、态度和行为，同时，社会的政治文化得以传播、交流、继承和发展。

道德社会化是指主体经过一系列与他人和社会的互动，接受社会伦理文化的基本准则，遵循特定文化背景下的道德规范，以获得社会认可和参与资格的过程。道德社会化是人的社会化的重要内容之一。

法律社会化是个体学习掌握法律知识、形成法律意识的过程。具体说来，法律社会化就是个体把国家法律这一体现统治阶级和国家意志的、具有强制性的特殊社会规范，变成自己所理解和接受并自觉遵守的行为准则，进而内化为个人心理品质的过程。

职业社会化是指个体按社会需要选择职业、掌握从事某种职业的知识和技能，以及从事某种职业后进行知识、技能更新的再训练的过程。

性别角色社会化是指个体根据社会对不同性别的不同角色期待，把性别角色的

---

① 陈桂生：《"个体社会化"辨析》，载《思想·理论·教育》，2005(1)。

标准内化，形成与社会对不同性别的期望、规范相符的行为的过程。不同的社会、民族、文化、风俗，对不同性别有不同的期望和规范。

（二）以个体发展阶段为分类标准

根据个体的发展阶段不同，可将个体社会化主要分为：初级社会化、次级社会化和再社会化。

初级社会化也称预期社会化，是指儿童在进入成年期前，为承担正式的社会角色做准备时期的社会化。预期社会化主要在家庭、学校和同辈群体中进行，其主要内容包括基本生活技能的学习、基本行为规范的掌握、未来社会角色的学习和扮演，等等。初级社会化是个体社会化的关键阶段、基础阶段。

次级社会化也称继续社会化，是指个体在初级社会化的基础上进行深入社会化的过程。继续社会化的主要内容表现为成年期的个体为适应生活环境和社会文化的变化，适应新角色的要求，所进行的适应性调整和学习，包括继续学习和掌握原有的社会知识，以及不断学习新产生的知识。

再社会化是一种特殊的继续社会化，是指一些特殊人群原来的社会化失败或基本上已不适用，而重新学习社会的价值和行为规范的社会化过程。其基本特点是改变社会化对象原有的世界观、人生观、价值观及生活方式和行为习惯。再社会化主要发生在以下两种情况。一是在社会情境或社会角色发生很大变化时，个体为适应新情况而进行的再社会化。这表现为个体在生活习惯、行为准则、价值观念等方面做出重大调整和进行重新学习。二是当社会化失败或反社会化中断后而进行的社会化过程。再社会化有两种方式：主动的再社会化，即个人主动地、自觉地适应新的社会生活方式和工作方式；强制的再社会化，如对违法犯罪者判刑或实施劳动改造等。

再社会化与继续社会化的区别有以下几点。第一，方向和内容不同。再社会化的方向和内容与先前社会化不一致，而继续社会化的基本方向和内容则与先前社会化相一致。再社会化是抛弃原先形成的错误的社会化，形成新的正确的社会化；继续社会化则是在原先社会化的基础上进一步发展、提高，使之更加完善。第二，方式不同。再社会化过程是一种思想和生活方式及行为模式向另一种思想和生活方式及行为模式的基本的、急剧的、迅速的变化，个体的不适应感很强烈；而继续社会化过程是逐渐的、部分的变化，个体的不适应感较弱。

（三）以社会化发生的顺序为分类标准

根据社会化发生的阶段顺序，可以将个体社会化划分为预期社会化和发展社会化两个类型。

预期社会化的概念最早由美国社会学家默顿提出，指的是个体为了成功地扮演所期望的社会角色而获得社会价值观、社会行为规范和知识、技能的过程。一方面，个体在现代社会需要承担多种社会角色；另一方面，现代社会中职业转换、社会流动与社会变迁现象较为普遍，因此，预期社会化就成为个体参与社会生活的一个越来越重要的、必不可少的环节。预期社会化的主要内容包括专业技能学习、社会价值观的习得、自我概念的形成，以及适合于未来角色的各种观念的获得等。

发展社会化是继续社会化的一个特殊表现形式，是一种为适应社会生活的变化、承担新的角色而主动学习与调适的过程。发展社会化的主要内容包括知识基础的拓宽、职业技能的改进、社会角色的转换等。

（四）以实施社会教化的方向为分类标准

根据实施社会教化的方向不同，可以将社会化分为正向社会化与反向社会化两种类型。

正向社会化是指年长一代人对年轻一代人传递文化和实施教化的社会化过程。在传统的农业社会里，由于人们生活在完全封闭的狭隘的环境里，几代人所经历的都是重复的事件，老年人具有绝对的权威。人们从降生之日起就对耳闻目睹的老规矩必须照遵不误，因此，人们也必须把它作为现实而加以体验，社会系统的存在端赖于此[1]。因此，在传统的社会里，社会化一般是一种比较纯正的正向社会化。

反向社会化是指年轻一代人向其前辈施加影响，向他们传授社会知识、价值观念和行为规范的社会化过程。反向社会化是现代工业社会尤其是信息社会的产物。当代科学技术的高速发展使人与物、人与人的关系出现了短暂性、新奇性、多样性的特征，社会上的所有人都面临着一种大规模的新的冲击。在这种激烈的社会巨变中，年轻人没有先定的思维定式，他们更倾向于未来。面对复杂的新环境，他们能够做出自由选择，因此，他们有可能在某些方面比年长一代人更容易适应变化。他们并不把长辈当作楷模，而是进行新的选择，寻找新的道路，建立新的价值观，并以他们的言行影响年长一代人。这就改变了过去社会长期积淀下来的对年轻人单一正向社会化的模式。

---

① ［美］玛格丽特·米德：《代沟》，24页，北京，光明日报出版社，1988。

三、个体社会化的理论

从个人的角度来看，社会化是发展自我的过程，是发展独特个性的过程。个性的核心是自我，即个人对自己有别于物和他人的独特个人身份的自觉体验。自我概念并非与生俱来，而是社会化的产物，是在人的一生中通过与他人的相互作用而产生和发展变化的。自我是如何产生的？在个体的整个生命周期中又是如何发展变化的？这是社会学、心理学和教育学等学科普遍关心的重要问题。对上述问题的探究和解答是社会化理论的主要任务。

（一）库利的镜中我理论

美国社会心理学家库利(Cooley)是最早提出人格是通过社会互动而发展的社会学家之一。他认为人是从社会中，从与他人的交往中获得自我概念的。库利的社会化理论建立在他的"镜中我"(looking-glass self)的概念之上。所谓"镜中我"，即一个人的自我形象是别人看他(或她)是什么样子的反映，或者说是这个人认为别人看他(或她)是什么样子的反映。在库利看来，自我作为一个社会互动的产物，它的出现经历了三个阶段：首先，我们观察到我们在他人面前的行为方式；其次，我们领悟了别人对我们行为的判断；最后，基于对他人反应的理解，我们评价我们的行为。简单地说，我们根据想象别人对我们自己行为及外表的感觉来理解自我。

库利认为，个人的自我只有在与其他个人的关系中才能被感觉到。人的社会性的基础是"社会自我"(social self)，社会自我只不过是意识对自身产生于交流生活的某种思想或者思想体系的认识和感觉。他认为这种社会自我是一种"镜中我"，这面镜子就是他人和社会。我们是以他人的看法为镜子认识自己，即想象自己是如何出现在他人的意识中的。这种想象包括三个方面：对别人眼中我们的形象的想象；对别人对这一形象的判断的想象；某种自我感觉，如骄傲或耻辱等。①

"初级群体"(primary group，也译作"首属群体")②是库利学说中与"镜中我"密切相关的概念。初级群体是库利在1909年首创的一个社会学术语，他把家庭、儿童的嬉戏群体等最初的社会化主体称为初级群体。库利认为初级群体是人的社会化的开始，是"人类本性的培养所"，对于人格的塑造具有重要的核心作用。在这些群体

---

① ［美］查尔斯·霍顿·库利：《人类本性与社会秩序》，131页，北京，华夏出版社，2003。
② 自从库利首次使用"初级群体"一词以来，初级的含义已经有了某种程度的扩展，库利使用"primary"主要表示"最初"(first)。现在，"初级群体"一词一般被扩大到用以指称类似家庭纽带关系的所有群体。

中，一方面，人们通过与他人的交往，并从他人的反应中来获得自我概念；另一方面，人们的自我概念也不断地延伸到作为其组成部分的各种群体中去。他人对我是面镜子，我对他人也是面镜子。正是在这样的彼此映照过程中，人们的自我得以产生和发展。

（二）米德的角色借用理论

符号互动论的重要代表人物，美国哲学家、社会心理学家米德认为，自我有一种不同于生理有机体本身的特征，它并非与生俱来，而是在社会经验与活动的过程中产生的，即作为个体与整个社会过程的关系及与该过程中其他个体的关系的结果发展起来的。由此可见，和库利一样，米德也对他的"自我"概念做出了社会的限定，即从社会整体、社会和个体的互动的视角来定义自我。

米德将自我区分为"主我(I)"和"客我(me)"两个部分。米德关于自我的基本结构即主我和客我的分析，最典型地体现了个体与社会、主体与客体之间的相互作用："'主我'是有机体对他人态度的反应；'客我'是有机体自己采取的有组织的一组他人态度。他人的态度构成了有组织的'客我'，然后有机体作为一个'主我'对之做出反应。"①所谓"客我"指的是自我的关于他人对自我的形象的心理表象，或在原始水平上，指自我对他人的期望的内在化。客我代表自我的被动性和社会性的一面；而"主我"则代表自我的主动性和生物性的一面，主我奉行动作的原则、冲动的原则、创造的原则。主我和客我共同构成一个出现在社会经验中的人，"自我"其实是个人与社会的统一体。

米德认为，社会化最重要的产物之一就是人有能力预料他人对自己的期待，并据此形成相应的行为。在他看来，这种能力是通过"角色借用"(role taking)获得的。个体正是通过角色借用(即把自己想象为处于他人的角色或地位)，从而发展起从他人的角度看待自我与社会的能力。起初，儿童借用的是重要他人(significant others)的角色。重要他人是指对儿童社会化发展有重大影响的人，如儿童的父母等。随着年龄的增长，到三四岁以后，儿童开始学会将概括化他人(generalized others)的期望内化，即将整个社会的态度和观念内化。

米德将客我在个体社会化过程中的发展分为三个阶段：模仿阶段、嬉戏阶段和群体游戏阶段。他认为，两岁以前的儿童处在模仿阶段。这一阶段的儿童只能通过

---

① [美]乔治·H. 米德：《心灵、自我与社会》，155 页，上海，上海译文出版社，1992。

与父母的"手势交流"来模仿父母的动作,其客我并未真正发展起来。从两岁开始,儿童进入嬉戏阶段。在这一阶段,儿童通过借用具体的重要他人的角色,第一次开始把自己看作社会客体,其客我开始得到发展。但是,这一阶段的儿童还不能理解角色借用的意义,他们只是在玩耍生活中的社会角色。三四岁以后,群体游戏阶段开始。在这一阶段,儿童参加有组织的游戏,在其中扮演真实的角色,而且必须同时考虑到所有参加游戏者的角色和观点。他们已经发展起了一般意义上的人(即概括化他人)对他们的要求和期待的观念,开始借用概括化他人的角色。至此,他们已经将"社会"内化了,客我的形成过程已经完成。①

(三)弗洛伊德的自我无意识理论

现代心理学的创始人之一弗洛伊德(Freud)对个性的主要看法是:人类的行为动机中有许多(如果不是大多数的话)是无意识的。他认为,人的大量心理活动产生于无意识领域,这是意识和"理性"难以进入的区域。

弗洛伊德认为个性结构由本我(id)、自我(ego)、超我(superego)三部分组成。本我即原我,是指原始的自己,包含生存所需的基本欲望、冲动和生命力。本我是一切心理能量之源,是个性中最有力又极难接近的部分,它受"快乐原则"的支配,就像一口充满混沌、激动和沸腾的大锅。本我是完全无意识的,它不理会社会道德、外在的行为规范,唯一的要求就是获得快乐,避免痛苦。儿童的个性几乎完全由本我组成,但是他们很快就通过与他人的互动发现,本我并不总是能够得到满足,而且还经常受到压制。于是,自我开始出现。自我,其德文原意是指"自己",是自己可意识到的执行思考、感觉、判断或记忆的部分。自我的机能是寻求"本我"冲动得以满足,又同时保护整个机体不受伤害,它受"现实原则"支配,为本我服务。超我,大致相当于米德的"客我",是人格结构中代表理想的部分,是个体在成长过程中通过内化道德规范,内化社会及文化环境的价值观念而形成的,其机能主要是监督、批判及管束自我的行为。超我的特点是追求完美,所以它与本我一样是非现实的。超我大部分也是无意识的,超我要求自我按社会可接受的方式去满足本我,受"道德原则"支配。

本我、自我、超我三者的交互作用,构成了一个人个性的整体和特质:"本我"代表了生物性的一面,"自我"构成了心理性的一面,"超我"意味着社会性的一面。

---

① [美]波普诺:《社会学》第10版,148~149页,北京,中国人民大学出版社,1999。

意识是外化型的心理活动，而无意识却是本能冲动的原始储存所，一切不能满足的欲望都被推进这个领域，暗中对人的行为产生支配作用。在本能冲动中，弗洛伊德最强调的是性欲，他称之为"力比多（libido）"，是一种几乎人刚出生就有的性能量。艺术创造和欣赏、做梦都是性欲冲动象征的、变相的满足，人的一切活动的最终原因就是无意识之中的性欲。

　　弗洛伊德社会化理论的主要贡献表现在以下几个方面。第一，弗洛伊德强调个性是人类有机体与周围的社会力量发生相互作用的产物。在这一点上，弗洛伊德与库利、米德等人的观点相同，即认为自我主要是社会的产物。所不同的是，弗洛伊德认为，个人与社会的关系在本质上是冲突的。在他看来，为了维护社会秩序，必须对性驱力进行严格的社会控制，而这必将导致个人与社会之间的关系紧张。库利则认为，个人和社会并不像弗洛伊德所说的永远处于冲突状态，二者实际上是密不可分的。第二，弗洛伊德非常强调早期社会化经验对儿童个性发展的影响。他认为，童年早期的社会化对于后来有意识和无意识的动机和行为有着极其重要的影响，甚至认为儿童在早年社会化过程中形成的人格能够维持一生不变。在这一点上，库利与弗洛伊德不同。库利虽然也认为儿童期形成的自我概念确实比在今后的生活中形成的自我概念更加稳定和持久，但是他认为，每当人们进入一种新的社会环境时，自我评价过程就会继续进行，人们就会在某种程度上改变自己的人格。弗洛伊德过于强调早期社会化经验对人的决定性影响，甚至认为早期形成的自我概念不可改变，确实过于教条化了，这也使他遭到了猛烈的抨击。第三，弗洛伊德较早地发现了过度社会化的危害。弗洛伊德认为，过多的社会要求会使人的个性发展遭到摧残。如果"超我"的要求过于强烈，被压抑的东西太多，就会压倒和危害"自我"。在这一点上，弗洛伊德要比库利和米德高明，他看到了过度社会化的可能性和危害性，认识到过多地关心满足别人的价值观可能是有害的。

（四）埃里克森的终生社会化理论

　　"新弗洛伊德主义者"埃里克森（Erikson）作为弗洛伊德的学生，深受弗洛伊德人格理论的影响。然而，他同时也对弗洛伊德的理论进行了修正。弗洛伊德对人格发展持早期决定论的看法，认为个体童年经验影响其一生；埃里克森则将发展自我的概念扩大为终生社会化的理论。他认为，人格发展是终其一生的事情，而不仅仅是儿童期的任务。自我随着个体一生不同时期的发展要求而不断发生变化。

　　埃里克森将自我的发展分为八个心理阶段，每一阶段的自我发展均将面临不同的"认同危机"（identity crisis）。各阶段认同危机的化解，即代表自我发展顺利；但如果前一阶段中的认同危机得不到及时化解，则会影响后一阶段的人格发展。埃里克森的自我发展阶段以"认同危机"定义，可分为以下八个阶段。

信任对不信任（婴儿期）：出生至一岁的婴儿，由自身需求的满足与否，而产生对人信任与否的发展危机。如果婴儿受到安全抚育和爱护照顾，其需要得到充分的满足，就会对人产生信任；相反，如果婴儿得不到充分的照料，或者感到被拒绝，就会缺乏安全感，从而产生一种基本的不信任。

自主独立对羞怯多疑（童年早期）：一到三岁的儿童开始尝试通过独立自主的活动去探索环境。这一阶段相当于弗洛伊德提出的肛门期。儿童在这一时期需要抑制他们的侵犯性冲动情绪。如果此时父母给予鼓励协助，化解儿童由于行为受到控制所带来的心理冲突，则有助于其独立自主人格的发展。但是，当儿童对自己的侵犯性情绪失去控制时，则容易变得羞怯多疑。

主动对愧疚（童年后期）：四五岁的儿童所面临的认同危机是在主动首创与内疚退缩两者之间去发展人格特质的。这一阶段的儿童已经能够控制自己的身体，并开始了一些新的机体运动，语言能力得到发展。如果儿童的自主性和首创性活动得到父母的鼓励和认可，他们的主动性将继续发展；如果儿童的自动自发行为受到嘲笑或威胁，他们就可能产生一种强烈而持久的内疚感。

勤奋对自卑（学龄期）：六至十一岁的儿童，其人格发展所面临的认同危机主要表现在，对学习是勤奋努力还是遇事逃避而心生自卑之间。如果成人对儿童的学习、手工制作及各种团体活动给予积极地鼓励、表扬和支持，就会增强儿童的勤奋感；如果父母对于儿童的学习和各种活动关心不够，处处抑制和打击儿童的积极性，对于儿童在学习和团体活动中所遭遇的失败，不能及时给予安慰和鼓励，甚至还对其施以惩罚羞辱，则容易使他们灰心丧志，失去自我价值，养成自卑的性格。

自我认同对角色混乱（青春期）：十二岁至青年期是个体从自我追寻到自我定向的关键时期。在这个时期，青少年的社会角色丛发生了很大的变化，他们的角色除了儿童时期的子女、学生、朋友外，又增加了男友、女友等其他一些新的角色。新的角色与原有角色之间能否和谐地统一在一起，是个体在这一时期面临的重要的发展危机。如果青少年能够将新的角色顺利地与原有的角色统合在一起，形成一个和谐的角色丛，他们就会产生强烈的自我认同感。相反，则容易产生角色混乱，出现自我认同危机。

亲密对孤独(青年期)：二十至三十岁的青年处于这一阶段。埃里克森所说的亲密，指的是一个人在无须顾及自我认同丧失的情况下去爱另一个人的能力。如果一个人与他人建立良好的友情和爱情关系，甚至成家立业，在自我发展上就会产生亲密感；如果一个人不能和他人建立亲密关系，他就会生活在一种孤独感之中，难免感到孤独无依。

代际关怀对自我沉浸(中年期)：代际关怀指的是处于中年期的人对于未来一代的成长的关心。埃里克森认为，如果中年人的关怀能够超出自己的家庭，更加关心未来一代的成长，关心下一代将要生活其中的社会状况，就会产生精力充沛感，赋予生活更多的意义。如果没有形成代际关怀，则沉溺于自我，难免颓废迟滞，感到生命缺少意义。

完美无缺对悲观绝望(老年期)：在老年期人有更多的时间用于反思自我的发展历程与人生在世的意义。如果一个人经过深思熟虑接受了人生的意义，并对自己的一生发展感到满足时，就会有一种完美无缺的感觉。如果一个人回首往事时认为失去了许多机会，或者走了许多错路，则会感到晚景凄凉，对生活产生厌恶感，再加上对死亡的畏惧，容易陷入绝望之中。

(五)皮亚杰的理性自我理论

瑞士心理学家和哲学家皮亚杰(Piaget)并没有对人格发展进行整体的研究，而是只关心人格发展的一个局部，即认知的发展。皮亚杰对社会化理论的主要贡献在于他对儿童的认知发展阶段进行了具体划分，并对儿童在不同认知发展阶段的思维特征进行了详细描述。在皮亚杰看来，儿童并不是按照他人要求逐步生成的适应者，而是根据他们自己对世界的认识能动地安排世界的独立行动者。他认为，模仿不是儿童的主要学习方式，儿童创造自己行为的程度超过对他人行为的模仿。[①]

皮亚杰以智力"运算"(operation)类型作为思维发展的标志，将儿童的认知发展划分为以下四个阶段。

感知运动阶段：从出生到两岁左右，儿童能运用某种原初的格局来对待外部客体，能开始协调感知和动作间的活动，但感知运动的智力还不具备操作性质，活动还没有内化。这一阶段的儿童完全是通过他们的感觉器官与外界环境的接触来感知和了解世界的。

---

① 　[美]刘易斯·科塞：《社会学导论》，144～145 页，天津，南开大学出版社，1990。

前运算阶段：这一阶段从两岁左右持续到七岁。这个阶段的儿童学会说话，开始以符号作为中介来描述外部世界。儿童认知的发展仍有对感知运动经验的依赖性，但大部分是依赖表象的心理活动。当儿童在实际活动中遇到挫折需要加以校正时，是靠直觉的调整而不是依靠运算。这时的儿童由于不能理解速度、重量、数量、质量或因果等抽象的概念，还不能从事许多简单的智力活动。此外，这一阶段的儿童还有一个特点就是高度的自我中心主义：他们几乎完全从自己的角度来看问题，不能理解他人的角色并从他人的角度来看问题。

具体运算阶段：这一阶段大约从七岁持续到十二岁。在这个阶段，儿童能进行具体运算，也就是能在同具体事物相联系的情况下，进行逻辑运算。这时儿童的思维已经具有了可逆性和守恒，并且守恒是这个阶段的一个主要标志。这时的儿童已经能够采取与重量、速度、数量或质量有关的多种行动，能够理解他人的角色并开始发展起从他人的角度来想象自己的能力。

形式运算阶段：这一阶段大约从十二岁开始，到十五岁结束。在这个阶段，他们的思维能力已经超出事物的具体内容或感知的事物，思维水平已经达到逻辑思维的高级阶段，能够进行高度形式的、抽象的思维，能够进行思维的逆向性和互反性变换。用皮亚杰的话来说，其思维的特点是"有能力处理假设而不只是单纯地处理客体""认识超越于现实本身"，而"无须具体事物作为中介了"。[①]

（六）科尔伯格的道德自我理论

美国当代著名心理学家和教育家科尔伯格（Kohlberg）在继承英国心理学家麦独孤（McDougall）和瑞士心理学家皮亚杰的一些学说的基础上，根据他在美国、英国、我国台湾地区、土耳其和墨西哥等地的研究，创立了道德发展阶段论。道德发展阶段论以不同年龄儿童道德判断的思维结构来划分儿童道德观念发展的阶段，强调儿童的道德发展与其年龄及认知结构的变化有很大关系；强调道德发展是认知发展的一部分；强调道德判断同逻辑思维能力有关；强调社会环境对道德发展有着巨大的刺激作用。

科尔伯格运用道德两难故事作为研究道德判断发展的重要手段，根据研究结果将儿童道德判断发展划分为三种水平六个阶段。

---

① ［瑞士］让·皮亚杰：《发生认识论原理》，37页，北京，商务印书馆，1981。

1. 前习俗水平

前习俗水平的基本特征是：儿童由外在要求判断道德价值，服从规则及避免惩罚，遵从习惯以获得奖赏；具备关于是非善恶的社会准则和道德要求，但他们是从行动的结果及与自身的利害关系来判断是非的。这一水平分两个阶段。第一个阶段是惩罚与服从的定向阶段。这个阶段的儿童认为凡是权威人物赞同的就是好的，遭到权威人物批评的就是坏的。他们道德判断的依据为是否受到惩罚或服从权力。他们凭自己的水平做出避免惩罚和无条件服从权威的决定，而不考虑惩罚或权威背后的道德准则。第二个阶段是天真的利己主义阶段。这一阶段儿童首先考虑的是，准则是否符合自己的需要，对自己有利的就好，不利的就不好。好坏以自己的利益为准。

2. 习俗水平

习俗水平的基本特征是：儿童以他人期待和维持传统秩序判断道德价值，遵从陈规，免受他人不赞成、不喜欢，遵从权威，避免受到谴责；有了满足社会的愿望，比较关心别人的需要。这一水平又分两个阶段。第一个阶段是好孩子的道德定向阶段。这个阶段的儿童认为一个人的行为正确与否，主要看他是否为别人所喜爱，是否对别人有帮助或受别人称赞。第二个阶段是维护权威或秩序的道德定向阶段。这一阶段的儿童意识到了普遍的社会秩序，强调服从法律，使社会秩序得以维持。儿童遵守不变的法则和尊重权威，并要求别人也遵守。

3. 后习俗水平

后习俗水平的基本特征是：儿童以自觉守约、行使权利、履行义务判断道德价值，遵从社会契约，维护公共利益，遵从良心原则，避免自我责备；力求对正当而合适的道德价值和道德原则做出自己的解释，履行自己选择的道德准则，而不理会权威人士是否支持这些原则。这一水平也分两个阶段。第一个阶段是社会契约的定向阶段。在这一阶段，个人看待法律较为灵活，认识到法律、社会习俗仅是一种社会契约，是可以改变的，而不是固定不变的。第二个阶段是普遍的道德原则的定向阶段。这个阶段个人有某种抽象的、超越某些刻板的法律条文的、较确定的概念。在判断道德行为时，不仅考虑到符合法律的道德准则，而且考虑到未成文的有普遍意义的道德准则。道德判断已超越了某些规章制度，更多地考虑道德的本质，而非具体的准则。

第二节　社会化的主要内容

///////////////////////

社会化的内容非常广泛。从横向看，涉及个体生活的各个方面，主要包括基本生产、生活知识和技能的掌握，学习能力的提高；社会文化的认同，社会规范的学习；社会角色的学习和扮演；生活目标和人生理想的确定；完善个性的培养等内容。从纵向看，包括贯穿个体一生的各个人生阶段的不同角色的学习与扮演。

一、个体社会化的基本内容

个体社会化的基本内容，是指每一个个体参与社会生活、从事社会活动所必需的社会化内容。最基本的社会化内容应该包括培养基本的生存技能，培养承担社会角色的能力，促进个性的形成和发展，培养正确的自我观念，传递社会文化，促进社会成员对于社会共同价值观念的内化等。

（一）掌握生产生活基本知识和技能，学会学习

掌握生活和劳动技能是社会化的最基本要求。一个人要生存，首先得解决吃穿问题。新生儿除了简单的本能之外一无所能，完全依赖成人的照顾。在学习吃饭、穿衣、走路的过程中，儿童逐渐积累生活经验，掌握必要的生活技能。就一般情况而言，基本生活技能主要是在家庭环境中培养起来的。

在个体的成长发育过程中，还必须掌握一定的劳动技能。在人类早期社会中，由于生产力落后，劳动技能相对简单，人们往往是在实际的劳动过程中学习劳动、掌握劳动技能的。在现代工业社会与信息社会中，生产劳动中的科学技术含量越来越高，对劳动者劳动技能的要求也就越来越高，因此，正式教育和专业教育在劳动技能培养方面的作用显得越来越重要。社会通过各种类型的科学文化技术教育，使其成员掌握一定的劳动技能，以适应科学技术高度发展的社会。基本劳动技能的传授主要由学校及专门的职业培训机构进行。

此外，在现代社会中，社会变迁的速度加快，知识更新周期缩短，要想适应现代社会发展和变化的需要，个体必须不断地学习，及时更新自己所掌握的有关生产和生活的知识和技能。这就要求个体在社会化过程中注重自己学习兴趣和能力的培养，学会学习，提高学习的能力和效率。

（二）认同社会文化，学习社会规范

认同社会文化是个体社会化的一项基本内容，是指个人在社会化过程中通过学习、领悟而将特定的社会文化内化于自身的过程。对特定社会的文化的认同，有利于增强社会成员之间的社会凝聚力，促进社会团结。广义上的文化包括物质层面上的文化、精神层面上的文化和制度层面上的文化，但不管是何种层面的文化，发挥灵魂作用的总是蕴含其中的价值观念。由于价值观念在社会文化中处于核心地位，对个人的社会行为起着引导、支持和调节的作用，因此，社会文化认同的关键就是将代表特定文化的最核心、最基本内容的价值观念内化。

社会规范是调整人们行为的各种条例或准则，是维持社会秩序的重要工具之一。社会规范规定了在特定情况下人们可以做什么，不可以做什么，什么是必须做的。常见的社会规范包括风俗、习惯、道德、宗教、法律等，既可以是成文的也可以是不成文的。有些规范是普遍性的，适用于所有社会成员，有些规范只适用于某些人，还有一些规范只适用于处于特定情境中的人们。但是，不论哪种社会规范都具有一种共同的特征，那就是约束性：约束个体的行为，协调个体之间的关系，以便使社会秩序井然。社会规范的社会化就是要通过各种形式的教育和其他形式的力量，使个体学习和掌握各种社会规范，并自觉地按照社会规范的要求，调整自己的行为，正确处理个人与他人、群体和社会之间的关系。

（三）学习和扮演社会角色

社会角色与社会地位相连，社会上的每一种地位都有一套被期待的、与这种社会地位相应的权利义务和行为模式。所谓角色，就是这套权利义务与行为模式体系。实际上，角色也就是社会对处于某一社会地位上的人的一种社会期待。在社会生活中，只有人们都按照社会对自己的角色期待和要求，进行角色扮演，各司其职，社会系统才能正常有序地运转。因此，社会角色的学习和扮演就成了个体社会化的一项重要内容。

事实上，人们可以有几种不同的地位，每一种地位又可能附有几种不同的角色，这样人们便处于一种角色丛中。当角色丛的各种角色期待之间发生冲突时，就可能会造成角色紧张，给角色扮演造成麻烦。这就要求个体把角色冲突和矛盾的处理作为一项重要的社会化内容来看待。

值得注意的是，社会角色社会化绝不仅仅是个体被动学习关于其特定文化中的社会地位的角色期待，按照这一期待亦步亦趋地扮演这些角色的过程。事实上，社

会化是一个人类可以施加作用的过程。就角色社会化而言，它不仅仅是个人简单地接受角色期待和要求的过程，还是一个协商和创造的过程。个体正是通过不断推进的社会互动过程逐步理解并接受社会角色的。

（四）确定生活目标和人生理想

生活目标和人生理想的确立是个体社会化的重要内容之一。生活目标与人生理想既有所区别又密切相关，生活目标是通过自己的努力可以实现的具体目标，人生理想是人们对于自己未来的合理的想象或希望。但是，无论是生活目标还是人生理想的确立，都与一个人的人生观密不可分，都是关于人为什么活着和怎样活着的根本看法在现实生活中的外化和体现。通过社会化，社会成员确立生活目标和人生理想。必须重视对个体进行人生目的和意义的教育，因为一个人的人生观往往在其生活目标和人生理想的确立过程中起着至关重要的指导和引领作用。

一般说来，一个人最初确立的生活目标和人生理想，在很大程度上受到父母和教师的影响。随着年龄的增长、社会实践的广泛深入、接触更多的人和更广阔的社会，个体视野开阔，见识增加。这导致家庭影响减小，个体能动性增大，个体有了自己的价值观念，开始自己选择自身的生活目标。个体有可能会改变最初确立的生活目标和人生理想，树立起新的社会目标和人生理想。

（五）形成完善的个性

对于个体而言，社会化就是个体内化社会文化和社会规范，形成自己独特个性的过程。所谓个性是指一个人在其生活过程、实践活动中经常表现出来的、比较稳定的、带有一定倾向性的个体心理特征的总和，是一个人区别于其他人的独特的精神面貌和心理特征。从狭义方面来讲，个性包括个性倾向性和个性心理特征两部分。个性倾向性是指人对社会环境的态度和行为的积极特征，包括需要、动机、理想、信念和世界观等；个性心理特征是指人的多种心理特点的一种独特结合，包括能力、气质、性格等。从广义方面来讲，除了上述两种比较稳定的带有一贯性的狭义的结构成分外，个性还应包括心理过程（如认知、情感、意志等过程）和心理状态等。广义的个性结构实际是指人的整个心理结构，是把个性和人格作为同一概念进行理解。

个性的形成不能完全排除先天因素，但主要取决于后天的环境和条件及主观努力。婴儿出生后并没有形成自己的个性，尚未成长为一个社会的人。伴随成长发展，儿童的内部世界在丰富着、发展着、完善着，最后成长为一个从事社会实践活动的独立的个体，成长为完全的、现实的、具体的社会成员，形成了全面整体的个人与持久统一的自我，这时儿童便具备了自己的个性。也就是说，个性的形成和发展是在一定的遗传或生理素质和一定的社会条件的基础上，通过个体社会实践活动逐步实现的，是社会化的产物。促进个性的发展与完善是贯穿个体社会化整个过程的基本内容，社会化就是要使社会成员形成符合社会价值标准的个性，以便能够有效地参与社会生活，并在具体的社会实践中继续不断地塑造和完善自己的个性。

二、个体社会化的阶段内容

个体社会化是贯穿个体一生的社会化过程，每一个社会对于不同年龄阶段的个体所要扮演的社会角色都有不同的权利要求和义务要求。每一个个体要想很好地适应社会，在社会中更好地生存和发展，就必须不断地学习和适应各个不同年龄阶段的各种社会要求，不断地进行社会化和再社会化。

（一）童年期的社会化内容

童年期和青春期都是现代工业社会的发明，在前工业社会并不存在童年期和青春期的概念。① 在前工业社会中，生命只被划分为未成年期和成年期两个主要阶段。童年不是一个独立的生命阶段，小孩子从漫长的婴儿期通过特定的仪式一下子就进入了成年人的角色。童年期和青春期的概念被引入生命周期，是工业社会的发展导致延长教育的结果。

童年期是社会化的关键时期。个体在童年期的社会化，主要是学习语言、生活知识和培养认识能力，掌握行为规范，建立感情联系，发展道德及价值判断标准等。在童年期，家庭担负着主要的社会化责任，正是在这个意义上我们常说"家庭是孩子的第一课堂""父母是孩子的第一任老师"。儿童从出生时起，就在具有种族、阶级、宗教、地区等特征的家庭中获得了一种地位，所有这些特征都将对儿童以后的社会化产生重要的影响。

（二）青春期的社会化内容

青春期是个体社会化历程中的关键期，也是个体发展的一个危险期。一方面，这一时期的个体在身体方面得到了急剧的发展，心理的发展很难与身体的发展相适应；另一方面，这一时期的个体为了提高获得新的社会地位和扮演新的社会角色的能力，又有许多新的东西需要学习和适应。青春期的大量社会化内容是以预期社会

---

① ［美］伊恩·罗伯逊：《社会学》上册，165～168页，北京，商务印书馆，1990。

化的形式出现的,青春期的社会化是一种指向未来角色的社会学习过程。① 也就是说,青春期社会化是在为各种成人生活角色做准备的过程。

根据埃里克森的社会化理论,青春期是个体从自我追寻到自我定向的关键时期。在这一时期,如果青少年将各种新的角色与原有角色很好地统合在一起,形成一个和谐的角色丛,就会形成良好的自我认同感;否则,将会出现自我认同危机,严重影响今后的人生发展。

与童年期不同,对于青春期的大多数个体而言,学校与同辈群体是其社会化的主要社会机构。大多数青少年的社会化更多地受学校和同辈群体的影响,而更少地受家庭的影响。

(三)成人期的社会化内容

一般而言,个体进入成年期以后,职业的预期社会化已经完成,职业生涯正式开始。在这一时期,个体通常还要通过婚姻建立新的家庭。因此,许多新的社会角色需要成人去学习和适应。比如,学习和适应一名正式社会成员、一名公民的角色扮演,学习和适应一名丈夫或妻子的角色扮演,学习和适应父亲或母亲的角色扮演,学习和适应职业角色的扮演,等等。

美国心理学家布里姆(Brim)认为成年期社会化与童年期和青年期的最主要区别在于:童年期和青年期偏重于确定个人的价值标准和动机,而成年期的社会化则偏重于使价值标准见诸行动。②

这样看来,成人期社会化似乎主要是个体之前预期社会化的继续,是个体之前预期社会化成果在成人社会生活中的展现和应用。似乎经过童年期和青年期的社会化过程,成人已经建立起了稳固的自我形象,具有了较强的自我控制能力,能够自觉遵守社会的规范和价值,使自己的欲望服从社会的规则。但实际上,越来越多的证据表明,成人的人格并未完全定型,成人期的社会化任务仍然不容忽视。

与童年和青年不同,成人社会化的动机比较明确,他们能够根据自己的意愿去选择角色。与儿童社会化将"角色借用"作为重要的策略不同,当角色内容发生改变的时候,成人可以"制造角色",即重新定义或再创造现行的角色。

(四)老年期的社会化内容

老年期一般从退休开始算起,通常意味着地位的丧失。几百年以来,年老与社

---

① [美]波普诺:《社会学》第10版,163页,北京,中国人民大学出版社,1999。
② 鲁洁:《教育社会学》,583~584页,北京,人民教育出版社,1990。

会地位的增长是联系在一起的。一般说来，在传统社会中，一个人越老，相对于他自身而言社会地位就越高。但是，到了现代社会，社会平等的观念向老年人的领导地位提出了挑战，高地位与高权力自然属于老者的观念被社会平等观念所取代，而社会平等的观念更有利于青年人而不是老年人。在传统社会中，由于社会变迁速度慢，老年人因年龄优势而掌握了大量有效的、社会生产和生活所必需的知识与技能，从而体现出更高的社会价值，占有更高的社会地位。但是，在现代社会中，由于知识更新和技术革新的速度非常快，老年人掌握的许多知识与技术很快就过时了。相反，年轻人因具有思维敏锐、接受能力强、敢于创新等特点，对于新知识的学习、新技术的掌握明显要强于老年人，老年人的传统优势进一步丧失。此外，由于家庭规模的缩小，核心家庭的增多，年迈的父母在家庭生活中也逐渐成为一个边缘的、不重要的角色，这就进一步降低了他们的社会地位。

在这一时期，社会化的主要内容表现为，个人必须学会调整自己，以求与社会声望的降低、身体机能的下降、面临死亡，以及一个人的生活失败等相适应。在上述老年社会化中，对于死亡的社会化通常受到限制或忽视。人们拒绝死亡，向濒临死亡的人掩盖他们的真实处境，并把死亡的所有蛛丝马迹都从我们的日常生活中赶走。其实，死亡是人在老年期必须面对的社会化内容之一。研究者发现，大多数人接受死亡经过了五个阶段。第一阶段是拒绝并与他人隔绝；第二阶段是愤怒；第三阶段是讨价还价；第四阶段是沮丧；第五阶段是接受。有关死亡的社会化可以使人坦然面对死亡，减少因害怕死亡而带来的恐惧与焦虑。

第三节　教育在个体社会化中的作用

社会化是个体由生物人转变为社会人的过程，这一过程贯穿个体生命的整个过程。在社会化的过程中，个体受到包括教育在内的各种社会机构的影响。一般认为，在现代社会中对个体社会化影响最深的、最为重要的群体和机构主要有家庭、学校、同辈群体和大众传媒等。

一、教育与个体社会化的关系

教育与个体社会化的关系一直是教育社会学所关注的问题之一。在这个问题上，教育社会学学者之间并未达成一致意见，不同学者对两者之间的关系认识不同，主要观点有以下几种。

（一）教育等同于个体社会化

"等同论"的代表人物是法国著名社会学家、教育社会学的奠基者迪尔凯姆。他认为，教育是年长者对社会生活方面尚未成熟的一代人所施加的影响。其目的在于，使儿童的身体、智力和道德状况都得到某些激励和发展，以适应整个社会在总体上对儿童的要求，并适应儿童将来所处的特定环境的要求。由此，他得出这样的推论："教育在于使年轻一代系统地社会化。"[①]在他那里，无论是教育还是个体社会化，其目的都在于传递社会文化，并将特定的社会文化内化于个人。因此，教育即等同于个体社会化。

"等同论"是从最广义的意义上理解教育，将教育看作一种培养人的社会活动。它在理解教育时抓住了教育的本质——培养人——培养合格的社会公民，并认为合格社会公民的标志在于内化特定的社会文化，而社会文化的内化正是个体社会化过程所追求的目标。在这个意义上，"等同论"以社会文化的内化为中介将教育与个体社会化等同具有一定的合理性。但是，"等同论"也存在一些理论上的不足。教育不仅具有个体社会化的功能，还具有非常重要的社会功能；教育不仅要传递社会文化，还要创造社会文化。因此，仅仅根据两者都具有社会文化内化功能，便将两者等同有些草率。

（二）教育大于个体社会化

这种观点认为，教育除了担负传递社会文化、维持社会生存的职能外，还有一个重要的职能，即促进社会的进步与变革；个体社会化的主要职能在于传递社会文化，维系现存的社会秩序。个体社会化的重要功能是造就认同现有社会文化和社会秩序的人，而理想的教育不仅要使个体认同现有社会文化和社会秩序，而且要培养人的批判精神、创新意识和创新能力，使其能够积极主动地促进社会变革，推动社会的发展和进步。这样看来，教育的内涵要比个体社会化的内涵丰富，因而教育大于个体社会化。

教育大于个体社会化的观点认识到了"等同论"的不足，看到了教育更为丰富的内涵，在这一点上，弥补了"等同论"存在的理论认识上的缺陷。但是，这种"大于

---

① 张人杰：《国外教育社会学基本文选》，9页，上海，华东师范大学出版社，1989。

论"的观点只看到教育丰富内涵，却没有发现社会化的含义也同样丰富。其实，社会化是个体和社会的互动过程，在这个过程中个体和社会相互作用：社会努力将其价值观念、行为规范传递给个体，以期望个体能够将其内化；而个体则会根据自己的情况有选择地接受、修改、变更社会的教化，以期望在获得社会性的同时使自己独特的个性得以发展。通过这种相互作用，社会形塑了个体，个体也在改造着社会。由此看来，社会化不仅仅是社会文化的内化，还包含着积极的社会改造和社会创新的含义。

（三）教育小于个体社会化

教育小于个体社会化是指，尽管教育与个体社会化的关系非常密切，但二者并非同一个概念。社会化的范畴要大于教育。学校教育是社会化的重要部分，是一种十分重要的社会化形式和机制，但它与社会化并不能完全等同；影响社会化的因素除了学校教育以外，还包括家庭、同辈群体、大众传播媒介等许多因素，学校教育仅仅是其中的一个影响因素。

目前，这一观点得到了国内教育社会学学者的普遍认同。[1] 该观点将教育视为影响个体社会化的重要因素之一，并将教育视为一种有目的、有计划、有组织地按照社会的要求来进行社会化的形式和机制。这里所讲的"教育"实际上指的是狭义上的教育，即我们所说的"学校教育"。这是"小于论"的观点与上述"等同论"和"大于论"存在的一个重要区别。"等同论"和"大于论"的所谓"教育"都是最广义上的教育，这种教育泛指一切培养人的活动，既包括有目的、有计划、有组织的教育活动，也包括目的性、计划性和组织性并不太强的教育活动；既包括学校教育，也包括家庭教育、社会教育等。

日本学者青井和夫也认为教育小于社会化。在他看来，社会化可分为无意图的和有意图的两种。有意图的社会化从社会体系的角度来看就是社会控制；从作用主体的角度来看则表现为社会性技术。这种社会性技术又有直接的和间接的之分。直接的社会性技术又可根据运用的手段不同及意图的隐藏与否分为四种：凭借物质手段并隐藏了意图的；凭借物质手段但不隐藏意图的；凭借象征性手段并隐藏了意图的（宣传）；凭借象征性手段但不隐藏意图的（说服和教育）。换句话说，教育仅是一种社会化形式，是一种有意图而又不隐藏意图的，凭借象征性手段进行的直接社会

---

① 鲁洁：《教育社会学》，578～579 页，北京，人民教育出版社，1990。

性技术。值得注意的是，青井和夫所讲的教育指的是根据一定的培养意图，使人文明开化并提高价值的工作①。

教育与个体社会化之间的关系非常密切，也十分复杂。在人类社会的早期，教育与社会化是一体的。只是随着社会的发展，工作与生活的不断复杂，各种劳动和技能的专业化程度越来越高，教育不能简单地通过一般的社会化来获得，于是开始有了专门化的教育机构——学校。学校也就成了现代社会中一种十分重要的社会化形式和机制。今天，我们在谈论教育与个体社会化的关系时，应该先界定概念的内涵和外延。如果使用教育最广义的概念，并把社会化也理解成一个个体与社会的互动过程，一个包含被动接纳与主动创新的统一过程，那么我们可以认为两者是等同的。如果我们从狭义上理解教育，即将其理解为学校教育，那么"小于论"将更具合理性。

二、社会化的主要教育机构

所谓社会化机构，又称社会化主体（agencies of socialization）②，指的是那些对个体社会化影响最深的、最为重要的群体和机构。在现代社会中，家庭、学校、同辈群体和大众传媒四种社会化主体在个体一生的社会化过程中发挥着重要的影响作用。

（一）家庭

父母和家庭其他成员是个体接受社会化最基本的文化环境和最早的单位，是儿童时期社会化的最重要的力量，也对成人的行为有着重要的影响。正因为家庭是个体遇到的最初的社会化主体，对于个体人格的塑造又有着重要的核心作用，社会学家库利将其称为"人类本性的培养所"。儿童正是在家庭中建立起最亲密的感情联系，学习语言，并将文化规范和价值标准内化。社会学家研究发现，家庭对人的社会化功能具有两重性：家庭与社会文化相一致的教化，对儿童的社会化起积极的促进作

---

① ［日］青井和夫：《社会学原理》，22～23 页，北京，华夏出版社，2002。

② 目前，国内学者对于"agencies of socialization"一词的翻译分歧较大。常见的译法有："社会化因素"（［美］伊恩·罗伯逊：《社会学》上册，158 页，北京，商务印书馆，1990。）、"社会化的动力"（［美］刘易斯·科塞：《社会学导论》，150 页，天津，南开大学出版社，1990。）、"社会化的主体"（［美］波普诺：《社会学》第 10 版，157 页，北京，中国人民大学出版社，1999。）、"社会化的媒介"（［瑞典］胡森：《国际教育百科全书》，311 页，贵阳，贵州教育出版社，1991。）等。

用；家庭中出现的与社会主文化相背离的亚文化，对儿童的社会化会产生消极的作用。

社会学和教育社会学的众多研究发现，在影响儿童社会化的家庭因素中，家庭结构、家庭关系、父母的教养方式和态度、家庭的社会地位与素质修养等都是十分重要的因素。"父母是子女的老师，子女是父母的镜子。"家庭中对儿童社会化影响最大的是父母。一般来说，父母对子女的影响主要取决于两种方式。一是强化。父母训练、鼓励孩子做大人认为合适的行为，而对破坏社会规则的行为，则给予一定的惩罚；父母不断向孩子灌输社会的道德观念，使孩子认识到什么是社会所需要的，以便决定自己的行为方式。通过这样的强化，孩子逐渐领受到社会的规范、风俗、习惯和要求。二是模仿。父母除了自觉有目的地教育子女外，也在无意识地以自己的言行影响孩子，这种影响表现在孩子身上是通过模仿来实现的。孩子通常以父母的言行作为自己的行为模式和标准。父母的一言一行、一举一动都可能在孩子的心灵深处留下深深的印记。例如，把妈妈看作妻子和女人的象征，把父亲看作丈夫和男人的象征，逐步形成自己的基本概念。此外，父母在家庭中的相互关系和相互作用，争吵、合作，甚至习性爱好，也对孩子有着潜移默化的影响，使孩子逐渐形成对人对社会的看法。除了父母的影响外，家庭中其他成员也对孩子的社会化起着某种特定的作用。

（二）学校

学校作为有目的、有计划、有组织地对学生施加教育影响的专门教育机构，是家庭以外最重要的学生社会化主体。学校作为社会正式规定的负责使青少年社会化、学习特定的本领和价值标准的机构，与其他社会化主体相比具有以下特点。第一，学校作为一个教育机构，是社会化的专门职能单位，有严密的组织性、计划性、系统性。第二，学校是一个有组织的社会群体。与以血缘为纽带的家庭不同的是，学校中的人际沟通不是以感情为主，而是以教育目标为主。学校通过一系列的规章制度，使用强制性的方式要求学生遵守共同的行为规范，扮演特定的学生角色。第三，学校的人际交往是社会的预演。

学校里的社会化不仅通过正规课程进行，还通过学校活动中的"隐性课程"（hidden curriculum）来进行。隐性课程由各种规则构成，是潜藏在课内外、校内外教育活动中的教育因素，通过学生的无意识心理活动发生作用，对学生的社会化存在着重要的影响。隐性课程的主要目标与学生的学习无关，但与学校所强调的品质及社会品质有关，学校的组织方式、人际关系等社会学、文化人类学、社会心理学的因素对于学生的态度和价值观的形成，具有强有力的持续影响。在隐性课程的影响下，学生学会了守时、遵守秩序、尊重权威、遵守制度规范等社会生活所必需的各项品质。

具体而言，学校作为除家庭外最重要的社会化主体，对学生的社会化功能主要体现在以下几个方面：第一，教授学生社会生活所需的技能和态度；第二，进行各种社会角色的初级社会化，向学生传授各种社会角色的角色规范与角色期望；第三，向学生直接或间接灌输社会的主流价值观念；第四，使学生学会对非个人的规则和权威的遵从。

（三）同辈群体

同辈群体(peer group)是指由一些年龄相仿、兴趣爱好大体相同、社会地位大致相当的人，为了满足情感需要而自发形成的伙伴群体。在不同年龄阶段，每个人都可能接触一些同辈群体，都要与同伴交往。在人的不同年龄阶段，同辈群体的影响作用不同。在教育社会学研究中，同辈群体通常被用来指称儿童及青少年的非正式小群体。

儿童之所以会形成同辈群体，从根本上说，是为了满足其在家庭和学校中得不到满足的各种需要。从社会学角度来看，儿童形成、加入或向往同辈群体的主要原因是对于平等的需求。也就是说，家庭与学校无法完全满足儿童的平等需要。在家庭中，儿童是被监护人；在学校中，儿童是受教育者。这两种地位状况制度性地决定了儿童与家长或教师不可能真正形成"平起平坐"的关系。这样，学校、家庭便无法满足儿童的平等需要，也便无法成为促使儿童完全自由地展现自己、充分发挥自己潜力的场所，儿童便自然会去寻求可使自己获得真正的平等、民主与自由的另一个世界。于是，儿童同辈群体便应运而生。①

对于儿童来说，同辈群体的社会化与他们在家庭和学校中接受的社会化是大不相同的。这种不同主要表现在以下几个方面。首先，同辈群体中的社会化大部分是在未经事先安排的情况下，在无意之中进行的。家庭和学校尤其是学校中的社会化却主要是通过成年人精心规划，有目的、有步骤地进行的。其次，在同辈群体中，儿童与同伴之间的地位是平等的，他们之间的相互交往和各种活动是建立在这种平

① 吴康宁：《教育社会学》，228~229 页，北京，人民教育出版社，1998。

等的基础之上的。在家庭和学校中，儿童与家长和教师之间的关系是不平等的，儿童始终处于被教育者、被指导者、被关照者及服从者的位置。再次，在同辈群体中，儿童完全根据自己的兴趣来安排活动内容。在家庭和学校中，儿童的活动不是出于自己的爱好，而是依据家庭和教师的意志和决定。最后，在同辈群体中，儿童有自己的亚文化和价值标准。他们可相互谈论在成人面前不能谈论的话题，有自己心目中的偶像和榜样。这些亚文化和价值标准，可能与家庭和学校所传递的那些正统的、为社会所承认和接受的、符合成年人社会需要的主流文化、价值标准和行为规范相符或不相符。正是由于同辈群体中的亚文化，同伴交往既可以表现为良性的，也可表现为劣性的。良性交往能促使儿童或青少年积极向上，加速实现社会化。不良交往，则只会相互传播恶习，甚至结成犯罪团伙，从事违法犯罪活动。

（四）大众传播媒介

大众传播媒介简称大众传媒，是指在传播途径上有用以复制和传播信息符号的机械和有编辑人员的报刊、电台之类的传播组织居间的传播渠道，具体分为印刷媒介，包括报纸、杂志和书籍；电子媒介，包括电影、广播和电视①。今天，人们通常把报纸、广播、电视、网络称为四大传媒。大众传媒是一个强大的社会化主体，随着网络社会的来临，大众传媒更成为一个最不可忽视的社会化力量。电视和网络是当前影响儿童社会化的最主要的大众传媒。

20 世纪八九十年代，社会学家特别关注电视对儿童社会化的影响。他们将那些手拿遥控器，蜷缩在沙发上，一天到晚围着电视节目转的人称为"沙发土豆"。社会学家认为，电视对青少年具有如此大的吸引力，是与其特点密切相关的。电视除了文化要求低、直观易懂之外，还具有比广播、印刷媒介更能让观众产生参与感的特点，同时它能提供具体的图像，使观众不易遗忘，因而它可能具有其他媒介所难企及的劝诱与施教的独特效果。有学者在研究影响传播效果的因素时强调，直观性信息有助于传播的劝服性。所以，电视比广播、报纸等大众传播媒介对儿童社会化的影响更大。

电视节目给予儿童大量有关真实和想象的世界，以及人类行为的信息，从某些方面来说，儿童节目能增强他们在家里和学校学到的价值观。一个同辈群体可能会收看同一个节目，然后一起讨论并表演出来，从而增强该群体的团结和价值观。但

---

① ［美］威尔伯·施拉姆、威廉·波特：《传播学概论》，2 页，北京，新华出版社，1984。

是，儿童不是成人，很容易错误地理解他们所看到的和所听到的东西。一些研究者还发现，电视对儿童的学习潜力有消极的影响，它缩短了儿童的注意力间隔时间，限制了他们运用语言的能力。这是因为电视显示的是快速连续播放的图像，不鼓励人们去思考。相反地，书籍则需要人们慢慢去阅读和思考。

随着网络的发展，在网络环境中成长起来的严重依赖网络的"网虫"又被人们称为"鼠标土豆"，他们深受网络的影响。网络技术的迅猛发展，使人类社会发生了翻天覆地的变化。同时，也给人的社会化过程带来了重大的影响，这些影响有些是积极的，有些是消极的。从积极方面来看，网络技术的应用为人们的创造活动提供了高科技的技术条件，大大开阔了人们的视野，刺激了人们的创造欲望，为新思想的产生提供了良好环境。从消极方面来看，网络提供的是一个介于"似"与"不似"的虚拟社会，这就决定了它很难形成像现实世界那样强烈的社会规范，有很多行为也难以受到法律的明确约束。对于正在成长的青少年来说，如果他们的社会化过程主要依赖网络来完成，那么危险是显然的。他们可能会把网络中培养出来的任性、放纵、撒谎、不负责任等习惯，也应用于真实世界中。如果他们过早地接触网络，社会规范观念也许会更加淡薄。

第五章　教育与社区

　　教育与社区研究是教育社会学的重要研究领域之一。随着终身学习理念和学习型社区建设的深入发展，教育与社区之间的关系日益紧密。社区的经济社会发展状况，以及文化传统特色是社区教育发展的现实条件与背景，在为社区教育发展提供动力和资源的同时，也从根本上制约着社区教育的发展方向、速度和规模。党的二十大报告要求，"增强城乡社区群众自我管理、自我服务、自我教育、自我监督的实效。完善办事公开制度，拓宽基层各类群体有序参与基层治理渠道，保障人民依法管理基层公共事务和公益事业"。社区教育正逐渐由社区的边缘走向社区的中心，成为迈向学习型社区的一种重要途径。社区教育在提高社区成员整体素质、促进社区经济社会发展、传承和创新社区文化、培养社区归属感等方面发挥着不可替代的重要作用。学校—家庭—社区之间的联结越来越紧密，对学校、家庭和社区发展的作用日益凸显，已经引起了包括教育社会学在内的许多相关学科的关注与重视。

第一节　教育与社区概述

　　社区是一个相对独立的区域性社会，蕴藏着丰富的教育资源。社区教育是以社区为范围，以提高全体社区成员素质和生活质量、促进社区可持续发展为目标的教育活动。教育与社区相互制约、相互影响、相互促进。一方面，教育的发展离不开社区的支持；另一方面，教育可以为社区发展提供智力支持和人才保障。只有充分认识教育与社区合作的必要性，善于整合社区教育资源，才能有效促进社区教育发展，更好地发挥教育在社区建设和发展中的重要作用。

一、社区的概念

社区(community)一词源于拉丁语"communis"，原意为伴侣或共同关系和感情。1887 年，德国社会学家滕尼斯(Tönnies)著《社区与社会》(或译《共同体与社会：纯粹社会学的基本概念》)一书，最早将社区一词用于社会学研究。滕尼斯在《社区与社会》中所使用的社区(gemeinschaft)一词，在英语国家被译为"community"。20 世纪30 年代，中国社会学界将"community"译为社区。

社区和社会是滕尼斯社会学中两个最基本的概念。在他看来，社区和社会是人类共同生活的两种基本形式，两者的根本区别在于其内部的联结方式。[①] 社区是在情感、恋念、内心倾向等自然情感一致的基础上形成的联系紧密的有机群体；社会则是建立在外在的、利益合理的基础上的机械结合的群体。换句话说，社区是一种建立在自然情感基础上的，组织紧密、规模有限的有机社会；社会则是一种建立在合理利益基础上的，组织松散、规模无限的机械社会。滕尼斯认为社区关系包括以下几种类型：氏族关系(或称血缘关系)、以共同生活为特征的邻近关系(婚姻关系和家庭关系)、以意识或精神上的亲近或相同为基础的友谊关系等。

19 世纪以来，社会学家对社区进行了大量研究，但由于英文"community"一词兼有社区、生态群落、共同体、团体、社团、公社、公众等多重含义，人们对"community"一词的理解不同，学界对于社区的界定也存在较大差异。据统计，关于社区的定义多达 140 种以上。这些定义从不同角度、不同方面对社区这一概念进行了界定，归纳起来主要包括以下几种。(1)区位学派的社区定义：认为社区是一个地域性或地理性概念，注重社区的空间关系和结构。(2)互动学派的社区定义：认为社区是居民生活中互相关联与互相依赖的网状体，注重社会群体互动与心理。(3)功能学派的社区定义：认为社区的目的在于寻求相互保卫和共同福利，注重社区的共同利益及需要。(4)系统学派的社区定义：认为社区是地域、社会互动和社会关系的综合体，注重社区的系统性。[②]

---

① ［德］滕尼斯：《共同体与社会：纯粹社会学的基本概念》，8～11 页，北京，商务印书馆，1999。
② 周运清：《社会学》，227 页，武汉，武汉大学出版社，1988。

> **框 5-1　社区的要素**
>
> 　　把大多数社会学家对社区所做的各种解释概括起来，我们可以把社区的要素归纳为以下四点：
>
> 　　(1)它是以一定的生产关系与社会关系为基础组成的人群。
>
> 　　(2)它有一定的区域界限。
>
> 　　(3)它形成了具有一定特点的行为规范和生活方式。
>
> 　　(4)它的居民在感情和心理上具有对该社区的地方或乡土观念。
>
> 　　——《社会学概论》编写组：《社会学概论》试讲本，213 页，天津，天津人民出版社，1984。

　　我们认为，社区是以一定的生产关系与社会关系为基础，由具有某种互动关系和共同文化维系力的社会群体所形成的一个相对独立的区域性社会。

　　首先，社区有一定的地域。一定的区域是构成社区的第一要素。无论何种形式的社区总是占有一定的地域，存在于一定的地理空间之中。在这个意义上，社区区别于共同体或团体的概念。比如，"scientist community"一词所指的其实是由具有共同专业知识的学者组成的不受地域限制的学术共同体或学术团体，这与基于一定地域的社区概念不同。因此，最好称其为"科学家共同体"或"科学家团体"，而不能称其为"科学家社区"。

　　其次，社区是一个相对独立的区域性社会。如前所述，社区是一个区域性概念。社区与社会的区别之一，就在于两者地域范围不同。社会是一个大型社区，而社区是一个小型社会。社区是社会的一个组成部分，由社会为其发展提供背景和条件，必定会受到社会的制约和塑造。但社区具有一定的相对独立性，并对社会的发展具有一定的影响。事实上，社会的稳定和发展正是以社区的稳定和发展为基础的。

　　最后，社区是由具有某种互动关系和共同文化维系力的社会群体所构成的。共同生产生活在一定地域内的人们，必定与同一地域内的其他社会成员发生一定形式的相互作用，形成一定的生产关系和社会关系，产生某种共同意识和地域文化认同。适度的地域观念和共同意识是社区形成的基本要素之一，有利于社区的整合和发展。

二、社区的类型

　　根据社区发展水平、社区形成方式、社区功能，以及农村—城市连续统理论等不同的划分标准，可以分别将社区划分为各种不同类型。

(一)传统社区、发达社区和发展中社区

根据社区生产力发展水平或社区的整体发展程度与发展阶段,可以将其划分为传统社区、发达社区和发展中社区。

传统社区是指以资本主义的生产和生活方式为基本特征的社区类型。传统社区主要指人类社会发展史上曾经出现过的、建立在较低生产力发展水平之上、处于发展初期的一种社区类型。

发达社区是指以高度发达的生产力水平和现代生活方式为基本特征的社区类型。发达社区代表了现代社区发展的最高水平。

发展中社区是指传统社区向发达社区转型中的一种过渡性社区类型。就生产力发展水平或社区的整体发展程度与发展阶段而言,发展中社区介于传统社区和发达社区之间,既保留了前者的一些特征,又吸收了后者的许多内容。

(二)自然社区和法定社区

根据社区形成的方式,可以将其区分为自然社区和法定社区。

自然社区是人们在生产生活中自然形成的一种社区类型。自然社区是由人们自然聚居形成的,常常以地理空间、山脉、河流及建筑群落为界。常见的自然社区有农村中的自然村落、集镇、城市中的生活小区等。

法定社区是国家行政机关根据行政管理的需要,以立法形式规定下来的地方行政区。常见的法定社区包括农村中的行政村、城市中的居民委员会或街道办事处辖区、建制镇、建制市等。

(三)专能社区和综合社区

根据社区的功能复合程度,可以将其划分为专能社区和综合社区。

专能社区是指从事某种专门活动,以某一功能为主导的社区类型。常见的专能社区包括政治社区、工业社区、文化社区、军事社区等。

综合社区是指具有多重功能,且各功能之间相对平衡,并不以某一功能为主导的社区类型。

(四)农村社区、小城镇(集镇)社区、城乡联合社区和城市社区

根据农村—城市连续统(continuum)理论,可以将社区划分为农村社区、小城镇(集镇)社区、城乡联合社区和城市社区。连续统理论将人们的认识和实践对象视为一个在时间上连续不断、在空间上紧密关联、在性质上相互交融的统合整体。[1] 根

---

[1] [美]埃弗里特·M. 罗吉斯、拉伯尔·J. 伯德格:《乡村社会变迁》,167页,杭州,浙江人民出版社,1988。

据农村—城市连续统理论，社区的发展是一个连续不断的动态整体过程，其中的农村社区和城市社区是社区发展的两个理想类型，两者在地理环境、人口环境、经济环境、文化环境诸方面差异明显，而小城镇(集镇)社区和城乡联合社区则是居于两者之间的连续过渡类型。①

农村社区是指以农业生产为主要谋生手段的社区类型。与城市社区相比，农村社区具有如下几个方面的特征：人口密度低，同质性强，流动性差；经济活动简单；风俗习惯和生活方式受传统势力的影响较大；组织结构与职业分工比较简单；家庭在人们生活中发挥重要作用，血缘关系浓厚，人际关系密切。

城市社区是指在特定的城市区域内，由从事各种非农业劳动的密集人口所组成的社区类型。相对于农村社区，城市社区在政治、经济、文化诸方面更为发达，具有如下几个方面的特征：人口密集，异质性和流动性强；经济活动复杂频繁；风俗习惯和生活方式呈现多样化，受传统势力的影响较小；组织结构和职业分工比较复杂；家庭的规模和职能缩小，血缘关系淡化，人际关系较为松散。

小城镇(集镇)社区是城乡连续体中的一个特殊类型，具有纽带和桥梁作用。城乡联合社区是城市与乡村社区的结合。随着社会的发展，这种结合将越来越密切，城乡差别也将随之缩小。

此外，根据社区的地理环境，可以将其划分为平原社区、高原社区、山区社区和滨海社区等。按照社区的发展规模，可以将其划分为大型社区、中型社区、小型社区和微型社区等。

三、社区教育的概念

社区教育一词最早出现在 20 世纪初期，社区教育思想源于美国实用主义教育家杜威(Dewey)。一般认为，杜威提出的"学校即社会"的教育思想中包含了社区教育思想的萌芽。

社区教育的实践早于社区教育的理念。事实上，北欧各国的民众教育就是一种社区教育。早在 19 世纪，北欧国家就已经拉开了社区教育实践的序幕。1844 年，丹麦教育家科隆威(Crrundtving)创办的世界首所现代意义的社区性质学校——民众中学，被视为社区教育实践的起点。

---

① 郑杭生：《社会学概论新修》，274～275 页，北京，中国人民大学出版社，1994。

第二次世界大战之后,社区教育概念在国际学术界得以正式确立和广泛运用。由于人们对社区的认识存在较大分歧,加之教育概念又有广义和狭义之分,因此,国内外学界对社区教育的概念界定也不尽相同。

(一)国外社区教育概念举隅

由于各国国情及社区教育理念方面的差异,国外对社区教育概念的认识存在较大分歧。根据对社区教育宗旨、目标、对象、内容及形式的认识不同,可以将国外社区教育概念的代表性观点归纳为如下几种。[①]

1. 民众教育说

民众教育说认为,社区教育即民众教育,北欧各国及许多发展中国家的民众教育就是社区教育。社区的发展过程,也就是民众教育的过程。北欧民众教育以"为民众启蒙,为民众教育"为宗旨,以青年为教育对象,以灵活多样的教育活动为内容,以民众学校为主要教育形式,力图通过教育社区民众主动参与改善社区政治、经济、文化生活,达到提高民族素质、实现富民强国的目标。

2. 社会教育说

社会教育说认为,社区教育即地域性的社会教育。在日本,社会教育几乎是社区教育的同义词。日本社会教育以终身教育为宗旨,以全体社会成员为对象,以教育、学术、文化方面的活动为主要内容,以公民馆为教育基地,试图通过对市町村或某一特定地区的住民进行有组织的社会教育,达到提高教养、增强健康、陶冶情操、振兴生活和文化、充实社会福利的目标。

3. 非正规社区教育服务说

非正规社区教育服务说认为,社区教育即向所有社区成员提供的非正规的教育服务。在美国,社区教育以把教育中心纳入为社会生活的主动服务中为宗旨,以社区学院为主要载体,以社区所有成员为教育对象,以社区居民的需要为确定教育内容的依据,强调通过协调各方资源,达到为社区提供有效教育服务、促进社区发展的目标。英国对社会教育的理解与美国相近。

4. 学校教育开放说

学校教育开放说强调学校教育在社区教育中的核心地位和作用,认为社区教育是学校教育开放的过程和结果。这种观点将学校视为社区教育的主体,强调围绕学

---

① 叶忠海、朱涛:《社区教育学》,28~30页,北京,高等教育出版社,2009。

校来开展社区教育，其主要做法包括以下两个方面：一是在学校教育课程中加入有关社区生活和社区问题的内容，以便增强学生的社区意识和乡土情感；二是学校向社区的所有居民开放，开展各种学习教育活动，发挥其作为社区教育文化中心的作用。

5. 结合体说

结合体说强调社区教育是学校教育和其他社会事业的结合体。这一观点认为，社区教育是义务教育与其他福利事业的结合体，是许多其他活动的协作，是具有社区教育特性的地方管理的逐渐进化。

（二）国内社区教育概念举隅

国内学者分别从教育视角和社会视角来定义社区教育的概念。

1. 教育视角下的社区教育概念

教育视角下的社区教育概念包括教育体制说、教育管理体制说、教育网络体系说、教育模式说、教育综合体说、教育活动过程说等。

教育体制说认为，社区教育是一种教育与社会协调发展并形成一体化的教育体制。教育管理体制说认为，社区教育是一种学校、家庭、社会结合的教育管理体制。教育网络体系说认为，社区教育是通过学校与社区相结合、教育与经济相结合建立起来的一种立体教育网络体系。教育模式说认为，社区教育是体现教育社会化和社会教育化的未来发展趋势的一种新型的教育模式。教育综合体说认为，社区教育是指以社区为范围，以社区全体成员为对象，以发展社区和提高其成员素质和生活质量为目的的教育综合体。[1] 教育活动过程说认为，所谓社区教育，是提高社区全体成员素质和生活质量，以及实现社区发展的一种社区性的教育活动过程。[2] 2006 年，国家标准化管理委员会发布的《社区服务指南第 3 部分：文化、教育、体育服务》（中华人民共和国标准 GB/T 20647.3-2006）将社区教育定义为："在社区中，开发、利用各种教育资源，以社区全体成员为对象，开展旨在提高成员的素质和生活质量，促进成员的全面发展和社区可持续发展的教育活动。"

2. 社会视角下的社区教育概念

社会视角下的社区教育概念主要包括社会组织体制说和社会组织形式说等。

社会组织体制说将社区教育视为一种以社区为依托，以提高全体社区成员素质、促进社区发展为目标的社会组织体制。这一观点在我国具有一定的代表性。鲁洁主

---

① 叶忠海：《上海社区教育的历程和趋势》，载《东亚社会教育》，1998(3)。
② 厉以贤：《社区教育的理念》，载《教育研究》，1999(3)。

编的《教育社会学》一书认为，20世纪80年代中国的社区教育指的是以一定区域为界，学校与社区具有共同的教育价值观和参与意识，并且双向服务，互惠互利，学校服务于社区，社区依赖于学校，旨在促进社区经济、文化和教育协调发展的一种组织体制①。梁春涛、叶立安主编的《中国社区教育导论》一书认为，社区教育是在一定地域内，在党和政府帮助、指导下，组织协调学校和社会各个方面，相互结合，双向服务，实现教育社会化和社会教育化，旨在提高全民素质，共建社会主义物质文明和精神文明，促进地区经济、社会和教育协调发展的教育社会一体化组织体制。②

社会组织形式说将社区教育视为一种社会组织形式，一种教育与社会结合、双向服务、相互促进、同步发展的社会组织形式。

（三）社区教育的概念界定

社区教育是指以社区为范围，以全体社区成员为对象，综合运用各种教育资源，提高社区成员素质和生活质量，促进社区可持续发展的教育活动。社区教育具有区域性、全员性、综合性、多样性、整体性等基本特征。

框5-2　社区教育的含义

(1)社区教育中的教育概念——大教育概念。

(2)社区教育的对象——社区的全体成员。

(3)社区教育的目标——满足社区成员的各种教育需求，培养和提高社区成员的素质，提高社区成员的生活质量，促进社区发展。

(4)社区教育的内容——多元的、多层次的、从实际出发的。

(5)社区教育动力机制——教育与社区的双向参与和协调发展。

(6)社区教育的组织形式与机构——多样化。

(7)社区教育的体制——社区内的各种教育因素和机构的集合、协调和互动。

(8)社区教育的实质——沟通教育与社区的联系，协调教育发展与社区发展，走向学习化社会，实现教育社会化、社会教育化。

——厉以贤：《教育·社会·人：厉以贤教育文集》，277页，北京，人民教育出版社，2010。

---

① 鲁洁：《教育社会学》，335页，北京，人民教育出版社，1990。
② 梁春涛、叶立安：《中国社区教育导论》，8页，天津，天津人民出版社，1993。

第一，社区教育具有区域性。社区教育是以社区为范围的，是在社区中开展的教育活动。社区教育的区域性特征使其与社会教育相区别。社区教育立足于特定社区的客观现实和发展需要，以提高社区成员素质和生活质量，促进社区可持续发展为目标和宗旨，必定带有各自社区的人文、地理和社会特征，具有鲜明的区域性特色。

第二，社区教育具有全员性特征。社区教育面向整个社区，以全体社区成员为教育对象。社区教育为不同年龄、性别、阶层、种群社区成员的终身发展服务，满足其各方面的学习需求，因此，社区教育既需要社区成员的全员参与，也需要包括学校教育机构在内的社区内各界的广泛参与。

第三，社区教育具有综合性特征。社区教育难以纳入现有各种教育分类体系之中，它既可能包含学校教育、家庭教育和社会教育，又可能包含学前教育、基础教育和高等教育，还可能包含职业教育和成人教育。事实上，社区教育具有很强的综合性特征，凡是为满足社区及其成员的需求所进行的各种教育活动，包括正规的与非正规的、职业的与非职业的、集中的与分散的、定期的与临时的，都属于社区教育。

第四，社区教育具有多样性特征。社区教育内容的多样性是由社区教育的性质所决定的。由于社区教育立足社区，服务社区，与社区生活、社区发展密切关联，因此，必须从社区实际出发，根据社区生活、社区发展的实际需要和现实问题确定社区教育内容。社区教育对象的全员性特征，也要求社区教育的内容丰富多样，以便适应不同社区成员的各种教育需求。

第五，社区教育具有整体性特征。社区内部具有丰富的教育资源，有效发展社区教育应充分整合社区内部的各种教育资源，以学校、家庭、社区为主体，建构整体社区教育网络体系，还应善于通过各种形式和渠道，充分利用社区外部的各种教育资源，为社区教育和社区发展服务。只有统合社区内外部教育资源，形成整体的社区教育合力，共同为社区及其成员发展服务，才能充分体现社区教育的整体性特征。

第二节　社区教育与社区发展

社区教育与社区发展相互联系、相互促进。一方面，社区是社区教育的出发点和归宿，社区的经济、文化和社会发展制约着社区教育的发展方向和发展水平；另一方面，社区教育对社区的经济、文化和社会发展具有重要影响，发挥着不可替代的功能和作用。

第二次世界大战以后，社区发展逐步成为联合国所倡导的一项以推动人类经济发展和社会进步为目标的世界性运动。最初，社区发展运动主要致力于推行乡村社区发展计划。自1957年起，联合国开始在发达国家倡导社区发展计划，探索通过社区发展解决发达国家在工业化、城市化、现代化过程中所面临的一系列社会问题。无论是在乡村社区发展计划中还是在城市社区发展计划中，教育始终是社区发展的重要内容，也是促进社区发展的重要途径。

框5-3 社区发展与社区教育

1956年联合国发表报告提到："社区发展是指人民共同努力并与政府有关机构协调改善社区的经济、社会和文化情况，同时将社区统合于国家整体生活之中，使其对国家的进步更能有所贡献的历程。"

1960年联合国出版了《社区发展与经济发展》，称社区发展是一种教育过程。

1995年在泰国召开的第七届国际社区教育大会，通过了以下宣言：第一，强调没有社区的建设就没有社会持续发展；第二，一个强大的社区是医治各种社会疾病的基础；第三，良好的社区教育能够加强社区建设；第四，社区教育才能使社会持续地发展。因为社区精神、社区教育、社区管理是一个良好的、强有力的社区内部的三种强大的力量，其中社区教育又是获得社会持续发展的关键。

——厉以贤：《教育·社会·人：厉以贤教育文集》，287～288页，北京，人民教育出版社，2010。

一、社区教育与社区经济发展

社区教育与社区经济之间存在一种辩证统一关系，社区经济决定社区教育，社区教育反作用于社区经济。社区发展包含社区环境、社区经济、社区文化、社区教育、社区归属感等要素。社区教育必须与社区发展相适应，否则很难发挥其促进社区经济和社会发展的功能。

（一）社区经济对社区教育发展的影响

社区的经济发展水平是制约社区教育发展的一个重要因素，现代社区教育的发展必定建立在一定的经济基础之上。所谓社区经济是指社区成员的生产、交换、分配、消耗等经济活动。反映社区经济发展的主要指标包括社区经济总产值、社区经济年创利润、社区经济年缴纳税金总额、社区人均经济创利、社区经济年收入、社区人员待业率等。①

现代社区教育是在一定的经济基础上产生的，是社会经济发展到一定阶段和水平的产物。现代社区教育是一种社会化程度较高的教育类型，根据社区可持续发展及社区成员终身学习需求，向全体社区成员提供多样化、全方位的教育服务。因此，没有一定的物质基础和基础条件，没有社区发展的客观要求和社区成员的主观需要，社区教育便不可能得到发展。

社区经济发展为社区教育提供环境和氛围，影响着社区教育投资规模和发展水平。具体而言，社区经济发展状况不仅制约着社区教育目标的制定、社区教育内容的选择，还制约着社区教育的规模、社区教育的结构、社区教育的手段、社区教育的方法，以及社区教育的组织形式等。

不同地区经济发展水平的不平衡，深刻影响着社区教育的发展需求、价值取向和发展水平。②

1. 经济发达地区的社区教育

现代社区教育在经济发达的地区发端，既是社区经济发展的客观要求，也是社区成员提高自身素质和生活质量的迫切需要。经济发达地区更加重视社区教育投入，为社区教育的发展提供了良好的环境、资源、条件和氛围。经济发达地区的人们在物质生活比较富足以后，更加注重精神生活质量的追求，因此，这一地区的社区教育具有很强的非功利性价值取向，社区教育的内容主要是社会文化教育，体现了人们对于自身发展和完善的关注。

整体上看，经济发达地区的社区教育水平较高，已经初步形成了社区终身教育体系与学习型社区的基本框架。具体而言，经济发达地区的社区教育呈现出以下几个方面的基本特征：管理体制健全，运行机制良好；有相当规模和相对稳定的社区教育管理队伍、专兼职教师队伍、志愿者队伍和专家队伍；以社区学院为龙头统合社区内外的各种教育资源；重视学习资源建设和学习平台建设，提供优质的学习支持服务；注重理论先行，不断创新社区教育理论和实践。③

① 厉以贤：《论社区教育的视角与体制》，载《教育研究》，1995(8)。
② 陈乃林：《现代社区教育理论与实验研究》，43～52页，北京，中国人民大学出版社，2006。
③ 吴慧涵：《社区教育的理论与实践研究》，228～238页，北京，电子工业出版社，2015。

2. 经济比较发达地区的社区教育

经济比较发达地区处于经济发达地区和经济欠发达地区的过渡地带,社区经济结构趋于多样化,第二、第三产业开始成为主导产业;人口比较集中,社会结构比较复杂;职业构成的异质性增强,就业结构相对复杂;社区经济总量增长较快,居民生活已经达到比较富裕的小康水平。

在这种背景和条件下,经济比较发达地区的社区教育不满足于一般的学校教育、学历教育、职业技术培训等功利性较强的教育类型,而是开始追求非功利性的价值取向,逐步重视提供丰富多彩的、有利于社区及其成员自身发展和完善的教育活动。

3. 经济欠发达地区的社区教育

社区教育的发展是客观条件与主观努力共同作用的结果。尽管社区经济发展制约着社区教育,但开展社区教育并不完全受制于社区的经济发展。社区教育的适度先行,对于促进社区发展,提高社区居民的生活水平具有重要意义。事实上,瑞典的社区教育就是在经济欠发达的情况下开展起来的,而作为日本社区教育基础的"公民馆"也是在废墟上逐步发展起来的。20世纪二三十年代,包括平民教育运动和乡村教育运动在内的我国早期社区教育,也是在经济相对贫穷的情况下发展起来的。早期社区教育运动发展的实践证明,正是因为社会经济发展水平不高,才更加需要适度发展包括社区教育在内的各类教育。因此,经济欠发达地区应该树立超前意识,结合社区发展需要,大胆开展社区教育实验,引导社区成员积极参与教育培训与学习活动,逐步树立终身学习的意识,提高终身学习的能力。

(二)社区教育的经济发展功能

尽管社区教育对于社区发展的促进功能更多地体现在推进社区文化和社会发展等方面,但其在社区经济发展过程中也同样发挥着不可替代的地位和作用。社区教育主要通过直接和间接两种方式发挥其对社区经济发展的作用和功能。

1. 社区教育的直接经济功能

社区教育可以通过对社区成员开展职业培训、主动参与社区经济发展规划,以及为社区经济发展提供咨询和科技服务等方式,直接服务于社区经济发展。

首先,社区教育通过开展各种职业培训和实用技术培训,提高社区成员的劳动生产率。各种形式的职业培训和实用技术培训,是社区人力资源开发和利用的重要途径,既适应社区经济转型升级需要,又符合社区成员职业发展和职业转换的现实需求。社区教育开展形式多样的职业培训及实用技术培训,能够进一步提升社区成员的劳动生产率,必将有力地推动社区经济的可持续发展。

其次,社区教育机构可以直接参与社区经济发展规划。社区教育机构充分利用自身的资源优势,直接参与社区经济发展规划,为社区经济发展出谋划策,为社区经济转型升级提供智力支持,是社区教育直接服务社区经济的又一重要途径。

最后,社区教育专家通过积极开展社区经济调查研究,为社区经济发展提供咨询和科技服务。社区教育专家是社区发展的"智囊团",在社区经济和社会发展中发挥着不可替代的作用。社区教育专家可以通过开展调研、提供咨询和科技服务等方式直接为社区经济发展做出贡献。

2. 社区教育的间接经济功能

从根本上讲,社区教育的经济功能主要是通过培养人这个中介来实现的,即社区教育在社区经济发展过程中主要发挥间接作用和功能。一般而言,社区教育可以通过为社区培养潜在劳动力,营造良好的社区经济发展环境及丰富社区成员的闲暇生活等方式,间接服务于社区经济发展。

首先,社区教育可以提高社区成员的科学文化素养,为社区经济发展培养潜在的劳动生产力。潜在劳动力培养是社区教育服务于社区经济发展的重要的间接功能之一。从学前教育到高等教育,从普通教育到职业教育和成人教育,从正规教育到非正规教育,丰富多彩的社区教育可以充分满足社区成员的求知欲望,提高其科学文化素养,为社区经济发展储备大量高素质的潜在人力资源。一旦这些潜在人力资源进入社区经济发展队伍,将会充分发挥巨大的社会潜能,推动社区经济持续发展。

其次,社区教育可以提高社区成员的人文修养,为社区经济发展创建良好的人文环境。良好的人文环境在吸引企业投资、促进社区经济发展中的作用越来越重要。毫无疑问,社区教育在这方面大有作为。重视人文教育,可以提高社区成员的人文修养,改善社区的文化氛围。

最后,社区教育可以丰富社区成员的闲暇生活,以便使其更好地投入社区经济发展之中。社区教育可以通过开展闲暇教育,使社区成员在轻松愉快的氛围中充实地度过越来越多的闲暇时间,从而放松身心、调整心态、积蓄力量,以更为积极的精神面貌投入社区的经济发展之中。

二、社区教育与社区文化发展

文化是一个非常宽泛的概念,有广义和狭义之分。广义文化是指人类在社会历史发展过程中所创造的一切物质财富和精神财富的总和，通常包括物质文化、制度文化和精神文化三个层面。狭义文化是指社会的意识形态，以及与之相适应的制度和组织机构，包括宗教信仰、传统风俗、行为习惯、生活方式、道德情操、学术思想、文学艺术、科学技术及各种制度等。英国人类学家泰勒（Tylor）认为，文化是一个复杂的总体，包括知识、信仰、艺术、道德、法律、风俗，以及人类在社会里所得的一切能力和习惯[1]。社区文化是指社区内所形成的特定文化现象，包括社区成员的价值观、行为规范、生活方式、风俗习惯、历史传统、地方语言，以及各种文化设施及娱乐活动等。

文化与教育的关系密不可分，一方面，作为文化组成部分之一的教育，深受文化的影响和制约；另一方面，教育又具有文化保存、选择、传递、创造等功能。社区文化与社区教育之间也存在一种双向互动关系。社区教育处于一定的社区文化环境之中，特定的社区文化传统、文化背景及文化条件，必然会对社区教育的发展思路与价值取向产生重要影响。然而，社区教育并非完全消极被动，它对社区文化环境建设具有促进和推动作用。

（一）社区文化对社区教育发展的影响

作为社区教育发展的重要文化环境，社区文化起着影响、促进或阻碍社区教育发展的作用。社区文化主要通过社区文化传统、社区文化特色、社区生活方式、社区文化传媒等对社区教育发展产生影响。一般而言，社区文化对社区教育发展的影响主要表现在以下几个方面。

> **框5-4　社区文化与学校教育**
>
> 　　学校所处社区的文化也是形成学校文化的一种因素。社区文化包括物质文化、制度文化及心理文化。
> 　　学校的外在环境可以透过两种途径影响学校教育。第一是社区环境影响学生，从而影响学校文化；第二是社区环境直接影响学校教育设施，从而影响学生的成就与行为。学生是社区的组成分子，在入学前已长久居住于社区之中，入学之后仍有大部分时间居住于社区之中。其受社区影响所形成的价值及行为，会带

[1] "文化：中国与世界"编委会：《文化：中国与世界（第二辑）》，496页，北京，生活·读书·新知三联书店，1987。

入学校，影响学校文化的性质。……另一方面，学校本身为一种社区中的机构，其教育方针、内容、措施、方法等，均易受社区环境的影响。换言之，学生所接触的学校文化环境，除了受学生社会化经验的影响外，也直接受社区文化环境的影响。

——林清江：《教育社会学新论》，183 页，台中，五南图书出版股份有限公司，1981。

1. 社区文化传统、文化特色对社区教育发展的影响

社区文化传统是指社区在历史发展过程中积累沉淀下来的文化特质，包括一整套思想观念和价值规范。社区文化传统具有区域性、稳固性和延续性特征。社区文化特色是指一个社区显著区别于其他社区的独特的文化色彩和文化风格。社区文化特色是由社区所处的具体环境所决定的，因此，城市社区的文化特色不同于农村社区，发达社区的文化特色也有别于欠发达地区。

社区文化传统、文化特色对社区教育发展的影响主要表现在如下两个方面：一是社区文化传统和社区文化特色会对社区教育的目标、内容、方法、组织形式等产生直接影响；二是社区文化传统和社区文化特色会通过营造一种价值氛围，进而在教育理念、教育态度、教育追求、教育动机、教育成就等方面，潜移默化地对社区居民的个体教育意识与学习行为产生深远影响。

2. 社区生活方式对社区教育发展的影响

社区生活方式是指社区成员在一定的社会条件制约和价值观念引导下所形成的活动形式与行为特征。社区生活方式能够反映社区成员的情趣、爱好和价值取向，具有鲜明的时代性和区域性。社区生活方式一般包括物质资料消费方式、精神生活方式及闲暇生活方式等。根据基本性质和价值取向的不同，一般可以将其区分为：进步的生活方式与落后的生活方式、奋发型生活方式与颓废型生活方式、内向型生活方式与外向型生活方式、自立型生活方式与依附型生活方式等。

生活观念是生活方式的内在核心，生活行为则是生活方式的外在表现。生活观念表现为生存观念、发展观念、品位观念和公共观念等各个方面。不同社区的生活方式，尤其是不同生活观念，会对社区教育产生不同的影响。比如，生存观念影响社区职业教育发展，发展观念影响社区成员接受教育的动机与动力，品位观念影响社区教育的内容与层次，公共观念影响社区的教育性质与方向。再如，社区物质消

费方式影响社区教育投入与规模，精神生活方式影响社区教育的氛围与内容，闲暇生活方式影响社区教育的形式与品位等。

3. 社区文化传媒对社区教育发展的影响

社区文化传媒主要是指对社区文化生活产生影响的各种大众传播媒介。大众传播媒介简称大众传媒，是指信息传播过程中处于职业传播者和广大受众之间的媒介体，主要包括报纸、杂志、书籍、广播、电影、电视、互联网等。大众传播媒介的主要功能包括宣传功能、新闻传播功能、舆论监督功能、实用功能和文化积累功能等。大众传播媒介对信息的传播具有速度快、范围广、影响大等特点。

大众传播媒介正在越来越深刻地影响和改变着人们的思维方式和生活方式，对社区教育发展具有十分重要的影响。大众传播媒介的迅猛发展增强了社区文化传媒的教育影响力，丰富了社区教育的平台和载体，为社区教育的内容与模式更新提供了有力支撑。对于社区成员个人而言，以互联网为代表的现代传播媒介，既可以使其增广见闻、开阔眼界，又可以刺激他们的求知欲望，激发他们的创新意识，还可以培育他们的批判精神和自由精神。然而，以互联网为代表的现代传播媒介在给社区教育带来机遇的同时，也给社区教育带来了许多新的挑战。这些挑战主要表现为：过分追求直观和形象，导致思维的浅层化和碎片化；"低头族"现象蔓延，造成现实人际关系的冷漠与危机；大量不良信息的传播，容易弱化道德意识和道德判断力；网络游戏与交友聊天的泛滥，危害社区成员尤其是青少年的身心健康；等等。

如何抓住大众传媒发展带来的机遇并积极应对其挑战，是社区教育必须面对的新课题。开展社区教育，一方面必须善于利用包括互联网在内的现代社区文化传媒，不断更新社区教育的形式、内容和方式方法；另一方面必须善于引导社区成员学会识别和选择各种传媒信息，以便充分发挥大众传媒的育人功能，促进社区成员的身心健康发展。

（二）社区教育的文化发展功能

社区教育的文化发展功能主要表现为：提升社区文化品位，形成社区文化特色；帮助和引导社区居民养成文明的生活方式；强化社区文化认同，增强社区归属感；促进学习型社区的文化建设等方面。

1. 提升社区文化品位，形成社区文化特色

首先，社区教育能够将社区文化传统作为其重要的教育资源，依托社区文化传统的传承和创新，不断提升社区居民的文化品位。毋庸讳言，社区文化传统中既有

积极的、优秀的成分，也有消极的、落后的成分。社区教育在将社区文化传统视为重要教育资源的同时，必须具备高度的社区文化自觉性，全面理解和把握社区文化，准确甄别和区分社区文化中的精华和糟粕。社区教育只有坚持继承和传递优秀的社区文化传统，不断更新和消除不符合时代要求的文化心理因素，才能真正发挥其优化社区居民的文化心理结构、提升社区居民的文化品位、促进社区文化发展的重要功能。

其次，社区教育能够提高社区的文化自觉性和创新力，弘扬优秀社区传统文化，形成体现现代社区发展趋势的社区文化特色。社区教育逐渐从社区的边缘走向社区的中心，是城市作为区域文化中心、发挥文化功能的一个有机组成部分。在这种背景下，社区教育扮演着一个发展社区文化、形成社区文化特色的重要角色。由于社区文化发展存在较大的不平衡性，因此，在发挥社区教育的文化创新功能、推进社区文化特色建设的过程中，应该充分认识和把握区域文化发展的不平衡性，始终坚持因地制宜、因地施教的原则，充分体现社区文化的独特性和多样性，反对简单化和一刀切。

2. 帮助和引导社区居民养成文明的生活方式

帮助和引导社区居民养成文明的生活方式，既是社区教育的一项重要任务，也是社区教育的一项重要文化功能。社区教育主要通过向全体社区成员普及文化科学知识、加强思想品德教育、倡导社区公共精神、强化规则意识等途径，不断变革社区成员的生活观念，进而促进其在物质消费、精神生活、闲暇生活等方面养成文明健康的生活方式。

第一，社区教育可以帮助社区成员学习科学知识和科学方法，培育科学思想与科学精神，树立艰苦创业和勤奋工作的良好生活方式，反对封建迷信和好逸恶劳等不良生活态度。第二，社区教育可以通过加强思想道德教育，引导社区成员具备良好的社会公德、职业道德和家庭美德，使其在社会交往和公共生活、职业活动及家庭生活诸方面都能展现出良好的精神风貌和行为方式。第三，社区教育可以培养社区成员的公共意识和公共精神，维护社区的公共利益。第四，社区教育可以通过说服教育、榜样示范、情境陶冶等途径和方法，引导社区成员形成规则意识，自觉遵守社区公共秩序。第五，家庭、学校、机关、企事业单位在社区生活方式教育方面各有侧重，各有特点，相互衔接，密不可分。社区教育必须把家庭、学校和单位紧密结合起来，相互配合，相互促进，共同推动社区生活方式文明程度的提升。

3. 强化社区文化认同，增强社区归属感

社区文化认同与社区归属感既密切相关，又有所区别。社区文化认同是指社区成员在长期社区共同生活中所形成的对于所属社区文化的归属感与肯定性体认。社区文化认同的核心是社区成员对所属社区的基本价值的认同。社区文化认同是凝聚社区成员的精神纽带，是社区延续的精神基础。社区归属感是指社区成员感觉自己是社区的重要一员，被社区认可和接纳，与社区融为一体时所产生的一种尊重、安全、舒适的情感感受。强烈的社区归属感是社区发展的重要条件。

社区教育的深入开展有助于强化社区居民的文化认同，增强其社区归属感。首先，社区教育可以帮助社区居民认知社区文化，强化社区文化认同。社区文化认同不是自然形成的，而是长期教育培养的结果。社区教育可以通过各种形式充分展示社区文化的优秀传统和鲜明特色，深入阐释社区文化的精神实质，实现社区居民的文化社会化，使其充分认知和高度认同社区文化。其次，社区教育可以增强社区成员的社区归属感。强烈的归属感既是社区文化建设的重要结果，也是社区文化建设的重要条件和巨大动力。社区教育可以通过培养社区居民的参与意识、参与态度和参与能力，使每位社区居民都能在社区中找到适合自己的角色。在社区生活中，不同社区角色之间的思想和行为交互作用，逐步培养起社区居民的社区意识和社区归属感。

4. 促进学习型社区的文化建设

学习型社区是社区教育的目标追求，促进学习型社区的文化建设是社区教育的重要功能。学习型社区是指以社区终身教育体系为基础，以满足社区成员的多样性个性化学习需要、培养社区居民终身学习能力为目标，通过激发和提高全体社区居民的潜能，促进社区成员及社区全面可持续发展的一种充满生机的、参与式的、极具文化与经济活力的新型社区。

学习型社区建设是一个复杂的系统工程，社区教育在其中占据基础地位，发挥关键作用。社区教育是建设学习型社区的基础力量，是社区可持续发展的重要动力，为学习型社区建设提供智力支持和人才保障。

一方面，社区教育面向社区、融入社区、服务社区，有效促进学习型社区的文化建设。在充分认识社区文化传统和文化特色、社区生活方式及社区文化传媒的现实状况，以及充分了解社区居民的文化需求和发展需要的基础上，社区教育可以通过不断改革教育形式和方法，与社区其他工作相互配合，融通各种社区文化资源等

方式，满足社区居民文化学习的多样性和个性化需求，服务于学习型社区的文化建设。

另一方面，社区教育从社区边缘走向社区中心，拥有引领社区文化发展的独特优势，有力推进学习型社区的文化建设。学习型社区建设的关键在于培养具有终身学习意识与能力的社区居民，而社区教育正是实现目标的途径。社区教育可以通过培养社区居民树立自我超越意识、改善社区居民的心智模式、建立社区发展的共同愿景、开展社区团队学习、注重系统思考等方式，提升社区成员的整体文化素质，从根本上提高社区的文化水平，为学习型社区建设提供教育文化支撑。

三、学校与社区发展

学校与社区发展之间是一种双向互动关系。学校必须依托社区发展，学校在促进社区发展中扮演重要角色。

学校与社区之间的联系和交流大致经历了如下发展历程。传统的学校对社区封闭，与社区隔离。直到 20 世纪 20 年代美国进步主义教育运动"学校是社会的雏形"观念的提出，才逐渐打破了学校与社区之间的藩篱。20 世纪 30 年代，以整个社区为服务对象的社区学校开始出现。在学校与社区交流形式方面，20 世纪 30 年代以前，主要是学校向社区开放，如学校运用宣传媒介，使社区居民了解学校的工作等。20 世纪 30 年代，出现了学校公共关系、沟通等重要概念，强调学校与社区双方对彼此的状况、目的、价值及需要等应有清楚的认识，建立了学校与社区双向沟通系统的基本架构。整体上看，学校与社区之间的关系发展，由消极趋于积极，由单向趋于双向，由宣传趋于服务。[①]

（一）学校参与社区发展

学校是社区教育的重要组成部分，是社区教育中一支不可或缺的力量。学校为社区所有、所治、所享，学校的广泛参与对社区发展具有重要意义。

首先，学校要与社区沟通。学校应该积极通过各种形式与社区进行沟通，相互了解，相互支持，建立密切的关系。学校与社区的沟通，可以使学校更好地了解社区发展，关心社区发展，服务社区发展。其次，学校要向社区开放。学校的设施、设备、场地等应向社区开放，为全体社区居民所共享。学校还可以通过各种途径和

---

① 厉以贤：《社区教育的推行》，载《教育研究》，1999(11)。

各种机会,使社区更好地了解学校,以便为双方的交流与合作创造条件。再次,学校要为社区服务。学校在课程计划中应适当渗透社区要求,帮助学生了解和认同社区文化,培养学生的社区归属感和自豪感。学校是社区的文化中心和生活中心,学校可以举办各种文化活动和培训工作,向社区居民传播文化知识和科学技术,提高社区居民的文化水准、科学素养和职业能力。最后,学校要参与社区发展。学校可以协助社区清除社区环境中的不良因素,改善社区环境。学校也可以与社区内的其他机构密切合作,共同建设和发展社区。学校还可以以适当形式参与社区规划,以及完成社区所要求的学校力所能及的一些其他社区工作。

(二)社区参与学校教育

社区是学校的所在地,学校教育就发生在社区之中。社区既是学生生活的场所,也是学校教育教学活动开展的场所。社区为学校教育的开展提供了社会环境、物质条件、文化氛围和价值基础,对学校教育的影响无时不有,无处不在。

社区的主动参与对于学校教育的发展至关重要。首先,社区可以参与学校的发展规划,把学校的发展和社区发展紧密结合起来,协助学校解决各种问题,包括经费、场地等。其次,社区可以参与学校与社区密切相关的各种重大教育决策和改革,把社区的诉求与学校教育的发展密切结合起来。再次,社区可以通过各种形式参与到学生的培养和教育过程之中,如在现场参观、见习实习、社会实践等方面给学校提供帮助。最后,社区可以参与对学校教育过程及成效的监督和评价。[①]

四、学校—家庭—社区联结体的建构:理论与实践

学校、家庭和社区伙伴关系建构已经成为学校教育改革的一项重要议程,良好的学校—家庭—社区联结体无论是对学生成长、教师发展,还是对家庭、学校、社区发展都具有十分重要的意义。有关学校、家庭和社区伙伴关系的研究和实践已经取得了很大的进展,但仍有许多理论和现实问题需要进一步关注和研究。

(一)学校、家庭和社区:由隔离到联结

20世纪50年代以来,社会学界对于学校、家庭和社区的关注重点发生了显著变化。最初,人们普遍把家庭、学校和社区看作相互隔离的环境或相互竞争的对手,很少有人提出三者是否可以相互协作或者如何相互协作的问题。不可否认,学校、

———————————

① 厉以贤:《社区教育、社区发展、教育体制改革》,载《教育研究》,1994(1)。

家庭和社区对儿童的影响是同时发生的，但在理论研究、政策和实际做法上这三者之间的联系却经常被忽视。① 当时的研究者大都专注于其中之一的研究而不及其余。研究学校教育的社会学家很少考虑学校教育如何影响学生在家庭和社区中的表现，以及家庭和社区如何影响学校教育等。同样，研究家庭教育的社会学家也很少考虑家庭生活如何影响儿童在学校和社区中的表现，以及学校和社区如何影响家庭教育等。

以美国为例，20世纪60年代，家长在参与子女教育方面变得非常积极，父母不再愿意像以前那样把孩子交给学校后就撒手不管，完全听任校方对学校教育做出各种决定。到了20世纪70年代，研究者的注意转移到对弱势学校和处境不利的学生的帮扶上面。这一时期，家长的参与成为众多旨在改善子女教育、提高学业成就的重要因素之一。同时，社区参与也开始成为这一时期学校教育改革的重要内容。

20世纪80年代，家校交流方式由家长的单向参与转变为学校与家庭的双向合作。同时，社区在提高家庭生活质量、改善学校教育方面的功能和作用受到更大的关注。80年代中期，人们认识到改善所有学校成为当务之急。学校教育中，学生的职业技能和素质开始受到重视。家庭所面临的各种社会和经济问题开始受到关注，社区扶助项目不断增加。现在，社会学家普遍认识到，只有不断调整、联结学校、家庭和社区的相关政策和具体实践，建立起学校、家庭和社区之间的友好合作关系，才能真正从根本上提高学校教育的质量。

（二）学校—家庭—社区联结：已有成果

美国教育社会学家爱泼斯坦（Epstein）的重叠影响理论（theory of overlapping spheres of influence）以及其他研究者的工作，对于深入开展学校—家庭—社区联结的理论研究与具体实践产生了深远的影响。

重叠影响理论认为，家庭、学校、社区三种不同背景对儿童的成长产生了重叠影响。在儿童的学习和成长过程中，最成功的学校—家庭—社区联结拥有着共同的愿景和目标，承担着共同的任务和责任。责任共担与重叠影响是重叠影响理论的两个核心概念。责任共担与重叠影响意味着家庭、学校和社区每一方都不能独自筹划和承担儿童的教育和成长问题。学校每年都会组织各种活动，创造各种条件，向所有家庭宣传、咨询，协助家长了解和参与儿童的教育。社区和家长经常参与学校教

---

① ［美］莫琳·T.哈里楠：《教育社会学手册》，372页，上海，华东师范大学出版社，2004。

育和管理，与学校教育者共同制定更为协调一致的教育目标，监督学校教育过程，促使学校教育更好地完成教育任务。

重叠影响理论改变了人们关于家庭、学校和社区对儿童成长的影响方式的理解。先前的理论认为，家庭、学校和社区严格按照先后顺序分别对儿童的成长发挥影响作用：家庭影响主要在婴幼儿及学龄低年级阶段，然后是学校影响阶段，最后是社区影响阶段。重叠影响理论及最近的综合研究表明，婴幼儿的成长同时受到家庭、邻里、社区、学校等多种背景的影响，稍大一些的儿童也同时受到来自家庭、学校、伙伴和社区的影响，而并非像先前认为的那样严格遵循"先家庭，后学校，再社区"的先后顺序。

来自美国、智利、塞浦路斯和澳大利亚的关于学校—家庭—社区联结体的研究，证实了以下四个方面的重要发现。[①]

第一，教师、家长彼此几乎不了解对方对于儿童上学所抱有的兴趣。大多数教师不了解家长的目标及其对儿童的期望水平，不知道学生的家庭教育情况，不清楚家长参与学校教育或者与学校教育有效沟通的意愿，以及家长所需要的信息和希望采取的方式等。同样，大多数家长不了解子女所在学校的课程设置、教育过程、教改内容，以及教师对自己孩子的态度、期待和要求等。

第二，在家校伙伴关系建设过程中，学校的态度和做法会对家长的参与产生影响。没有受过正规教育、收入较低的家庭只有在校方实施家校伙伴关系项目、积极营造家庭参与的条件的情况下才会参与其中。相比之下，受过正规教育、收入较高的家庭则更加愿意参与子女教育，乐于与学校结成家校合作伙伴关系。此外，教师主动走访家庭对于家长参与家校合作也会产生重要影响。研究发现，教师走访在很大程度上决定了家庭是否参与子女的教育、哪些家长参与以及如何参与等。需要强调的是，家庭参与对于儿童学业成就、学习进步及进步快慢等方面的影响与家庭背景变量同样重要，甚至更为重要。

第三，与其他教师相比，主动协助家长参与家校合作的教师，以及经常邀请家长参与儿童教育的教师往往更倾向于积极评价学生家长。相反，那些不主动走访学生家庭的教师往往对单亲家庭的父母或低收入家庭的父母抱有一定程度的偏见，认为他/她们对子女的教育帮助不及其他家庭背景的父母。有趣的是，家长和校长也往

① ［美］莫琳·T.哈里楠：《教育社会学手册》，375～378页，上海，华东师范大学出版社，2004。

往会给那些主动走访家庭的教师以较高的评价。

第四，不同的参与类型产生不同的教育效果。重叠影响理论提出了六种主要参与类型的框架模式。①养育型：帮助所有家庭认识儿童成长规律，并建立起有助于儿童学校学习的家庭环境；②交流型：针对学校教育与儿童学业成就进行设计，并开展有效交流；③志愿服务型：为学校教育及其活动组织募集资金，并争取道义支持；④家庭辅导型：提供各种信息和建议，帮助家长更好地辅导儿童完成家庭作业或组织其他与学业有关的活动；⑤共同决议型：家长代表及全体家庭共同参与教育决策；⑥社区合作型：在社区范围内确定并整合资源与服务，以支持和强化学校、儿童和家庭之间的联结。相关研究证实，家庭与社区的参与最直接的效果与类型选择、设计及具体实施密切相关，不同的类型选择、设计和具体实施，会对学校、教师及家庭、学生产生不同的效果。

> **框 5-5　家庭—学校—社区联结的大趋势**
>
> 　　认识到家庭—学校—社区的联结对于理解教育工作的组织与改进、家庭及社区对孩子们的影响，以及学生自身的学业进步、健康成长或棘手的问题都是至关重要的。有关家庭—学校—社区伙伴关系的跨学科、跨国界研究增加了我们对孩子们赖以学习和成长的主要环境联结本质与效应的了解。美国及其他国家的研究结果证实了几种大的趋势。
>
> 　　第一，富有远见的联邦、州、区政府及学校领导都可以通过制定相关政策，辅助学校与家庭和社区建立强有力的、反应及时的联结机制，从而改善教育。第二，学校有了好的联结机制，包括上述六种类型（养育型、交流型、志愿服务型、家庭辅导型、共同决议型、社区合作型）的参与，就会有更多的家长加入进来。第三，一旦教师经常召集全体学生家长参与其子女的教育而且看到校长和同事都支持家庭参与，他们就会变得更加积极。第四，对于促进学生的社会及智力发展，所有社区都具备可资利用的资源。第五，家庭与社区积极有效地参与，学生也会变得更积极，成就和表现都会得到改善。
>
> 　　——［美］莫琳·T. 哈里楠：《教育社会学手册》，389～390 页，上海，华东师范大学出版社，2004。

（三）学校—家庭—社区联结：发展趋势

20 世纪 50 年代以来，关于学校—家庭—社区联结的理论研究和具体实践越来深入具体、全面细致，逐渐呈现出如下一些明显趋势。第一，研究重点从学前过渡到小学、初中和高中，从家长的单向参与转变为学校、家庭和社区的联合行动；第二，研究范围从地区级的小样本发展到国家级的大样本，涉及城市、农村、郊区等不同种族与文化背景的学生和家庭，跨国研究逐渐增多；第三，研究方法从单一学科方法转变为跨学科方法的综合运用，包括调查报告、案例研究、实验和准实验设计、纵向数据收集、实地试验、项目评估及政策分析等。

为了更好建设和发展学校—家庭—社区联结体，未来研究和实践需要解决的四个主要课题：过渡对合作关系的影响；社区伙伴关系建构；合作伙伴关系中的学生角色定位；学校—家庭—社区联结的效果优化。[①]

1. 过渡对合作关系的影响

正常过渡和意外过渡都会对学校—家庭—社区联结的性质和程度产生影响。正常过渡是指正常的学校教育制度设计所产生的各种过渡现象，包括从学前到小学、小学到初中、初中到高中、高中到大学的过渡，寒暑假与正常学期之间的过渡等。意外过渡是指由于意料之外的事件导致的被动过渡，包括由家庭搬迁、学校停办、学区规划、学生休学及其他影响学校教育正常开展的意外事件导致的过渡现象。在学校—家庭—社区联结体的研究和实践过程中，有必要对这些正常过渡和意外过渡及其影响给予足够的重视。

为了更好实现正常过渡，帮助儿童与家庭顺利发展到新的教育阶段，学校—家庭—社区联结体的相关研究和实践应制订周密的计划，以便达成下列目标：明确家庭在儿童发展的不同阶段所要承担的责任；使家庭在不同的教育阶段都能够积极参与儿童教育；使家庭了解儿童在新的学校、新的年级/班级所需面对的新情况和新问题；明确学校—家庭—社区伙伴关系在升级过渡中对儿童、家长、教师和学校所发挥的作用和影响；帮助儿童和家庭优化寒暑假过渡期间的活动设计和组织实施；帮助儿童和家庭顺利实现从学前到小学、小学到初中、初中到高中、高中到大学的正常升级过渡。

教育过程中的家庭搬迁、学区规划、学校停办及学生休学等意外过渡事件，都会给学校—家庭—社区联结体造成一定的影响。为了帮助学生和家庭顺利实现意外过渡，针对意外过渡的研究与相关实践应关注以下几点：优化学校—家庭—社区联

---

① ［美］莫琳·T. 哈里楠：《教育社会学手册》，378～393 页，上海，华东师范大学出版社，2004。

结体的组织方式，降低意外事件对学生出勤率、学业成就和行为表现所造成的负面影响；采取相应措施迎接新同学及其家庭，使他们了解学校的教育方针，并争取家长参与学校教育；开展学校—家庭—社区伙伴活动，降低因家庭搬迁与试图融入新社区所带来的压力等。

2. 社区伙伴关系建构

学校、家庭和学生是社区的有机组成部分，社区是影响学校教育和家庭发展的一个重要因素。为了使学校、家庭与其他社区成员形成教育合力，共同帮助学生健康成长，学校和家庭必须与社区建立起良好的合作伙伴关系。建构良好的社区伙伴关系需要解决的关键性问题包括学校如何挖掘和利用全部社区资源帮助学生成长，争取家长参与，改进学校教育；社区如何强化其教育功能，如何进一步优化信息交流机制，以便使学校成为一个统一性与多样性共存的文化共同体。

具体而言，良好社区伙伴关系建构所面临的理论和实践课题包括进一步发挥现有社区资源在辅助学生、家庭和学校中的作用；识别和挖掘家庭和社区中所蕴藏的大量尚未得到开发的知识潜能、人力资本和社会资本；组织社区中的成年人辅导学生学习，开展辅导策略的交流与培训工作；主动吸纳社区组织参与社区儿童教育；帮助年轻父母提高儿童保育、养育方面的技能；整合政府机构与社区组织在扶助家庭、提供卫生保健、娱乐和培训等方面的服务，共同帮助学生在学校教育中取得成功；帮助学校将来自不同家庭背景的学生整合到学校共同体之中；使学校更好地了解和应对不同背景、不同文化家庭的目标追求，以便更好地帮助学生成长；使学校更加有效地帮助家庭与社区的其他成员建立联系；增强社区归属感，帮助学校、家庭和社区在学业成就及关怀行为方面建立起共享的价值观念；明确社区参与在学校决策和社区管理过程中的作用等。①

3. 合作伙伴关系中的学生角色定位

学生是重叠影响理论的关注中心，教师、家长和学生交流的主要目的就是帮助学生在学校生活中取得成功。然而，学生却经常被排除在家庭与学校的沟通之外，感觉不到自己是在主动地接受教育，从而难以发挥在学校—家庭—社区联结体中的应有作用。事实上，学生要为自身的教育和发展负责。良好的教育应该是赋权性的，应该逐步使学生感受到自身的力量。研究发现，随着学生的年龄增长，学校和家庭

① Maureen T. Hallinan. *Handbook of the Sociology of Education*，New York，Kluwer Academic/Plenum Publishers，2000，pp. 291-294.

逐步给予其适当的自主权，不仅可以增强其独立性，而且会带来其他教育效果。因此，有必要进一步研究学生在学校—家庭—社区伙伴关系中的角色和职责，充分调动学生的积极性，发挥其应有的作用和影响。

明确学校—家庭—社区合作伙伴关系中的学生角色，应关注如下几个方面的问题：明确不同年级阶段的学生在指导与支持、制度与规则、独立与自我管理等方面的需求差异；以适当形式吸纳学生参加教师—家长交流会和校务会；创设各种条件，使家长更多地了解和参与学生的教育及课外活动，指导学生的家庭作业，与学生交流有关课业和教育决定等方面的事情；改进学校教育活动，使学生在各个年级阶段都能获得一定的独立性和自主权；改进学校—家庭—社区合作伙伴关系中的活动设计，确保学生能够积极参与等。

4. 学校—家庭—社区联结的效果优化

相关研究和实践表明，并非所有的学校—家庭—社区联结都能够给学生、家长、教师或学校带来好的结果。尽管家庭或社区参与对学生、家长、教师和学校的正面影响备受人们的关注，但是，也有许多研究发现，某些形式的参与却与学生的学业成就、行为举止及家长的态度呈负相关。比如，包括打电话、开家长会在内的家庭—学校交流次数，以及帮助子女完成家庭作业的记录数量与学生的学业成就和行为举止呈负相关；接到更多电话或更多参加家长—教师交流会的家长，往往更容易对学校教育质量表示不满。这些都表明，学校—家庭—社区联结如果不能选择恰当的类型和方式，不能很好地设计和开展相关活动，就可能难以达到预期的教育效果，甚至还会加剧学生学业和行为方面的问题，恶化家长对学校教育的态度和看法。

实施更为有效的伙伴关系计划，进一步优化学校—家庭—社区联结的教育效果，需要关注以下几个方面的课题：明确不同类型的伙伴关系对学生、家长和校方的态度、行为产生何种影响，并在此基础上，确定适合学校、家庭和社区条件和实际情况的参与模式；强化常规的面向所有家庭的正面交流，通过积极的电话联系、家长—教师—学生三方参加的交流会等形式，保持与所有家长进行积极的交流；改进旨在帮助某些学生解决问题的定向交流效果等。

此外，关于学校—家庭—社区联结的理论研究与具体实践，还需要进一步探讨的课题有：关于伙伴关系政策及其效果问题；关于父亲参与教育的性质和效果问题；关于伙伴关系课题能否或如何成为教育社会学、家庭社会学、社会学概论，甚至所有教育课程内容的问题；伙伴关系如何与课程改革、教学改革、教育评价改革等其他改革措施相互结合、相互促进的问题等。

第六章　教育与社会变迁

　　人类社会始终处于不断发展变化之中，社会学将社会结构发展变化的动态过程及其结果称为社会变迁。社会变迁是人类社会的普遍现象和永恒现象，社会变迁的表现多种多样，触发社会变迁的因素复杂繁多。教育与社会变迁的关系研究是教育社会学的重要研究领域。整体上看，教育与社会变迁之间是一种相互影响的复杂辩证关系。教育既是社会变迁的结果，又是社会变迁的必要条件和动因。教育既可能助推社会变迁，也可能抑制社会变迁。教育与社会变迁之间的关系是一种整体与部分或部分与部分之间的相互影响关系：一方面，教育具有影响和推动社会变迁的作用和功能；另一方面，教育自身又受制于作为其发展背景与外部环境的社会变迁状况。教育与社会变迁的相互影响关系，实质上是一种以社会发展规律为其深层联系基础的双向因果关系。教育对社会变迁的影响是一种间接影响，主要通过培养人这个中介环节来实现。

第一节　教育与社会变迁概述

　　社会变迁是指社会结构方面的重大变动，主要表现为态度和价值观的变迁、社会结构的变迁，以及人口的变迁等。环境、政治、经济、科技、文化等因素是持续影响社会变迁的主要因素。学界对社会变迁的成因、过程及方向等具有不同的理论观点，对教育与社会变迁的关系的认识也不尽相同。党的二十大报告要求，"以满腔热忱对待一切新生事物，不断拓展认识的广度和深度……以新的理论指导新的实践"。新时代探讨教育与社会变迁的关系，必须坚持守正创新，坚持马克思主义的基本原理，坚持系统观念，增强问题意识，善于通过历史看现实、透过现象看本质，把握好教育与社会变迁之间的辩证关系。

一、社会变迁的概念

社会变迁(social change)是指由社会生产力与生产关系的矛盾运动所引起的社会结构方面的变动。[①] 社会变迁是一个社会事实，是一个描述社会变化的中性概念。需要强调的是，社会变迁特指具有一定规模的、稳定的社会结构方面的变动，并不包括诸如一时的潮流或时尚之类的社会变化。

(一)社会变迁的表现

一般而言，社会变迁意味着社会结构方面的重大变动，主要表现为态度和价值观的变迁、社会结构的变迁、人口的变迁等方面。

1. 态度和价值观的变迁

态度和价值观的变迁是指人们对周围事物的评价和行为取向方面的变化。观念是行动的先导，人们的社会活动都是在一定的价值观念指导下发生的。态度和价值观的变迁是一种深层次的社会变迁，是整个社会变迁的基本方面。人们的态度和价值观变化往往会引发其他社会变迁，成为整个社会变迁的先声。正是在这个意义上，孔德甚至把人类社会的本质说成是从一种观念体系向另一种观念体系的进步[②]。

2. 社会结构的变迁

社会结构的变迁是指职业结构、社会组织结构和体系等方面的变化。相对于态度和价值观的变迁而言，社会结构的变迁更为具体和直观。新的态度和价值观念的影响主要依赖于社会结构，并且通过社会结构表现出来。透过职业结构、社会组织结构和体系方面的变化，我们可以窥见人们在社会态度和价值观方面的变化。

3. 人口的变迁

人口的变迁是指人口规模、质量、结构、分布等方面的变化。人口是社会变迁

---

① 李剑华、范定九：《社会学简明辞典》，224页，兰州，甘肃人民出版社，1984。
② [美]刘易斯·科塞：《社会学导论》，592页，天津，南开大学出版社，1990。

的基本前提，人口变迁是一种最明显、最普遍的社会变迁。

（二）社会变迁的影响因素

社会变迁的影响因素极其复杂，有时一些意外的自然灾害或历史事件也会严重影响社会的发展变化。但是，持续影响社会变迁的主要因素不外乎物质环境、经济因素、政治因素、文化因素等方面。

1. 物质环境

物质环境是影响人类社会变迁的基本因素。在社会发展的不同阶段，物质环境对于社会变迁的影响作用有所不同。当社会发展水平较低时，地理环境、气候和自然资源是影响社会变迁的主要因素，其影响作用主要是依其自身发展规律自然而然地发生的。

2. 经济因素

现代社会，经济发展是推动社会变迁的重要因素。建立在现代科技基础上的现代经济，不仅推动了巨大的经济变迁，催生了一大批新兴的社会职业，促进了社会结构的巨大变迁，还深刻地改变了人们的观念、习惯和信仰，促进了态度和价值观念的巨大变迁。

3. 政治因素

各种政治力量的存在极大地影响着社会的发展进程，成为影响社会变迁的一个重要因素。在过去的两三个世纪里，国家间以武力扩张权力、扩充财富以及扩大胜利的斗争，一直是充满活力的变革源泉[①]。无论形式上还是实质上，政治决策都比以前更多地推动和指引着社会变革。军事力量和战争对于社会变迁一直都发挥着重要作用，极大地影响着社会结构、人口结构，以及态度和价值观念等方面的社会变迁。

4. 文化因素

包括宗教在内的各种文化因素，是影响社会变迁的又一重要因素。宗教既可能阻碍社会变迁，也可能推动社会变迁。在影响社会变迁的诸多文化因素中，科学的思想、民主的思想及自我完善的思想等，在现代社会变迁中的作用不断凸显，推动人们在追求进步的过程中不断更新社会生产生活方式，促进社会的政治经济变革。

---

① ［英］安东尼·吉登斯：《社会学》第 4 版，57 页，北京，北京大学出版社，2003。

二、社会变迁的类型

社会变迁的形式多样，类型复杂。根据不同分类标准，可以将其划分为不同类型。需要指出的是，依照同一标准划分的各社会变迁类型之间的界限是相对的，而依照不同标准划分的各社会变迁类型之间则可能存在一定的交叉或相容性。

（一）整体的社会变迁与局部的社会变迁

根据社会变迁的规模，社会变迁可分为整体的社会变迁与局部的社会变迁。整体的社会变迁是指整个社会结构体系的变迁，如社会形态的更替等。局部的社会变迁是指社会各构成要素的变迁，如经济体制、教育体制、家庭模式的变化等。整体社会变迁是局部社会变迁发生的背景，对局部社会变迁的发生发展具有制约和影响作用。局部社会变迁既可能超前于整体社会变迁，也可能滞后于整体社会变迁；既可能促进整体社会变迁，也可能阻碍整体社会变迁。

（二）进步的社会变迁与倒退的社会变迁

根据社会变迁的性质和方向，社会变迁可分为进步的社会变迁与倒退的社会变迁。进步的社会变迁是指符合人类社会的发展规律，促进社会良性运行和协调发展的社会变迁。倒退的社会变迁是指违背人类社会的发展规律，破坏社会良性运行和协调发展的社会变迁。在现实社会变迁过程中，进步和倒退两个方向上的社会变迁往往是同时存在、同时进行的。[1] 在整体进步的社会变迁中可能包含着局部倒退的社会变迁，从目前看可能是进步的社会变迁，从长远看也许是倒退的。

（三）激进的社会变迁与渐进的社会变迁

根据社会变迁的剧烈程度，社会变迁可分为激进的(革命式的)社会变迁与渐进的(改革式的)社会变迁。激进的社会变迁是指一种迅猛的、剧烈的、飞跃式的、根本性的重大社会变迁，如社会的意识形态、政治经济制度等方面的剧变。渐进的社会变迁是指一种缓慢的、温和的、有序的、持久性的社会变迁。渐进性的社会变迁一般是通过局部变迁的积累，经过由量变到质变的长期持续过程而实现的社会变迁。一般而言，有计划的社会改革容易形成一种渐进式的社会变迁。

（四）自发的社会变迁与有计划的社会变迁

根据人类对社会变迁的参与和控制程度，社会变迁可分为自发的社会变迁与有计划的社会变迁。自发的社会变迁是指缺乏人类有效参与的，或者人类对其难以控

---

[1]　郑杭生：《社会学概论新修》第3版，322页，北京，中国人民大学出版社，2003。

制的社会变迁。自发的社会变迁多发生在人类社会发展程度较低、认识能力和认识工具水平也较低的时期。对于人类而言，自发的社会变迁在很大程度上是盲目的和异己的。有计划的社会变迁是指人类有意识、有目的、有计划地参与和控制的社会变迁。随着认识能力和科技水平的提高，人类越来越试图按照自己所希望的方向促进社会变迁。

三、社会变迁理论

社会变迁理论是社会学家关于社会变迁的一整套相对独立和完整的概念和话语体系，其主旨是解释社会变迁的成因、过程及方向等问题。关于社会变迁的理论主要包括社会文化进化论（sociol cultural evolutionary theory）、循环论（cyclical theory）、功能论（functionalism）和冲突论（conflict theory）等。[1]

（一）社会文化进化论

社会文化进化论是最古老、影响最广泛的社会变迁理论，主要代表人物有伦斯基（lenski）和帕森斯等。早期的社会文化进化论认为所有的社会变迁都呈一种线性发展模式，随着时间的推移，社会将逐渐由简单的形式向复杂的形式转变。因此，社会文化进化论又被称为单线进化论（unilinear evolution）。

由于不断受到各方的质疑和批评，20世纪以后，这种单线进化论"进化"修正为多线进化论。当代社会文化进化论者认为，社会变迁是多线的，尽管总体变迁趋势还是由简单到复杂，但不同的社会可能具有不同的变迁方向。他们认为，技术发展、群体、组织和社会设置的进一步专门化（即社会分化），以及社会构成要素的功能性相互依赖，提高了人类对社会环境的控制能力，在一定程度上有利于社会的进化。

（二）循环论

与社会文化进化论不同，循环论认为，社会变迁的趋势并非像社会文化进化论者所描述的那样朝着一个既定的方向进化，相反，社会和文化都呈现一种无方向性的、持续的成长和衰落、挑战和反应的变化模式。先后共有三种重要的循环理论曾经极大地影响了人们对于社会变迁的认识。

德国历史学家斯宾格勒（Spengler）在其名著《西方的衰落》中认为，社会像一个活的有机体，每个社会都像其他有机体一样经历出生、迅速成长的童年期、黄金时代

---

① ［美］波普诺：《社会学》第10版，624~628页，北京，中国人民大学出版社，1999。

的成熟期、漫长缓慢的衰退期及较为快速的瓦解期，最终走向死亡。在他看来，西方文明正处于社会发展的衰退期，这一趋势不可避免，而人类社会的变迁正是表现为这样一个周而复始的循环过程。

英国历史学家汤因比(Toynbee)在其名著《历史研究》中也同样认为，社会是循环发展的，所不同的是，他认为这种循环是可以重复多次的。汤因比认为，每一个社会循环都是以某种挑战开始的，每一个挑战都会得到一个反应。如果应对这一挑战的反应成功了，社会就能够生存下来并继续应对下一个挑战；否则，社会就将难以维系，并最终崩溃。汤因比对未来保持乐观态度，认为这种周而复始的"挑战—反应"模式的循环将推动社会产生良性的社会变迁。

俄裔美国社会学家索罗金(Sorokin)在其名著《社会和文化动力学》中认为，人类社会存在两种基本的文化形态：一种是感官文化(sensate culture)，另一种是观念文化(ideational culture)。以科学为关键设置的感官文化，其艺术是形象化的，其哲学基础是能够被经验性地学习或领悟的思想，其本质是为了满足感官的需要。以宗教为关键设置的观念文化，其艺术是抽象的，其哲学基础是非经验性或超越性的，其本质是为了满足信仰的需要。索罗金认为，所有社会变迁都表现为一种感官文化和观念文化之间的循环往复。

(三)功能论

以帕森斯为代表的功能论者认为，社会是一个各部分之间相互依存的均衡体系，社会的每一部分都为社会整体的维系发挥其应有的功能。社会各部分之间的平衡状态，维持着整个社会体系的相对稳定。稳定和均衡是社会体系的常态，但是由于来自体系外部或内部(主要是外部)的环境压力，使得体系各要素之间产生一定的张力和紧张关系，导致社会处于暂时的失衡状态，社会变迁也就发生了。帕森斯认为，社会体系是由各个相互依存的部分组成的，每一部分的变化必然引起其他部分的变化，甚至可以导致整个社会体系的改变，产生整体性的社会变迁。但是，社会体系的各个部分可以适应这种变化，并最终达成新的社会均衡状态。

虽然功能论者承认社会变迁可以产生于社会体系内部的张力和紧张关系，却认为外部环境是社会变迁的主要源泉。他们过分强调了外部环境对于社会变迁的作用，而对于社会体系内部产生的变迁及其成因分析不够。

(四)冲突论

与功能论者不同，冲突论者认为冲突与矛盾是社会的常态，社会中的每一个要素对社会的分解和变迁都发挥着作用，社会因此处于不断的变迁之中。其主要代表人物包括马克思、达伦多夫、科塞等。

与马克思主要关注由经济因素决定的阶级冲突和斗争不同，达伦多夫将冲突的作用领域扩展到了民族和种族群体、政党及宗教群体等。在他看来，所有社会都建立在一些成员对于另一些成员的压制基础之上。人们围绕权力再分配的斗争，使得社会每时每刻都表现出冲突和不一致。因此，社会每时每刻都在经历着变迁过程，社会变迁是普遍存在的。

科塞认为，社会冲突并不总是破坏性的。对于开放和灵活的社会制度而言，内部冲突能够消除紧张和恢复秩序，外部冲突能够加强群体内部的联系。虽然不是所有的社会冲突都会产生好的结果，但是许多社会冲突却带来了意想不到的长期的好处。① 冲突的本质作用在于防止社会停滞不前。

冲突既可以引起制度内部的变迁，也可以引发制度本身的变迁，最终的结果主要取决于社会制度的性质，以及统治集团或既得利益者的态度和行为。面对社会冲突，如果社会制度是柔性的、灵活的，当权的既得利益者允许不同意见存在，并根据新的形势不断进行自行调节以适应体制内部的新的平衡，那么社会冲突就会带来制度内部的变迁。相反，如果社会制度缺乏柔性和灵活性，当权的既得利益者抵制变革，压制不同意见，在社会冲突面前不能自我调节，那么社会冲突就会加剧，导致旧有的制度被另一种社会秩序所取代，最终引发制度本身的变迁。

四、教育与社会变迁的关系概论

教育与社会变迁的关系是教育社会学的核心研究领域之一。从社会学建立之初，经典社会学家就对这一现象有过不同程度的关注，并对教育与社会变迁的关系给予了不同的阐释和评价。

（一）教育与社会变迁关系理论

教育与社会变迁的关系理论主要涉及社会变迁与教育变化孰先孰后、孰因孰果，以及教育的社会变迁功能等一系列问题，对于这些问题的不同阐释构成了各种不同的理论体系。我国台湾学者林清江认为："社会变迁与教育的关系共有三种：第一，社会变迁影响教育；第二，教育形成社会变迁；第三，教育成为某种社会变迁的条

---

① ［美］刘易斯·科塞：《社会学导论》，610 页，天津，南开大学出版社，1990。

件。"①钱民辉认为教育与社会变迁的关系理论主要包括教育与社会变迁的"结果说"、教育与社会变迁的"条件与原因说"、教育与社会变迁的"交互说"等。② 杨祖耕认为，西方学者关于教育与社会变迁关系的理论主要包括教育是社会变迁的动因，教育是社会变迁的反映，以及教育是社会变迁的条件这三种不同的观点。③

1. 教育适应论

教育适应论认为社会变迁在前，教育变化在后；社会变迁是因，教育变化是果。也就是说，教育是社会变迁的反映和结果。因此，教育是一种适应性的社会制度，必须与社会的整体变迁或其他社会机构的局部变迁相适应，尤其必须与特定社会的政治经济制度相适应。

教育适应论观点的持有者多为教育功能论者。在他们看来，社会是一个统一的整体，是一个巨系统或母系统，教育是这个社会系统中的一个子系统。当社会的整体或者某个部分发生变革时，教育必然会产生功能性的适应性调整和变化，并通过培养个体具备适应社会变迁所需的某些价值观念和行为能力，发挥其应有的社会整合功能，从而促进社会的统合与和谐发展。

教育适应论的观点重视教育变革与社会变迁的有机协调，但由于其过分强调教育与社会政治经济制度的单方面适应关系，忽略教育与社会变迁之间的互动关系，因而容易导致教育对现实社会的消极依从，消解教育对社会变迁的积极推动作用。

2. 教育动因论

与教育适应论相反，教育动因论认为教育变化在前，社会变迁在后；教育是社会变迁的动因，社会变迁是教育的结果。教育既可以通过内化特定的国家哲学保证社会变迁的方向，也可以通过吸收先进的科学知识推动社会变迁发生，还可以通过促成社会价值观念的更新引导社会的变迁。

林清江认为，教育作为社会变迁的动因，更多地表现为通过教育目标的达成而促进社会意识形态方面的变迁。意识形态的改变是社会变迁的主要成因，而教育在形成人的共同意识形态方面最具实效。④

在教育与社会变迁的关系方面，社会改造主义者坚持教育动因论的观点。改造

① 林清江：《教育社会学新论》，119~120页，台中，五南图书出版股份有限公司，1981。
② 钱民辉：《教育社会学：现代性的思考与建构》，95~98页，北京，北京大学出版社，2004。
③ 鲁洁：《教育社会学》，308~315页，北京，人民教育出版社，1990。
④ 台湾师范大学教育研究所：《教育社会学》，33页，台北，伟文图书公司，1979。

主义把教育视为社会改革的积极力量，它有两个最重要的前提假设：社会需要进行持续不断的改造和变化；为此需要对教育进行改造，并将教育作为社会改造的工具。改造主义者认为，现代社会正面临着严重的生存危机，教育的基本功能就在于社会改造，教育家必须成为一个激进的教育改革家和社会活动家；学校具有重要的战略地位，应直面危机，并为人们的行动奠定必要的基础。

> **框 6-1　教育能够改变社会吗?**
>
> 　　首先，教育是社会的一小部分，能认识到这一点十分重要。教育并非站在社会之外的局外人。事实上，它是一套制度，是和社会与个人之间的一系列关系。就像在商店、小企业、快餐店、工厂、农场、社保机构、法律事务所、保险公司、银行、家庭无偿劳动，以及许多其他的地方一样，教育也是人们在社会中进行权力互动的中心地带。
>
> 　　作为一种进行有偿劳动的工作场所，学校是经济系统不可或缺的一部分。作为一种差别化的劳动场所，学校又重构(有时也挑战)着阶级、性别、种族和"能力"的等级划分。作为一种在历史上推动工人阶级向上流动的机构，学校也会根据社会的用工需要，让那些通常被看作"不太够格"甚或"受鄙视的他人"进入大学完成学业——不过，这些投身于阶级、性别和种族斗争的人们也为经济进步做出了巨大贡献……它既是招降(它首先是给了一些贫穷的工人阶级的孩子一个个体向上流动的机会，却没有从根本上着力改变那个产生贫困的社会结构)的结果，也是成功斗争的结果。
>
> 　　——[美]阿普尔：《教育能够改变社会吗?》，33~34 页，上海，华东师范大学出版社，2014。

　　联合国教科文组织国际教育发展委员会编著的《学会生存：教育世界的今天和明天》一书同样看重教育对于社会变迁的重要作用。该书认为，教育是人类在发展与前进过程中所做努力的一个重要组成部分，尽管教育相对于社会经济体系来说是从属的关系，但教育仍对其具有反作用力，即使它不在整个复杂的结构上起作用，也至少可以在这个或那个特殊方面起作用①。因此，该书得出以下两个结论：第一，教育改革要有社会的和经济的发展目标；第二，没有教育的更新，社会也不会发展。

---

① 联合国教科文组织国际教育发展委员会：《学会生存：教育世界的今天和明天》，89 页，北京，教育科学出版社，1996。

教育动因论有利于克服教育适应论存在的过分强调教育消极适应社会变迁的弊端，但由于其忽视了教育的社会制约性，片面夸大教育的社会变迁功能，容易导致教育万能论和教育浪漫主义。

3. 教育条件论

教育条件论的基本观点是，教育是一定社会变迁得以发生的必要条件。教育条件论者认为，在很多情况下，教育既可能是某一社会变迁的动因，也可能是另一社会变迁的必要条件。显而易见，在教育对于社会变迁的功能认识方面，教育条件论不同于教育动因论。教育动因论强调教育对于社会变迁的显功能，认为在某些领域或方面，教育可以引起一定的社会变迁。教育条件论则强调教育对于社会变迁的潜功能，认为在某些方面，教育是一定社会变迁得以产生的必要条件。

显功能是指行动的某种合预期的结果，即在行动者期望和预料之中的有助于社会系统的调整和适应的客观结果。与显功能相对，潜功能是指行动的某种未预料的结果，或超出行动者主观愿望和原有计划的某种客观结果。如果说显功能是"有心栽花"，那么潜功能就是"无心插柳"。潜功能又可分为潜正功能和潜负功能。[1] 比如，以发展职业教育、提高社会劳动力水平为目的的中等教育结构改革，在推动中等职业教育发展，提高社会生产力水平的同时，也提高了劳动者的精神生活质量，提升了国民的整体素质，进而形成了一种新的社会文化风貌。这里，"推动中等职业教育发展，提高社会生产力水平"是中等教育结构改革的显功能，"形成了一种新的社会文化风貌"则是中等教育结构改革的潜正功能。中等教育结构改革既是推动中等职业教育发展、提高社会生产力水平的动因，也是引发新的社会文化风貌的一个必要条件。

再如，以提高人口素质，促进社会和经济发展为目的的高等教育大众化改革，在提高全民教育水平，推动社会经济发展的同时，也可能会带来大学生失业及其他一些社会问题。就这个事例而言，"提高全民教育水平，推动社会经济发展"是高等教育改革的显功能，"大学生失业及其他一些社会问题"则是高等教育改革的潜负功能。高等教育大众化改革既是提高全民教育水平，推动社会经济发展的动因，也是引发大学生失业及其他一些社会问题的一个必要条件。

---

[1]　[美]默顿：《社会理论和社会结构》，130页，南京，译林出版社，2008。

（二）教育与社会变迁的关系界定

教育与社会变迁相互影响，两者之间是一种以社会发展规律为其深层联系基础的互为因果关系①。

1. 教育与社会变迁是部分与整体或部分与部分的关系

教育与社会变迁之间的关系是一种相互影响的辩证关系。教育与社会变迁相互影响，互为因果关系，不能简单地试图以孰先孰后、孰因孰果的单线机械方式界定两者之间的关系。具体来说，教育与社会变迁的关系是部分与整体、部分与部分之间的相互影响关系，两者之间并不都是同一层次上的相互关系。由于教育是社会整体不可或缺的组成部分，因此，教育与整体社会变迁之间是一种部分与整体的关系，教育与局部社会变迁(如社会的政治、经济变迁)之间的关系则是一种部分与部分的关系。

教育与社会变迁之间的关系是一种极为复杂的辩证关系。教育与社会变迁之间的这种相互影响极为复杂，难以被准确划分为截然不同的几种类型，更难以确定每种类型的主要特征与具体表现。教育和社会变迁之间的每一具体联系，自身都包含着向其相反方向转化的可能性，而且每一种主要的、直接的联系，又可能涉及某些次要的、间接的联系，这些联系的作用，可能会导致与其主要联系的性质相矛盾或相反的结果。认识到二者关系的复杂性，会使我们利用教育促进社会变迁时，采取一种比较审慎的态度。②

2. 教育发展受制于社会发展情况

有什么样的社会，就有什么样的教育。教育发展永远受制于社会发展，这是教育与社会变迁之间辩证联系的基本方面。依照系统论的观点，我们可以将社会看作一个内部协调统一的巨系统或母系统，这一系统包含政治、经济、文化等若干亚系统或子系统，而教育只是其中一个子系统。教育与其他社会制度一样，都受制于社会政治经济发展的根本规律。作为一种社会现象，教育的社会功能永远不可能超越社会发展所提供的条件和所提出的要求。

教育首先要受到社会政治经济制度的制约。有什么样的政治体制，就有什么样的教育管控模式。西方国家三种不同类型政治体制(中央集权制、地方分权制和混合制)下的教育管控模式也同样差别巨大。就像中央集权制国家的教育必然具有全面集中和刻板划一的基本特征一样，地方分权制国家的教育管控方式也必然具有分散和多样的基本特征，而中央集权和地方分权混合制国家的教育管控方式则必然兼具两者的基本特征。

---

① 刘慧珍：《教育社会学》，204页，沈阳，辽宁教育出版社，1988。
② 刘慧珍：《教育社会学》，207~208页，沈阳，辽宁教育出版社，1988。

教育随经济的发展而发展，随生产技术的演进而演进。在传统的农业社会中，社会文化发展相对稳定，经济和技术发展比较缓慢，教育的主要职能是专业技能、传统习俗和价值观念的传递。当现代社会经济和技术发展达到一定水平时，由于精密、尖端、复杂的生产过程对从业者提出了更高的技术要求，教育就会寻求把日益丰富的科学文化知识传授给更加广泛的人群，以便培养出更多具有发明、革新意识和能力的劳动者。

框6-2　教育与社会变迁的复杂辩证关系

工业革命后，社会对于教育培养人才方面的要求，以及它所提供给教育的物质条件和组织原则、组织方法等的借鉴，使得传统教育从教育目标、教育组织到教育方法，都发生了深刻的变化。教育目标从传统的儒雅教育、和谐教育，转变为科学知识教育和劳动能力教育，学校教育成了人们适应现实生活发展变化的有用工具。班级授课制的教育形式出现了，大中小学相衔接的统一教育结构也随之形成。社会变迁如此不可抗拒地改变了原有的教育。但教育的被动是相对而言的，一旦教育的变革在某种程度上与社会的发展形成了相互适应的协调关系，作为整体的一个组成部分，教育自身的不断运动与变化、更新，也必然要引起一定的社会变迁。知识分子阶层的兴起，就完全依赖于教育的发展，尤其依赖于高等教育的发展。初等教育和中等教育的普及，也同样会改变人们的精神面貌与生活追求，进而导致社会生活方式、行为规范方面的变迁。教育普及同时提高了劳动阶级、阶层的社会地位，改变了原有社会阶级、阶层的状况。

——刘慧珍：《教育社会学》，204页，沈阳，辽宁教育出版社，1988。

3. 教育可在符合社会发展规律的情况下引导社会变迁

尽管教育受制于特定社会的政治经济制度和生产力发展水平，但是教育自身也具有一定的相对独立性，使得其能够在符合社会发展规律的情况下引导社会变迁的发生。教育对社会变迁的影响具有双重性：教育既可以促进或先行于社会变迁，从而推动社会政治与经济技术的发展；也可能阻碍或滞后于社会变迁，从而妨碍社会政治与经济技术的发展。

一方面，教育在一定程度上推动着社会政治与经济技术的发展。《学会生存：教育世界的今天和明天》一书指出，教育是人类在发展与前进过程中所做努力的一个重要组成部分，而且在制定国家政策和国际政策时教育的地位日益突出和重要。该书特别指出，人类历史上首次出现了两个特别值得关注的现象和事实："教育先行"和"教育预见"。[①] 所谓教育先行是指教育的发展先于经济的发展，而教育预见则是指教育为一个尚未存在的社会培养着新人。教育先行与教育预见现象之所以能够出现在当代社会，并受到各国政府的高度重视，主要是因为人们看到了教育在推动社会政治与经济技术发展方面的巨大作用。

另一方面，教育有时会滞后于社会变迁，甚至阻碍社会变迁。教育制度和教育活动既具有开拓性和创新性特点，也具有稳定性和保守性特点。众所周知，教育活动在一定程度上倾向于形式化和程式化，这就可能会导致教育的发展滞后于社会的变迁。但是，不能因此就认为整个教育机构纯粹是保守的甚至是压抑的。吴康宁认为，完成了的教育重构至少是教育系统部分成员的主体性与能动性发挥的结果。教育重构在时间上并非总是与社会剧变同步，而是常常存在"滞后"现象，这种滞后现象可能系技术性因素所致（如新教材的编写需要一定时间），也可能缘于教育系统对于社会变迁本能的甚至自觉的抵触，这其实从反面证明了教育系统的主体性与能动性的存在。[②]

第二节　教育对社会变迁的影响

教育对社会变迁的影响主要体现在教育对社会的政治发展、经济发展和文化变迁等方面的影响。关于教育对社会变迁影响的早期研究大多具有描述性、概括性、宏观性特征，近期的国际相关研究呈现出实证性、具体性、微观性特征。

一、教育对政治发展的影响

关于教育与政治发展的关系，功能论者认为，教育主要通过政治社会化和培养政治精英等方式发挥其政治功能。与之相反，冲突论者认为，教育通过培养"驯服的"学生及为特定阶级提供晋升之路等方式，"再生产"了现有的政治文化和制度，使

---

① 联合国教科文组织国际教育发展委员会：《学会生存：教育世界的今天和明天》，35～36页，北京，教育科学出版社，1996。

② 吴康宁：《教育社会学》，174页，北京，人民教育出版社，1998。

不平等的社会结构得以"合法化"。①

我们认为，教育主要通过政治社会化功能的发挥，提高包括统治阶层在内的整个国民的政治素质，进而实现其对政治发展的影响作用。从社会角度而言，所谓政治社会化是指社会通过包括学校在内的各种社会化媒介，把政治文化传递给下一代的过程；从个体角度而言，所谓政治社会化是指个体接受包括学校在内的各种社会化媒介的影响，学习政治知识，形成政治态度和价值观念及政治行为模式的过程。政治社会化的相关研究表明，受过更多学校教育的个体拥有更多的政治知识、更为积极的政治态度和价值观念，以及更强的政治能力。

1959 年，美国学者海曼（Hyman）在其《政治社会学》一书中首次提出了政治社会化（political socialization）一词。此后，许多学者就学校教育的政治社会化功能进行了深入研究。其中，美国学者阿尔蒙德（Almond）和维巴（Verba）的研究具有开拓性和挑战性，影响深远。

（一）教育对公民政治取向的影响

阿尔蒙德和维巴历时 5 年，采访了来自英国、西德、意大利、墨西哥和美国的大约 5 000 名研究对象，就五国的政治态度和民主制进行了跨国比较研究，并以《公民文化——五国的政治态度和民主》一书发表了其研究成果。该书主要从对政治认知模式的影响、对政治情感的影响及对政治能力的影响等方面，对教育的政治社会化功能进行了研究。

1. 教育对政治认识模式的影响

教育对政治认识模式的影响主要表现在教育影响公民关于政府影响的重要性的认识，以及教育影响公民政治意识两个方面。

首先，公民对政府影响的重要性的认识，根据受教育水平的不同而存在极大的差异。在美国，受过大学教育的人中有 90％能够认识到政府的重要性，受过中等教育的人中有 89％能够认识到政府的重要性，受过小学教育的人中有 73％能够认识到政府的重要性。② 其次，教育与政治意识存在很强的相关性。在大学教育层面，每个国家受过大学教育的人多数关心政治。但在较低教育层面，国家间的差异较大。

整体上看，教育程度高的个体更能清楚地意识到政府施加给个人的影响，更加

---

① 陈奎憙：《现代教育社会学》，423～430 页，台北，师大书苑有限公司，1994。
② ［美］加布里埃尔·A. 阿尔蒙德、西德尼·维巴：《公民文化——五国的政治态度和民主》，107～108 页，杭州，浙江人民出版社，1989。

关心政治，拥有更加丰富的政治知识，对范围广泛的政治问题持有自己的见解和看法。

2. 教育对政治情感的影响

从人们期待政府如何对待自己，可以判断出他们对政府当局的情感。阿尔蒙德和维巴的研究发现，在美国和英国，受过良好教育的人与教育水平较低的人，都有很大的比例期望政府给予"良好的"待遇。这表明两国公民对其政府怀有相对好的期望和积极的政治情感，并且这种期望和情感受教育差异的影响较小。与之相反，在意大利和墨西哥，期望受到公平体谅待遇的整体比例较低，而优势群体与劣势群体之间的差异相对来说却很大。

相对自由地讨论政治的情感，也与受教育水平紧密相连。在感到可以相对不受限制地与他人安全地讨论政治这一维度上，受到良好教育的阶层存在一个自由谈论政治的较高频率的相似模式。但是，在初等教育层面，各国之间的差异还是比较明显的。①

整体上看，在美国和英国，一方面，未受过良好教育的人倾向于同受过良好教育的人一样共同保持着一种对政治系统在情感和规范上的忠诚；另一方面，受过良好教育的人们比起受低等教育的人们来，更有可能为他们国家的政治面貌感到自豪。在西德和意大利，不同层次的受教育者常常同样疏远政治系统。墨西哥的情况则较为复杂，在某些方面近似于英美，在另一些方面则与西德和意大利相似。在美国、英国和墨西哥，受教育程度高的人更普遍地对他们的选举活动表示满意。在西德，受教育程度高的人更经常地表示对选举活动的愤恨。在意大利，受教育程度的上升并不影响对选举活动的满意度。

3. 教育对政治能力的影响

各国受过良好教育的国民都会更深入地干预政治系统，更全面地参与政治。教育程度高的个体有更高的政治效能感，更有可能表现出对社会环境的信心，更有可能认为自己能够影响政府，也有更高的政治参与能力，更有可能成为某组织的主动成员。受教育的个体在某种意义上适宜参与政治，但教育并不决定参与的内容。无论哪个国家，无论何种教育程度的人的政治参与主要视各国的具体情况而定。与受教育程度低的人相比，受教育程度高的人更加经常地参加自愿团体。这表明，教育

---

① ［美］加布里埃尔·A. 阿尔蒙德、西德尼·维巴：《公民文化——五国的政治态度和民主》，148～149 页，杭州，浙江人民出版社，1989。

自身不但增加了政治参与，而且把个人置于组织化的环境之中，这必然更加推动个人的政治参与。

与家庭相比，学校中的参与和政治能力感之间存在着更紧密的关联。学校中非正式参与同政治能力之间的联系，在那些受教育有限的人当中，比在那些受过大学教育的人当中密切得多。那些受过大学教育的人并不需要可以提供参与机会的家庭和学校经历以促进其政治能力的增强，因为还有许多其他因素在起作用。直接的政治教育能够增加一个人的政治能力感，但政治教育对个体政治能力感的影响力在很大程度上要视教育内容而定。

（二）公立学校与政治社会化

美国教育社会学家沃思伯恩的《作为一种政治社会化因素的公立学校》一文对美国公立学校与政治社会化的相关研究进行了归纳总结，对相关研究的理论假设、美国中小学所传递的政治信息及主要途径进行了阐述。[1]

1. 学校政治社会化的不同理论观点

尽管许多研究者认为早期的政治学习具有持久性的影响，中小学是进行早期政治学习的重要场所，但是，包括功能论、冲突论、结构论、认知论在内的不同理论流派对于学校政治社会化的看法却不尽相同。

功能论者认为，公立学校通过避开争论和反复灌输最普遍的政治信息和价值标准，如自由、平等，使被制度采纳的美国民主长存不灭。功能论强调早期政治社会化具有持久性影响，能够在今后经受多种压力和紧张情况的考验，但是，如果学习传递的政治信息常常与从家庭、大众传媒、同辈群体等其他可靠来源得到的信息相冲突，则会降低学校所传递政治信息的可信赖性。

在冲突论者看来，美国公立学校中政治教育的产物体现了占统治地位的社会集团进行干预的结果。教育者在无意之中起到了帮助社会统治阶级"再生产"社会既有政治经济制度的作用。

与冲突论者相同，结构论者也认为美国公立学校的作用是维护统治集团的利益。但是，在具体原因分析方面，他们更加看重学校的管理者与教师的政治取向，这与冲突论者主要关注社会文化再生产、政治制度需要等高度抽象的概念不同。

关于学校政治社会化的认知论者则主要集中研究任课教师的信仰体系，认为这

---

[1]　张人杰：《国外教育社会学基本文选》，421～429页，上海，华东师范大学出版社，1989。

与作为政治社会化因素的教师表现直接相关。首先，教师可以按照自己的教育理念来部分修改官方选定的政治课程内容。其次，教师还可以根据其对学生政治理解力和政治判断力的看法，在一定程度上选择课程内容和授课方式。无可否认，教师的上述行为都会对学生的政治社会化效果产生直接或间接的影响。

2. 美国公立学校与政治信息传递

美国公立中小学主要向学生系统传递以下五种重要政治信息。①关于国民性的信息：有意使学生形成一种强烈的国家忠诚感。②关于政治权威的信息：大多数美国儿童在早期学校中就把已经确立的政治权威理想化了。③关于公民权利和义务的信息：学校的一贯目标是使学生长大以后参加劳动、纳税、守法、投票、关心个人和家庭的事情，而不要为着公众的利益去改善社会。④关于政治生活实际情况的信息：包括正规政治组织、现有政府官员及基本政治过程等。⑤关于民主的信息：包括多数裁定原则、参与机会及投票的重要性等。

美国公立学校至少运用以下六种教育实践途径来传递上述政治信息：①不断地强调统一的政治象征和参加体现爱国主义精神的仪式；②对当局、政治组织和政治过程提出理想化的看法；③避免涉及政治领域中"有争议的"问题或者针对它们提出政治见解；④用温和的方法使学生树立起忠诚于政治权威的价值观念；⑤注重宣传，强调遵守规定，了解"正确的"事实和价值标准，不鼓励实际的思想交锋；⑥通过隐性课程传递政治信息。

（三）学校教育对青少年学生政治态度与行为的影响

我国台湾学者蔡璧煌运用问卷调查法对台北市 8 所学校的 733 名高中职学生进行了抽样调查，就学校教育对青少年学生政治态度与行为的影响进行了实证研究，并以《学校与学生政治社会化：高中职学生政治社会化的教育社会学分析》一书发表了其研究成果。

通过对政治社会化理论的梳理分析，该书得出了以下几个方面的重要启示：①学校的课程及各项教学科目如果组织得当，能够为学生提供累积政治知识和价值的机会；②学校的校长、教师及其他人员是学生政治社会化的重要他人，良好的教师形象和师生关系对学生的政治社会化具有重要影响；③包括班干部选举、班会、社团活动、运动比赛等在内的各项学校活动如果设计组织得当，有助于学生政治自我的发展，增加学生的政治效能感；④学校的类别可能引发学生的预期政治社会化，影响其政治态度的形成；⑤政治教育的内容和方向一般由政府统一规划，但教师的主观态度及学校的具体实施情况，有可能强化或扭曲政治教育的方向；⑥学校必须培养和选择适合各种职位的人才，塑造学生具有民主的态度和共同的政治文化，以便维护政治系统的稳定；⑦民主政治价值观的建立需要长时间的培养，学校在这方面将大有作为；⑧学校既要培养学生具有分析和解读政治系统的能力，又要加强民族精神及思想教育，以凝聚公民共识。①

在对我国台湾地区高中职学生的政治社会化情况进行了抽样调查后，蔡璧煌从教育政策以及学校教育等方面提出了提高学校政治社会化效能的具体建议。

第一，教育制度应落实教育机会均等原则。调查发现，就读学校的声望越高或者预期成就期望越高的学生，越具有政治涉入取向、言论自由取向和政治效能感等民主社会的人格品质。因此，在制度层面落实教育机会均等原则，消除学校之间的差距，促进教育均衡发展，进一步提高较差学校学生的成就动机，是培养公民民主素质的主要途径。

第二，充实和完善学校公民教育及相关学科内容。公民教育内容对学生的政治社会化具有重要影响。事实上，越是感到学校公民教育对其政治认识和政治能力有所帮助的学生，越容易对政治事务或公共事务感兴趣，越有政治涉入的意愿，越感到自己的政治行动有可能影响政治历程。因此，充实和完善学校公民教育及相关学科的教学内容，改革一味背诵式的教材模式，适当增加讨论及反思批判性话题，将更有助于培养出理性讨论和积极参与的社会公民。

第三，提倡启发诱导，反对压制灌输。如果学校公民教育仅仅追求教导未来公民的服从性效果，那就与民主社会的基本要求背道而驰。研究发现，由于声望较低的学校多采用压制灌输的教育方法，结果导致越是感到学校公民教育对其政治认识和能力有所帮助的学生，越不支持言论自由。相反，所就读的学校声望越高，学生越具有言论自由的取向。因此，改革学校公民教育的教学方式，强调启发诱导，鼓励反思质疑，反对一味灌输，对于提高学校政治社会化的实效性具有重要意义。

第四，鼓励学生参与各项学校活动。越是积极参与学校活动的学生，越对政治和公共事务感兴趣，越有政治涉入的意愿，越感到自己的政治行动有可能影响政治历程。此外，当过学生会干部、班干部或者社团负责人等也对学生的政治社会化具有积极影响。因此，只有更多地为学生提供参与活动或参加讨论的机会，并积极鼓

---

① 蔡璧煌：《学校与学生政治社会化：高中职学生政治社会化的教育社会学分析》，33～41 页，台北，师大书苑有限公司，1994。

励学生参与其中，才能更好地培养其政治涉入取向及政治效能感。

第五，重视女性学生教育。调查发现，女生在政治效能感方面显著低于男生。通过各种途径进一步提高女性学生对政治及公共事务的兴趣，为她们提供更多的参与机会，以增强其政治效能感，是学校政治社会化的重要任务之一。[①]

二、教育对经济发展的影响

教育可以通过提高人口质量对社会的经济发展做出贡献。人力资本理论是关于教育与经济发展关系的最典型和最具影响力的理论之一。人力资本理论及相关研究表明，教育投入对于经济发展的回报率常常高于其他方面的投入所产生的回报率。

（一）教育的经济价值：人力资本理论的观点

人力资本是指内含于人身上的资本，是存在于人体之中的知识技能（智力）、健康状况（体力），以及道德素质的存量总和。

1906 年，美国经济学家费雪（Fisher）在《资本的性质与收入》一文中首次提出人力资本（human capital）的概念。1960 年，被誉为"人力资本之父"的舒尔茨（Schults）在美国经济学年会上的演说中系统阐述了人力资本理论。此后，舒尔茨进一步研究了人力资本的形成方式与途径，并对教育投资的收益率，以及教育对经济增长的贡献率进行了实证研究。此外，对人力资本理论做出突出贡献的经济学家还包括贝克尔（Becker）、明赛尔（Mincer）、丹尼森（Denison）等，他们分别从不同的角度对人力资本理论进行了阐述。

框6-3　人力资本：另一种形式的资本

对于大多数人来说，资本意味着银行账号、股份、生产线或钢铁厂。总之，在较长的时间内能带来收益和其他有用产品的东西都是资本。

但是，这里我要谈的却是另一种形式的资本，例如，正规学校教育、计算机培训课程、医疗保险方面的支出、有关严格守时和诚实美德的讲座等。它们能够改善健康、增加收入、提高阅读能力，让人终身受益，从这个意义上说，它们也是资本。当然，与传统的资本概念一样，在教育、培训、医疗保险上的花费应该

被视为对资本的投资。只不过这些投入所产出的是人力资本而不是实物或金融资本，因为人们可以把一个人和他的金融和物质资本分开，却无法把一个人和他的知识、技能、健康或者价值分开。

——[美]加里·贝克尔：《人力资本理论：关于教育的理论和实证分析》，1页，北京，中信出版社，2007。

人力资本理论的基本观点包括人力资源是一切资源中最主要的资源；在经济增长中，人力资本的作用大于物质资本的作用；人力资本的核心是提高人口质量；教育投资是人力投资的主要部分；教育投资应以市场供求关系为依据。

尽管人们认为在较长的时间内能带来收益和其他有用产品的东西都是资本，但传统的资本理论却主要关注包括实物或金融资本在内的各种物质资本。人力资本理论反对把资本仅仅理解为机器、厂房、设备、原材料、土地、货币和其他有价证券的狭隘的传统物质资本概念，而是将资本划分为人力资本和物质资本两大类，强调人力资本的重要性，认为人力资源是一切资源中最主要的资源。人力资本理论认为，人的知识、技能、健康或者价值既可以增加个体收入，改善其生活质量和品质，使其终身受益，也可以促进国民经济的增长。人力资本理论反对把人力资本的再生产仅仅视为一种消费的观点，认为国家和个人在教育、培训、医疗保险等方面的投资应该被视为一种对资本的投资，即一种对人力资本的投资。人力资本投资是指包括教育投入、职业培训支出，以及接受教育时的机会成本等在内的各种投入的总和。

在教育与社会变迁的关系方面，人力资本理论认为，人力资本对于经济增长的作用大于物质资本。开发人力资源的核心是提高人口质量，而教育则是提高人力资本、开发人力资源的最基本、最重要的途径和手段。

1. 教育投资是人力资本的主要源泉

在舒尔茨看来，人力资本投资的范围和内容主要有：①卫生保健设施和服务，包括影响人的预期寿命、体力、耐力、精力和活力的全部开支；②在职培训，包括由商社组织的旧式学徒制；③正规的初等、中等和高等教育；④非商社组织的成人教育计划，特别是农业方面的校外学习计划；⑤个人和家庭进行迁移以适应不断变化的就业机会。①

---

① [美]西奥多·W. 舒尔茨：《人力资本投资——教育和研究的作用》，31页，北京，商务印书馆，1990。

根据舒尔茨的研究，美国经济体制的最显著特征就是各种特殊形式的物质资本的形成步伐正在逐步减少，而人力资本的形成和增长步伐正在加快。这其中教育投资的增长速度一直很高，学校教育投资成为人力资本的主要源泉。美国劳动力教育资本一直增长得很快，近几十年来，一直以两倍于可再生的有形财富（如资本货物）之年增长率的速度增长。教育投资包括教育的日常开支和学生放弃的收入两个部分。教育的日常开支包括教师、图书管理员、行政人员的劳务费、教育设施的使用和维修费，以及教育设施所包含的资本利息等。学生放弃的收入是指在校成年学生因入校学习导致丧失工作机会而被迫放弃的那部分收入。在美国，半数以上的高等教育经费是由学生放弃的收入组成的。

学校教育的迅速扩张和巨大变化为不断发展的经济提供所需的熟练人力，直接或间接地增进了人力资源。对于增进人力资源而言，教育机构具有以下几个方面的重要功能。①推动知识进展。美国国家科学基金会的研究报告指出，美国的基础研究有半数是由高校承担的，其余的一半由非营利性机构或联邦政府、工业部门各承担四分之一。②发现和培养人的潜能。③使人灵活适应职业变化和空间变化。现代条件下，经济增长使就业机会和迁移机会大大增加，学校教育能够提高人的能力，使之灵活适应因经济增长而产生的工作机会变化和空间变化。研究发现，受过中等教育的人在处理此类适应问题时，要比未读完小学的人好得多。④培养未来的研究者和师资力量。培养具有专业知识的人，包括哲学家、科学家、从事高校教学活动的学者及中小学教师，是学校教育的一项传统功能。⑤培养满足未来社会所需要的高级知识技术人员。[1]

2. 教育活动是经济增长的主要源泉

增加教育机会就能增加生产率，是人力资本理论的核心观点。人力资源理论反对把教育看作一种纯粹的消费活动，主张把教育开支视为生成性投资，而不是纯消费。舒尔茨认为，教育具有三种不同的效益：现在的消费、未来的消费及未来的生产能力。[2] 其中，教育的现在消费效益属于消费的范畴，只占整个教育效益的一小部分；而教育的未来消费及未来生产能力效益则属于投资范畴，两者在教育效益中所占的份额是很大的。学校教育的生产价值就在于它是针对未来生产能力及收入能力获取的一种直接投资。

---

① 张人杰：《国外教育社会学基本文选》，315~317 页，上海，华东师范大学出版社，1989。
② 张人杰：《国外教育社会学基本文选》，314 页，上海，华东师范大学出版社，1989。

20 世纪 60 年代，舒尔茨运用人力资本收益率法（approach of the rate of return to human capital）、丹尼森运用增长核算法（growth accounting approach）分别对教育对经济增长的贡献进行了研究。结果发现，教育通过改善劳动力的技能，增强其生产能力等方式直接促进了国民收入的增长。

框6-4 学校教育与经济增长

从把学校教育当作经济增长源泉的许多研究中，可以得到两点体会。第一，近年来，学校教育已经成为比物质资本的作用更大的经济增长源泉，其中，物质资本按目前的度量方式看，由各种建筑物、设备及存货来代表。第二，在 1909—1929 年，学校教育对经济增长所起的作用，较之从那以后所起的作用而言，可谓小巫见大巫。而在未来 20 年里，学校教育仍将是经济增长的主要源泉。

美国劳动力成员所受的学校教育水平的迅速提高，解释了度量到的 1927—1957 年五分之一左右的经济增长。

——张人杰：《国外教育社会学基本文选》，319～320 页，上海，华东师范大学出版社，1989。

舒尔茨认为，人力资本的增长速度比再生产性资本（物质资本）高得多，人力资本不仅相对于普通资本而且相对于收入一直在增加。学校教育已经成为比物质资本的作用更大的经济增长源泉。一般来说，发达国家（如美国）初等教育的收益率高于此后学校教育的收益率。1958 年，美国初等教育的收益率为 35％，中等教育为 10％，高等教育为 11％。没有人力资本增长，就只会有艰苦的体力劳动和贫穷。增加较为传统的物质资本虽然仍可导致一定的经济增长，但增长率将会受到严重的限制。只有增加人力资本投资，提高劳动者的知识和技能水平，才能获得现代化的农业成果，才能实现现代工业的快速发展。

丹尼森认为，与学校教育相对应的劳动报酬方面的实际差异，有五分之三是由教育造成的。教育对于美国 1929—1957 年的经济增长贡献率为 21％。就美国而言，一方面，1909—1929 年物质资本对经济增长的贡献几乎是教育贡献的两倍，但在 1929—1957 年，教育对经济增长的贡献超过了物质资本的贡献；另一方面，1929—1957 年教育对经济增长的贡献，将近是 1909—1929 年教育贡献的两倍。

（二）教育对经济增长的影响：后续研究

1985 年，希腊学者萨卡罗普洛斯和英国教育经济学家伍德贺尔合作出版了《教育为了发展：一项投资选择的分析》一书，对教育对经济增长贡献的研究进行了归纳分析。该书指出，尽管以舒尔茨和丹尼森为代表的早期度量教育对经济增长贡献的研究假设曾一度受到批评和攻击，但教育经济学家使用计量经济技术再一次揭示了教育和产出增长之间的联系，再次证实教育在促进经济增长方面具有重要作用。

众所周知，教育及人力资源发展的其他指标既是经济发展之因，也是经济发展之果。为了证明教育与经济增长之间的相关关系是一种因果关系，并试图将原因与结果区分开来，1980 年，美国教育经济学家韦勒运用联立模型（simultaneous model）对 88 个发展中国家不同时期经济增长与人力资源发展之间的相互作用资料进行了分析研究。结果表明，教育、健康和营养状况不仅直接促进产出的增长，而且通过提高投资率、降低出生率来间接地促进产出增长。教育强烈地影响着经济增长。不仅如此，一般性的投资若无教育投资支持，其对增长率的影响也会变小。[1]

进一步的研究表明，发展中国家人力资本的收益率高于物质资本的收益率，发达国家则相反；教育投资对于物质资本的投资常常具有补充作用，使之更具生成性；教育对于经济增长既有直接贡献又有间接贡献，教育不仅传递各种有用的职业知识和技能，还影响受教育者的态度、动机和价值观念，而这些都有助于个人生产率和就业可能性的提高；普通教育的收益率高于技术、科学和各种更为专门的职业训练的收益率；初等教育和中等教育比高等教育对经济发展有更强劲的影响，而且学校教育扩张对经济的影响看起来对不发达国家来说更有力。[2] 20 世纪 90 年代中期，帕查罗鲍勒斯在对 78 个国家的比较研究中发现，发展中国家初等教育投入的社会回报率为 17.9％～24.3％，中等教育和高等教育的社会回报率分别是 12.8％～18.2％和 11.2％～12.3％；而经济合作与发展组织（OECD）国家在这三层教育上投入的社会回报率分别只有 14.4％、10.2％和 8.7％，全都低于发展中国家的相应水平。[3]

国际成人读写能力调查（IALS）是国际上关于收入和认知技能测量联系的最主要的、最具可比性的数据来源。该调查于 20 世纪 90 年代中期对许多国家成人的读写能力和算术能力进行了测验，调查了人力资本与个体收入的关系。结果表明，个人收入差距的 40％可以由诸如教育质量、读写能力和工作经验的 IALS 测验所解释。[4]

① 张人杰：《国外教育社会学基本文选》，369 页，上海，华东师范大学出版社，1989。
② ［美］莫琳·T. 哈里楠：《教育社会学手册》，221 页，上海，华东师范大学出版社，2004。
③ Lawrence J. Saha, *International Encyclopedia of Sociology of Education*，Oxford，Pergamon Press，1997，p. 34.
④ 范文曜、谢维和：《教育政策分析：2002》，125 页，北京，教育科学出版社，2006。

经济合作与发展组织 2010 年发布的《教育概览 2010：OECD 指标》指出，教育在塑造当前和未来的经济增长方面发挥着关键作用，劳动力技能是国家能够长期依靠的一个主要的可持续优势。在教育与个体收入的关系方面，就 OECD 国家的平均水平而言，高等教育毕业生的薪酬是没有受过高中教育的人(45～54 岁)的 2 倍以上。学历水平较低的国家，有经验的劳动力的技能回报特别高。劳动力成本的大幅上升表现在高端技能上。高中以下学历的男性年均劳动力成本为 40 000 美元，女性为 29 000 美元。高中学历的男性年均劳动力成本为 48 000 美元，女性为 36 000 美元。高等教育学历的男性薪酬为 74 000 美元，女性为 53 000 美元。[1]

三、教育对文化变迁的影响

所谓文化变迁是指由文化特质的增量或减量引起的结构性的文化变化和发展。[2]文化变迁是一种永恒的文化现象和社会现象，也是文化学和文化社会学研究的重要课题。教育与文化变迁的关系是教育社会学研究的传统课题。教育是推动文化变迁的内在动因，既可以推动渐变式的文化变迁，也可以促进突变式的文化变迁。培养具有文化创新意识和创新能力的现代化的人来推动文化变迁，是教育发挥文化变迁功能的根本途径。

框 6-5　不同学派中的文化变迁概念

在德国文化圈派的著作中，文化变迁主要是指各种文化现象的转移；在英国文化传播学派的著作中，文化变迁则指不同民族文化的迁移浪潮及其相互混合、融化。美国的社会学家和文化人类学家是经常使用"文化变迁"一词的，但用法也相当混乱，有时用"社会变迁"，如奥格本的《社会变迁》一书；有时候又用"社会和文化变迁"或者用"社会文化变迁"。英国的功能学派则经常把文化变迁称为"文化变异"或"文化转变"。第二次世界大战前后，由于社会动荡不安，人们对社会文化变迁的研究非常广泛，不仅"文化进化""文化变异"的概念非常流行，而且关于"社会进化""社会变迁"的理论也层出不穷。不同的文化变迁理论有不同的定义方法，也有不同的内涵和外延。有的从心理学方面将文化变迁界定为不同民族认

---

① 经济合作与发展组织：《教育概览 2010：OECD 指标》，144～145 页，北京，教育科学出版社，2011。
② 司马云杰：《文化社会学》第 5 版，317 页，北京，华夏出版社，2011。

识和忘却个体心理的过程，有的从文化适应方面将文化变迁定义为合乎规律的适应变化的过程，还有的从现代科学出发，将文化变迁看作能量由少到多、由低级到高级的转化等。在中国，孙本文曾把文化变迁看作文化特质和文化模式的变化。这些定义都是从不同角度观察文化变迁现象的。

——司马云杰：《文化社会学》第 5 版，316～317 页，北京，华夏出版社，2011。

（一）教育是诱发文化变迁的内部动因

文化变迁是内外动因综合作用的结果，外因最终要通过内因推动文化的变迁与发展。如果说社会政治经济的发展是文化变迁的外部动因，那么文化内部的矛盾运动则是文化变迁的内部动因，而在文化变迁的一系列内部矛盾运动中，教育扮演着十分重要的角色，发挥着十分重要的作用。

首先，教育通过普及科学知识、培养科学精神、提高科学素养，诱发科学的文化变迁功能。文化各子系统之间发展的不均衡、不同步，是文化内部矛盾运动的一个重要方面，也是推动文化变迁的内部动因之一。在当代文化变迁过程中，科学发挥着不可替代的作用，不仅发挥了起步和制动的作用，而且还规定着整个当代文化变迁的方向和性质。当代文化中的哲学、道德、艺术等的变迁与发展，无不刻上了科学发展的烙印。众所周知，当代科学的发展有赖于教育，因此，教育是使科学成为文化变迁启动力的重要机制。教育通过传播、普及、积累科学知识，培养符合科学精神的新的思维方式、价值观念和审美情趣等，使科学知识和科学精神得以广泛传播和发展，成为推动文化变迁的强劲内部动因。总之，由当代科学性质所决定的教育的"伴飞"，也大大地改变了教育在整个文化中的地位和作用，教育也不再是文化系统中的一个一般因素，而是与科学在一起，成为整个文化链条中关键性的一环，推动着科学的发展，从而也推动着整个文化的变迁与发展。[1]

其次，教育是文化深层次变迁的重要内部动因。一般而言，文化包含三个不同层面：表层为文化的物质层面，中层为文化的制度层面，深层为文化的精神层面。文化诸层面之间的矛盾运动推动着文化结果的变化，引发整体的文化变迁，而教育在这种矛盾运动中发挥着重要作用。应该说，教育对于文化诸层面的变化皆有重要影响，但对文化的深层精神层面变化的影响尤深。制度层面和物质层面文化的变革

---

[1] 鲁洁：《教育社会学》，172 页，北京，人民教育出版社，1990。

和发展必须得到精神层面的支撑和引领,没有由教育而形成的人的态度、价值观、信仰及思维方式等方面的现代化,整个社会文化变迁不可能深入持久。由此可见,教育是推动文化结构各层面矛盾运动,进而促进文化整体结构变迁的必不可少的内部动因。

(二)教育推动渐变式的文化变迁

根据文化变迁的性质和剧烈程度,可以将其分为渐变式文化变迁和突变式文化变迁两种不同类型。进化论的文化变迁理论认为,文化变迁是文化的一种从简单到复杂的渐变式的量变过程。突变论的文化变迁理论则强调文化变迁的跳跃性和质变性,认为不仅表现为渐进的量变,还表现为结构性的突变和质的飞跃。我们认为,文化变迁既可能以渐变的形式发生,也可能以突变的形式发生,但无论何种形式的文化变迁,都必然以教育为重要的实现条件。

一般而言,渐变式的文化变迁是人类社会文化变迁的常态。所谓渐变式的文化变迁是指以文化积累形式发生的渐进的、缓慢的文化发展和变化。文化积累是一个旧文化保存和新文化增加的过程,既是一切文化变迁发展的基础,更是渐变式文化变迁的重要表现形式。一切文化变迁都来自文化的积累,得益于文化的不断补充、丰富和发展。人类正是通过经验知识的缓慢积累,才从蒙昧社会上升到文明社会的。①

文化积累的程度决定了文化变迁和发展的速度,文化积累与文化变迁的速度之间呈现正比例关系。积累要通过传递进行,而教育就是文化传递的重要工具和途径。没有广泛意义上的教育,就没有人类的原始文化积累。现代学校教育的普及和发展,扩大了文化传递的规模,提高了文化传递的速度。学校教育使社会成员普遍掌握了文化资源,必然有助于新文化的增加,从而更加有力地推动文化不断变迁和发展。

需要指出的是,学校教育对文化的传递是有选择的,并非所有的文化资源都能进入学校教育这个特定场域之中。冲突论者认为,统治阶级是根据自身的需要来决定学校教育所要传递的文化资源的。正如美国著名教育社会学家阿普尔所言,只有官方知识能够堂而皇之地成为学校教育内容。功能论者则强调,学校是根据社会发展的客观需要及教育发展的自身需要,来选择那些对于人类社会发展及学生身心发展最有价值的文化资源,并使之进入教育场域的。无论采取何种形式选择所要传递

---

① [美]路易斯·亨利·摩尔根:《古代社会》,3页,北京,商务印书馆,1995。

的文化资源，都表明学校教育对于文化积累的自觉性，也都会对渐进式文化变迁发挥重要作用。

（三）教育推动突变式的文化变迁

所谓突变式的文化变迁是指特定社会文化所发生的一种跳跃式的、质变性的、结构性的突变和飞跃。文化的突变过程实质上是一种新文化的创造过程，突变式的文化变迁的结果是一种新结构和新特质文化的产生。

教育通过促进不同文化的接触与碰撞推动突变式的文化变迁。突变式的文化变迁通常是由两种或两种以上的文化特质或要素通过接触、结合产生新文化结构的飞跃过程。文化接触是实现文化突变的重要条件。[①] 没有不同特质的文化之间的接近、碰撞、交融等互动过程，就无法实现变化的突变。现代教育通过其文化传播功能的发挥，可以超越时空的限制使不同特质的文化相互接触，为其进一步交流和碰撞创造条件，从而有力地推动突变式文化变迁的发生。

突变式的文化变迁是一种新文化的创生过程。它的发生既受制于社会的政治经济条件，也与文化自身的积累、传播、选择及文化氛围有关，更与文化主体的文化创造意识和创造能力的充分发挥密切相关。教育不仅可以塑造文化主体的创造能力，在一定意义上说，更重要的是它还可以形成人的创造欲望、人的文化创造的自觉性与责任感。[②] 教育不仅可以通过培养人的文化创新意识和能力推动突变式的文化变迁，而且可以通过营造文化创新的良好氛围推动突变式的文化变迁。此外，一种具有改变文化结构和特质的新文化产生之后，要使之构成整个社会的文化突变，也有赖于教育。教育可以使新的文化实现其社会普及化，使某些先进人物的创新为整个社会所理解和掌握。

（四）教育通过实现人的现代化推动文化变迁

在一定意义上，文化变迁实质上就是文化的现代化。由于精神文化的载体是人，因此，文化变迁过程在某种意义上也就是人的现代化过程。正如美国社会学家英格尔斯（Inkeles）所言："发展的最终要求的是人在素质方面的改变，这种改变是获得更大发展的先决条件和方式，同时，也是发展过程自身的伟大目标之一。"[③]

人的现代化是一切现代化的先决条件，各种现代化的实现如果没有人的现代化

---

① 司马云杰：《文化社会学》第 5 版，145 页，北京，华夏出版社，2011。
② 鲁洁：《教育社会学》，179 页，北京，人民教育出版社，1990。
③ ［美］阿历克斯·英格尔斯：《人的现代化》，3 页，成都，四川人民出版社，1985。

是不可能的。在《人的现代化》一书中，英格尔斯指出，一个"现代人"或者"现代化的人"的精神面貌至少应该具有以下几种基本特征：①乐于接受他未经历过的新的生活经验、思想观念及行为方式；②随时准备接受社会的改革和变化；③思路广阔，头脑开放，尊重并愿意考虑各方面的不同意见或看法；④注重现在与未来，不愿拘泥于传统和过去，并严格守时，珍惜时间；⑤有强烈的个人效能感，办事讲求效率；⑥在公众生活和个人生活中趋向于制订长期计划；⑦在形成自己对周围世界的看法或意见时，注重对事实的考察和尽可能多地去获取知识；⑧对所生活的世界及周围社会组织和个人有较强的信任感；⑨重视专门技术，有愿意根据技术水平高低来领取不同报酬的心理基础；乐于让自己及后代选择离开传统所尊敬的职业，对正规教育和科学技术训练有兴趣，信仰科学技术的价值；相互了解、尊重和自尊，对弱者和地位较低的人的自尊和权力能给予更多的保护；对生产及其过程有更深入的了解，期望能在认识生产的过程中发挥自己的才能与创造力的兴趣。教育正是通过培养造就具有上述现代化品质的、具有文化创新意识和创新能力的现代化个体，来实现整个社会在态度、价值观和信仰方面的现代化，进而推动整体社会文化发生深刻变化和变迁的。

第七章　教育与社会分层和社会流动

　　教育是一个社会子系统，这句话包括两个方面的含义：一方面，社会的结构必然制约和影响教育的发展；另一方面，教育对于社会巨系统又具有一定的功能和作用。就教育与社会分层和社会流动的关系而言，同样包括两个方面的内容：一方面，社会层级在一定意义上决定了特定群体和个人的受教育机会；另一方面，教育也会有助于或有碍于个体的社会流动。教育与社会分层和社会流动的关系研究是教育社会学的经典课题，无论是功能论还是冲突论都曾对此有过深入的研究。充分发挥教育在社会分层与社会流动中的积极作用，对于深入贯彻落实党的二十大报告所提出的"坚持以人民为中心发展教育，加快建设高质量教育体系，发展素质教育，促进教育公平"的重要精神，具有十分重要的现实意义。

第一节　社会分层与教育机会均等

　　现实中的人类社会是一个高低分层的社会，任何一个社会群体或个人都会占据一个社会位置，处于不同的社会层级之中。不同社会层级的群体或个人的受教育机会存在较大差异。

一、社会分层的含义

社会分层(social stratification)是指依据一定的社会属性,将社会成员区分为高低有序的不同层次和等级的过程。社会分层是分析社会纵向结构的一个重要概念。社会分层体现了社会群体的结构性不平等,反映出人们获得物质性或象征性报酬的差异。

自从国家产生以来,任何社会都存在着某种形式的社会分层现象。社会学家认为,历史上最为重要的分层制度包括奴隶制度(slavery system)、种姓制度(caste system)、等级制度(estate system)及阶级制度(class system)。① 奴隶制度是一种极端不平等的分层体系,其本质特征是一些人(奴隶主)占有另一些人(奴隶),后者绝无自由可言。历史上最典型的种姓制度出现在古代印度。在种姓制度分层体系中,社会地位是由出身决定的,人们一般不能改变他们的社会地位。等级制度主要出现在封建社会。

阶级制度是现代社会最突出的社会分层形式。阶级制度是一个主要以经济地位为基础的相对开放的社会分层形式。社会学家确定阶级归属的常用方法主要有三种:一是客观法,即根据社会成员的收入和财富的多寡、职业类型,以及受教育程度等客观标准来区分其阶级归属;二是声望法,即根据社会成员享有的社会声望来区分其阶级归属;三是主观法,即根据社会成员对自己社会阶级定位的主观看法来区分其阶级归属。

根据社会分层体系的开放程度不同,可以将其分为开放性分层体系(open system)和封闭性分层体系(closed system)。在开放性分层体系中,社会成员从一个社会地位向另一个社会地位移动的难度较小,人们通过自己的天资、能力和努力改变自身社会地位的可能性较大。在封闭性分层体系中,人们的社会地位移动存在较大困难,社会地位更多地由社会出身决定。当然,这种划分只是韦伯"理想型"的一种运用,世界上从来都没有过完全封闭或完全开放的分层体系。所谓开放性分层体系和封闭性分层体系的主要区别在于社会地位移动的难易程度不同。

二、社会分层理论

社会分层理论主要关注并试图回答以下问题。首先,社会为什么会出现分层现

---

① [美]波普诺:《社会学》第10版,247页,北京,中国人民大学出版社,1999。

象？或者说，为什么人们会在财富、权力和声望等方面存在如此大的差异？其次，社会分层是必要和公平的吗？基于上述问题的不同回答，形成了三种不同的社会分层理论：功能论、冲突论，以及进化论的社会分层理论。①

（一）功能论视野中的社会分层

受帕森斯影响的社会学家主要采取功能论的观点解释社会分层现象。在功能论者看来，社会分层既是普遍存在和必不可少的，也是一种公平的社会特征。为了维持社会的正常运行，一定程度的社会分层是必要的。

功能论社会分层理论的代表人物是美国的社会学家戴维斯（Davis）和莫尔（Moore）。他们的基本观点是：社会分层不仅是不可避免的，而且也是保证社会正常运转所必需的。②

戴维斯和莫尔认为，在任何一个社会中都有一些工作比另外一些工作重要。从事这些重要的工作需要从业者接受更多的教育和培训。这样，重要工作的从业者就必须比其他工作的从业者付出更多的时间、精力、金钱，做出更大的自我牺牲。因此，在戴维斯和莫尔看来，为了激励最有能力的人愿意为从事这些具有挑战性的重要工作做出必要的牺牲，向这些最有能力的人提供更多的财富、权力和声望等是必要的和公平的，这导致了社会分层的普遍存在。也就是说，社会分层对于社会来说发挥着积极的功能，它使最有能力的人来扮演那些需要由能力超群的人扮演的社会角色。如果说社会分层在一定程度上造成了社会地位的不平均分配，在功能论者看来，这种不平均或不平等也是不可避免的，是公平的。

尽管戴维斯和莫尔关于社会分层的功能论观点因与美国关于个人成就的文化价值标准相吻合而流行于美国社会学界，但也遭到了一些严厉的批评。首先，这种观点被认为脱离了社会现实。有些人的社会角色并无明显的社会价值，却占据很高的社会地位，获得很高的报酬和收入。其次，先赋性或继承性的优势可能对社会地位的获得产生重要影响。最后，这种观点忽视了分层对于社会的反功能。一切分层都是根据人们的出生环境向人们提供不同的社会机会，因此分层不但无法向人们平等地提供扮演重要社会角色的机会，反而会妨碍人们最好地发挥自己的潜能和才智。如果社会底层的人们认识到社会分层的不公平性，还可能会导致社会冲突的发生。总之，在批评家看来，社会分层并不能保证使最有才干的人扮演最重要的社会角色。

① ［美］伊恩·罗伯逊：《社会学》上册，320～326 页，北京，商务印书馆，1990。
② ［美］波普诺：《社会学》第 10 版，256～257 页，北京，中国人民大学出版社，1999。

社会分层的作用是保证多数人原地不动。反对者并不否认在某些分层社会中,确实有人通过个人的能力和努力获得了很高的社会地位,但是,他们认为即便是这些靠自己努力改变社会地位的人也会将自己的地位传给自己的子孙。

(二)冲突论视野中的社会分层

受马克思和韦伯影响的社会学家主要采取冲突论的观点解释社会分层现象。欧洲的社会学家在社会分层理论上一向赞成冲突论的观点。在冲突论者看来,社会分层并非为社会发展所必需,也不是不可避免的。相反,社会分层是上层阶级(upper class)对下层阶级(under class)剥削的结果,是造成人类不公平的主要根源。

冲突论视野中的社会分层理论认为,尽管社会分层肯定会符合那些受益者的需要,但是分层根本不是社会的一种功能上的必要。在冲突论者看来,社会分层实质上是某个集团为保卫和强加它的经济利益而创造和保持下来的。[1] 社会分层仅仅是有钱有势者为了保持他们的优势而设计的一种不公平的社会制度。

大多数当代冲突理论是建立在马克思的经典理论之上的。马克思认为,阶级是对生产资料有相同关系的一群人。对立阶级之间的关系是一种剥削关系。统治阶级通过其对生产资料的拥有和控制来剥削被统治阶级,并运用宗教、教育和政治等制度设置来维持他们的统治。因此,社会分层的功能在于维持现状,而不是鼓励变迁和减少不平等。

韦伯对社会分层的研究以马克思的分析为基础,但又不完全等同于马克思的理论。[2] 韦伯与马克思在社会分层理论方面的不同主要表现在以下几个方面。首先,马克思把社会分层简化为阶级区分,而韦伯则关注阶级、地位和政党对于社会分层的作用,以及它们之间复杂的相互影响。也就是说,韦伯发展出一个更为复杂的、多维度的社会分层分析视角。其次,韦伯认为存在多种可能的社会位置,而不只是马克思提出的统治阶级和被统治阶级的两极划分模式。在韦伯的理论中,社会地位是指社会群体被赋予的荣誉或社会声望的差异。除了阶级关系和经济问题之外,政党、宗教等因素都可以独立地对社会分层产生影响。除了阶级划分之外,社会地位也可以通过财富、权力和声望等不同维度得以表现和标识。

美国社会学家赖特(Wright)在大量吸收马克思和韦伯思想的基础上,提出了一

---

① [美]伊恩·罗伯逊:《社会学》上册,322页,北京,商务印书馆,1990。
② [英]安东尼·吉登斯:《社会学》第4版,360页,北京,北京大学出版社,2003。

种社会分层理论。[①] 赖特认为，在现代资本主义生产中，存在着三种控制资源的方式：对投资和货币资本的控制；对物质生产资料的控制，以及对劳动力的控制。根据控制各种经济资源的不同，可以将现代资本主义社会分为三大阶级：资产阶级（capitalist class）、工人阶级（working class）和中产阶级（middle class）。资产阶级控制生产系统；工人阶级控制劳动力；中产阶级既不是资本家，也不是体力劳动者，但又具有两者的某些共同特征。赖特认为，大约占人口总数 85％～90％ 的人处于这种矛盾性阶级地位（contradictory class locations）。但是，根据他们与权威的关系及拥有的技能或专业知识不同，可以将他们进一步细分。与权威关系更加接近，以及具有市场所需求的技能的中产阶级更加接近资产阶级，其他中产阶级则更加接近工人阶级。

（三）进化论视野中的社会分层

20 世纪 60 年代以后，伦斯基将功能论和冲突论关于社会分层理论中的某些观点结合起来，提出了社会分层的进化理论。

伦斯基认为，社会为了求得生存所需的基本资源是按照功能论者所说的那样分配的，即为了吸引难得的人才担任重要的角色。但是，社会的剩余资源，即不是生存必需的资源，则是通过相互竞争的集团之间的冲突来分配的。[②]

伦斯基承认，人们的欲求总是供不应求的。因此，为了鼓励难得的人才，有些社会分层是必然的和不可避免的，这种社会分层对于社会的生存和发展也是有积极作用的。但是，由于竞争和冲突的存在，多数社会中的分层都大大超过了实际需要达到的地步；而且一旦社会出现了分层，特权集团就会利用他们的特权极力维持既定的社会分层，阻碍社会流动的发生，这些情况的存在使得社会分层具有了一些反功能。

由此可见，就其承认社会的生存方式造成分层，分层对于难得人才的鼓励，以及分层对于社会理想功能的发挥等方面来看，伦斯基的观点与功能论者一致。但就其对社会分层带来的不平等及对社会分层中特权的介入等现象的强调而言，伦斯基又具有冲突论者的某些观点。

---

① ［英］安东尼·吉登斯：《社会学》第 4 版，361 页，北京，北京大学出版社，2003。
② ［美］伊恩·罗伯逊：《社会学》上册，324 页，北京，商务印书馆，1990。

三、两种类型的教育机会均等概念

美国学者内格尔(Nagel)根据允许政府对教育活动的干预程度不同，区分出两种基本的教育机会均等的概念：积极的教育机会均等概念和消极的教育机会均等概念。① 这里的"积极"与"消极"与日常概念不同，它们不具有价值判断的意义，而是指对待政府干预教育的态度。积极的教育机会均等概念主张政府对公民受教育机会进行干预，而消极的教育机会均等概念则反对政府对公民受教育机会进行干预。

(一)消极教育机会均等论

在对待政府与教育的关系方面，对教育机会均等进行消极解释的学者都是非干预主义者。消极教育机会均等论的主要代表人物是罗伯特·诺齐克(Nozick)和米尔顿·弗里德曼(Friedman)。

消极教育机会均等论的基本主张包括：①要求去除那些阻止人们接受公共教育的各种正式的(尤其是法律上的)人为障碍，如种族、性别及语言歧视等；②在处理教育中的自由与平等的张力时，更加倾向于强调自由；③反对国家对教育结果的干预。

在一定程度上，消极的教育机会均等概念有助于消除在受教育机会方面存在的各种公开的和制度性的歧视。但是，消极的教育机会均等概念也存在着明显的不足，即这一概念对影响受教育机会的各种非制度化的因素缺乏关注。事实上，即使一个国家的法律明确规定反对种族、性别及语言歧视，但是，受一些社会传统和习俗等各种非制度性因素的影响，这些因素可能阻碍教育机会均等的实现。此外，在现实社会中，文化、政治、经济资源的缺乏也会对教育机会产生实质性的影响。

(二)积极教育机会均等论

在对待政府与教育的关系方面，对教育机会均等进行积极解释的学者都是干预主义者。他们要求政府采取积极的措施，消除导致儿童在受教育水平方面持续存在的不平等的社会环境差异。积极教育机会均等论的主要代表人物是罗尔斯(Rawles)和罗纳德·德沃金(Dworkin)。

积极教育机会均等论的基本主张包括：①在处理自由与平等之间的张力时，更加倾向于强调平等；②主张国家对教育的结果进行一定程度的干预。

积极的教育机会均等概念强调政府对社会处境不利群体/个人在受教育机会均等方面进行适当干预，这在一定程度上有利于社会的稳定和发展。但是，积极的教育

---

① [瑞典]T. 胡森、[德]T. N. 波斯尔斯韦特：《教育大百科全书》第2卷，194～196页，重庆，西南师范大学出版社，2006。

机会均等概念也存在一些不足之处。首先，它混淆了教育机会均等和教育结果平等的差别。其次，它难以确定评判政府教育干预的道德尺度和干预程度，难以判定在道德上允许的导致教育结果不平等的因素到底是种族、天赋，还是努力。被判定为在道德上允许的导致教育结果不平等的因素越多，它就越接近消极的教育机会均等，也就更有可能成为空谈。被判定为在道德上允许的导致教育结果不平等的因素越少，它就更倾向于对自由产生威胁，容易变成一个鼓励笨拙的社会计划。

四、社会公平理论与教育机会均等原则

社会公平理论着重处理两对矛盾：一是自由与平等之间的矛盾；二是政府干预与自由市场之间的矛盾。在西方自由主义传统政治哲学中存在着三种占支配地位的社会公平理论：自由意志论、功利主义、自由平等主义。不同的社会公平理论对于教育机会均等的认识不同，从而形成三种不同的教育机会均等原则：自由意志论的教育机会均等原则、功利主义的教育机会均等原则、自由平等主义的教育机会均等原则。教育机会均等原则着重处理一个三角关系，即教育、市场与政府之间的三角关系，或者说是教育、自由与平等之间的三角关系。

（一）自由意志论的教育机会均等原则

自由意志论强调国家和社会生活中的个人自由，主张"最小国家论"，认为国家在行使权力时应该奉行"最小权力主义"原则，反对国家通过资源再分配实现社会平等。

自由意志论者所持的个人自由和最小化国家，以及反对国家为实现平等而进行社会资源的再分配的主张，反映在教育机会均等问题上则表现为自由意志论将教育完全归于家长的纯私人责任。在他们看来，儿童能否受到教育，受到什么样的教育，将被迫完全依赖于父母的权力、财富、抱负、知识，以及父母的责任感。由此可见，自由意志论对应于教育机会均等的消极性解释。

（二）功利主义的教育机会均等原则

功利主义将整体利益的最大化原则作为判断行为或政策正确性的依据。功利主义者认为为了整体利益的最大化可以限制某些群体或个人的自由与权利，也可以在一定程度上为某些群体或个人提供某种形式的特权。

在教育机会均等问题上，功利主义的社会公平观认为为了社会整体利益的提高，应该通过对社会资源的再分配政策，对处于不利条件下的高智商儿童发展智力提供

额外资源。在他们看来，只要符合整体利益最大的原则，国家对教育进行某种程度的干预就是正当的。由此看来，功利主义对应于教育机会均等的积极解释。

自由意志论者极度敌视功利主义，对功利主义的教育机会均等原则进行了严厉的批评。自由意志论者认为功利主义的教育观念需要庞大的官僚机构来计算"最大利益"，这就容易导致家长作弊盛行，进而从根本上危害民主制度。

自由平等主义者并不像自由意志论者那样敌视功利主义，但也从不同视角对功利主义提出了批评。与自由意志论者批评功利主义在教育机会均等问题上允许政府干预不同，自由平等主义者认为功利主义做得还不够，认为功利主义的教育机会均等原则容易受偶然事件的影响。在自由平等主义者看来，教育机会均等的原则及普遍的正义原则，不应被用作利益最大化的抵押品。

（三）自由平等主义的教育机会均等原则

自由平等主义主张建立在自由基础上的平等，而非绝对的平等。在自由平等主义者看来，只要社会不平等是正当的，就应当允许其存在。罗尔斯认为，如果不平等有利于促进所有人的利益，尤其是弱势群体的利益，这种不平等就是正义的。这就是著名的罗尔斯正义的第二原则。①

另一个著名的自由平等主义者德沃金认为，自由平等主义概念支配下的每一位公民必须都有一种受到平等关心和尊重的权利。这一抽象的权利可以包括两种不同的权利：第一种权利是受到平等对待的权利，也就是说，像其他人享有的或被给予的一样，同样分享利益和机会。第二种权利是作为平等的人受到对待的权利②。德沃金强调，应该把作为平等的人受到对待的权利当作自由平等主义概念的根本要素。一个尊重自由主义的平等概念的政府只能根据某些非常有限的证明来适当地限制自由。③ 德沃金认为，自由如果不建立在平等之上，就是空洞的。

自由平等主义的教育机会均等原则主张政府对教育机会进行有限的、适当的干预。在罗尔斯看来，个体所要求的机会均等就是要一个享用适量社会物品的公平机会，如收入、健康护理、自尊及教育等。实现公平正义就是要求社会组织，包括教育组织，尽可能地削减那些不利的偶然性条件（父母的社会地位、个人的智力水平、身体残疾等），甚至有时要反对利益最大化。自由平等主义偏重于教育机会均等的积

---

① ［美］约翰·罗尔斯：《正义论》，56页，北京，中国社会科学出版社，1988。
② Ronald Dworkin, *Taking Rights Seriously*, London, Duckworth, 1977, p. 168.
③ Ronald Dworkin, *Taking Rights Seriously*, London, Duckworth, 1977, p. 202.

极性解释。德沃金也主张，为了最大限度地减少群体和个人的不利处境，政府应对教育进行适当干预。

　　自由意志论者和功利主义者从不同方面对自由平等主义的教育机会均等原则进行了批评。自由意志论者认为，自由平等主义为了促进平等会牺牲更多的自由。功利主义者则批评自由平等主义是"直觉主义"。在功利主义者看来，自由平等主义者在制定教育政策时没有在竞争性的原则之间建立一种平衡，包括利益最大化原则。

第二节　社会分层与教育机会均等的经典研究

　　法国当代著名社会学家、教育社会学家布迪厄运用文化再生产理论，对法国当代社会分层与教育机会均等问题进行了长期的调查研究，其研究成果被公认为该领域的经典研究。布迪厄的相关研究成果主要集中发表在《再生产：一种教育系统理论的要点》(1970)、《继承人：大学生与文化》(1985)、《国家精英：名牌大学与群体精神》(1989)等著作中。[①]

一、社会出身与受教育机会

　　根据欧洲社会学中心的系列调查结果、法国国家统计与经济研究所和大学统计局提供的数据(法国大学生 1960—1963 年的统计数据)，以及一些专题研究和初步调查，布迪厄在《继承人：大学生与文化》一书中对法国不同社会阶层在接受高等教育方面的不平等问题进行了专题研究。[②]

（一）教育机会不均的显性表现与隐性表现

　　布迪厄研究发现，在法国不同社会分层接受高等教育的人数比例差距巨大。父亲职业与儿子进大学机会的关系的统计数据表明，在法国，农业工人的儿子上大学者不到 1％，而有 70％的工业家的儿子上大学，自由职业者的儿子上大学的比例超过了 80％。这说明教育系统客观地进行着淘汰，社会出身地位越低的群体遭受的淘汰越严格。相反，出身于就业人口中人数最少的社会属类的人，在大学生中占的比例最大。

[①]　布迪厄的上述著作均已由商务印书馆"当代法国思想文化译丛"系列翻译出版。
[②]　［法］布尔迪约、帕斯隆：《继承人：大学生与文化》，1～2 页，北京，商务印书馆，2002。

尽管如此，布迪厄认为，不同社会出身的大学生所占的比例只是部分地反映了教育机会的不均等，是教育机会不均等的显性表现。在他看来，全面地认识社会阶层与教育机会均等之间的关系还应该关注教育机会不均等的较为隐蔽的表现。因此，布迪厄对不同社会阶层子女在接受高等教育的主观愿望、专业选择及学业成就等方面进行了调查研究和比较分析。

在法国，高级职员的儿子进大学的机会，是农业工人的儿子的 80 倍，是产业工人的儿子的 40 倍。结果，不同社会阶层实际接受高等教育机会方面的巨大差异，以各种方式影响各社会阶层对接受高等教育的主观愿望，导致不同阶层对高等教育的看法相去甚远。有的社会阶层感到接受高等教育是"正常的"，有的社会阶层感到接受高等教育是"可能的"，有的社会阶层则感到接受高等教育是"不可能的"。对于社会最低阶层而言，接受高等教育的主观愿望比客观机会还要小。

一般说来，在专业选择方面下层社会比上层社会受到更多的限制。下层社会的子女即便能够免遭高等教育选拔制度的淘汰，也会在专业选择方面受到很大的限制，他们进入高等教育机构后一般会被迫选择文学院或理学院。高级职员的子女学习法律、医学或药学的机会大大高过工人阶级的子女。如果说进入文学院对于下层社会的子女来说是"强制选择"的结果，是"不得不"的无奈选择；那么文学院对于上层社会的子女来说则是一个"避难所"，一些缺乏学习动机又想上大学的上层社会的子女往往会选择文学院及其中的社会学、心理学或语言学等这些具有一定社会声望的专业。

社会出身导致的高等教育机会不均等还表现在入学年龄与学业进步速度差异等方面。出身下层社会的学生具有入学晚、进步慢的特征。在整个大学学习期间，特别是在学业重大转折时，社会出身都施加着影响：有些阶层的子女在学校里感到"如鱼得水"，有些阶层的子女则感到"很不自在"。因此，布迪厄指出，来自家庭环境的一整套爱好和知识造成了大学生之间的差异，他们在学习学术文化方面只是表面上平等。[①] 对于一些人来讲，学到精英文化是用很大代价换来的成功；对另一些人来讲，这只是一种继承，它同时包含着便当和便当的诱惑。[②]

（二）大学生的社会出身与文化行为

布迪厄通过调查社会出身与戏剧知识之间的关联，对大学生的社会出身与文化

① ［法］布尔迪约、帕斯隆：《继承人：大学生与文化》，24 页，北京，商务印书馆，2002。
② ［法］布尔迪约、帕斯隆：《继承人：大学生与文化》，28 页，北京，商务印书馆，2002。

行为的关系进行了研究。结果发现，在法国，不管大学生的社会出身如何，他们了解最多的都是著名的戏剧作品，尤其是学校承认的名作。但是，不同社会出身的大学生在对不同戏剧作品的兴趣方面存在较大差异。出身于工人、农民等社会阶层的大学生对学校文化所推崇的戏剧名作兴趣很大，包括古典戏剧（雨果、马里沃、莎士比亚、索福克勒斯的戏剧作品）和近代著名作品（加缪、克洛岱尔、易卜生、蒙代尔朗、萨特的戏剧作品），而对与学校联系较少的戏剧作品，包括先锋派作品（布莱希特、贝克特、约内斯库、皮兰德娄的戏剧作品）和通俗戏剧（阿沙尔、艾梅、费多、卢森的戏剧作品）兴趣很小。随着社会出身的升高，对上述两类戏剧作品的兴趣的差距逐步缩小，在高级职员出身的大学生中差距达到最小。此外，研究发现，通过听音乐会了解音乐作品的数量随出身阶层的升高而增加。

布迪厄对不同社会出身的大学生在文化行为方面存在差异的原因进行了分析。他认为，一些人的社会出身决定了他们只能接受学校传播的文化，而不能接受其他文化。出身于中下层社会的大学生对戏剧的接触主要依靠学校组织，而且大部分是通过剧本阅读方式，而不是靠观看演出的方式实现的。因此，他们主要喜欢和熟悉学校所公认的戏剧作品（主要是古典的和近代的戏剧名作），而对先锋派作品和通俗戏剧作品较为陌生。对于出身于最低层社会的人来说，学校是接受文化的唯一途径，在各级教育中都是如此。资产阶级出身的大学生对学校教育的依附性比较小，他们可以经常去剧院、博物馆和音乐厅接触一些学校不能组织或者学校很少组织的文化活动。

据此，布迪厄得出结论：文化方面的不平等，以某些不存在有组织教学的领域更为明显；文化行为受到的社会因素的制约，大于个人的兴趣和爱好。①

二、选择面前的不平等与选择的不平等

布迪厄运用词汇测验的方法，对大学生理解和使用教学语言的能力进行了调查研究。结果发现，高等教育中存在着严重的语言隔阂现象，语言遗产对于大学生理解和使用教学语言的能力具有决定性作用。一个重要的发现引起了他的注意：在巴黎，好成绩比例最高的是出身于下层社会的大学生，然后依次是出身于中层社会和

① ［法］布尔迪约、帕斯隆：《继承人：大学生与文化》，21页，北京，商务印书馆，2002。

上层社会的大学生。这似乎与他所提出的文化再生产理论相悖。因为按照文化再生产理论，学校文化与上层社会的文化之间存在着高度的相似性，上层社会的大学生应该更加容易取得学习上的成功。如何解释这一"反常现象"呢？在《再生产：一种教育系统理论的要点》一书中，布迪厄引入了"语言资本"和"选择程度"两个概念对这一现象进行了解释。①

（一）"过分选择"与"选择不足"

在布迪厄看来，不同社会出身的大学生在以往的教育中已经受到"不平等的选择"：下层社会出身的大学生进入高等教育是受到了"过分选择"，而上层社会出身的大学生进入高等教育时则是"选择不足"。

由于学校文化在本质上是一种精英文化，因此，对于下层社会(农民、一般雇员和小商人)出身的学生而言，掌握学校文化就是一个"文化移入"的过程。为了满足学校在语言方面的最低要求，中下层社会出身的大学生必须在这场"文化移入"过程中取得成功，否则，他们便面临被淘汰的危险。在法国，中下层社会出身的子女进入高等教育时受到更为严格的选择，而选择的标准就是语言能力。语言不仅仅是一种交流工具，它还提供一个复杂程度不同的类别系统。辨别和掌握诸如逻辑学或美学方面复杂结构的能力，在一定程度上取决于家庭传授的语言的复杂性。这样，随着一个阶级与学校语言的距离的增加，它在学校中的死亡率也必然只能增加。②

因此，在"最学校化"的语言能力方面，经过"过分选择"而"幸存"的下层社会出身的大学生，往往比上层社会出身的大学生高。在理解和使用教学语言方面，经过严格选择的下层社会的大学生取得的成绩，至少与选择程度不如他们严格的上层社会的大学生的成绩相同，而高于和他们一样缺乏语言或文化资本但选择不如他们严格的中层社会大学生。随着对处于不利地位的阶层的选择越来越严格，语言测验成绩的顺序和社会出身等级的关系会逐步颠倒过来。

但是，在"自由化"或学校控制最不直接的语言能力方面，学业成就与社会出身之间的直接关联依然存在。越是远离学校直接教授和完全控制的领域，如由古典戏剧转移到先锋派戏剧，或由学校文学转移到爵士音乐，上层社会出身的大学生的优

---

① [法]布尔迪约、帕斯隆：《再生产：一种教育系统理论的要点》，86页，北京，商务印书馆，2002。
② [法]布尔迪约、帕斯隆：《再生产：一种教育系统理论的要点》，87页，北京，商务印书馆，2002。

势就越明显。[①] 这样便能很好地解释在理解和使用教学语言方面存在的，文化资本的占有与成功程度之间正比关系的消失或颠倒现象。这一现象的存在不但没有否定文化再生产的理论，反而有力地反证了文化再生产理论的正确性和解释力。

（二）"选择的不平等"掩盖"选择面前的不平等"

在法国，理学院的化学或自然科学、文学院的现代文学或地理学，接收的下层社会学生和中学现代科或二流中学的学生的比例最大。这些专业是下层社会出身的大学生最有可能选择的方向。相反，在文学院中的古典文学或社会学等专业中，出身于上层社会的大学生比例最高。

对于上述现象，布迪厄认为在高等教育阶段出现的专业选择倾向，与大学生的社会出身有着密切的关联。在他看来，社会出身主要通过最初的导向预先决定人们的学习前途。社会出身首先影响到不同阶层子弟对中学的选择，进而影响到随后的一系列的学业选择和成败机会。

但是，在一个作为选择结果的群体中，选择的不平等有助于逐步减少选择面前不平等的影响，有时还会消除这一影响。教育具有淘汰和选拔的功能，能够接受高等教育的"幸存者"的结构不断地随支配淘汰的标准变化，其结果是逐步弱化了社会出身与语言能力或其他学习成功的指标之间的直接关系。对于那些经过"过分选择"后才得以留在高等教育系统中的下层社会出身的大学生来说，他们越来越少地表现出曾对淘汰本属类其他人起作用的学习过程的特点，更多地具备了学校教育所公认的学习过程的特点。在某种意义上讲，这些幸存者的文化资本和精神气质已经发生了转变，成为某种形式的学校资本。

下层社会出身的大学生之所以在学习过拉丁文的学生组中占优势，是因为学习拉丁文对于他们的家庭来说是一个例外。这一方向对于他们这个阶层来说可能性很小，他们为了进入这一方向并坚持下去，就必须表现出特殊的素质。因此，学习一种专业的人是一系列选择的产品。[②] 事实上，只有按社会出身不同进行的有区别的选择，尤其是对下层社会出身的大学生的过分选择，才可以系统地解释语言能力随社会出身不同而发生的所有变化，尤其是解释一种文化资本的占有（根据父亲的职业

---

① ［法］布尔迪约、帕斯隆：《再生产：一种教育系统理论的要点》，87 页，北京，商务印书馆，2002。

② ［法］布尔迪约、帕斯隆：《再生产：一种教育系统理论的要点》，97 页，北京，商务印书馆，2002。

判断)与成功程度之间正比关系的消失或颠倒。①

三、才华型学科、自由文化与国家精英

在《国家精英:名牌大学与群体精神》一书中,布迪厄运用权力场域理论,通过对全国中学优等生会考优胜者社会出身差异(1966—1988年),以及关于预备班和名牌大学生生活经历的材料等资料的分析,对法国精英的产生过程进行了调查研究,解释了名牌大学与国家精英之间的内在关联。布迪厄的这一研究堪称社会分层与受教育机会均等的又一经典研究案例。

在差异化社会中,社会空间的结构是经济资本与文化资本这两个基本的分化原则的产物。因此,对文化资本分布的再生产起决定性作用,进而又对社会空间结构的再生产起决定作用的教学机构,就成了人们为了垄断霸权位置而进行争夺的关键。在布迪厄看来,精英学校并不是什么所谓的"救世学校",它不能推进社会公平,因为教学机构本身就是一种社会霸权形式,也是使霸权合法化的重要基础之一。因此,为了正确感知教学机构的社会功能,必须抛弃"救世学校"的神话。

(一)才华型学科与努力型学科

布迪厄根据学科与文化联系方式中所表现出来的某些征象,如学科使命的确定性、成败的征象、学习所需的知识储备,以及学习效果的可衡量性不同,将学科主要分为两类:才华型学科与努力型学科。

才华型学科主要包括哲学、法语及数学等,它们被看作需要才华和天赋的学科,这些学科与拥有非常可观的由继承得来的文化资本相关联。才华型学科的主要特征是:学科使命具有模糊性和不确定性;学习成败的征象既不明显又不稳定,学习效果很难衡量;从事这些学科的学习需要事先具备一些常常无法确定的知识储备等。上述学科特征导致人们不容易对这些学科产生学业的忠诚和热忱。努力型学科主要包括地理学和自然科学。与才华型学科相反,它们被认为是最需要努力和学习的学科。这些学科具有使命明确、成败征象稳定、学习效果容易衡量等特征,学习这些学科让人觉得"有把握""有收获"。而历史和语言(古代语言和现代语言)等学科则是介于才华型学科和努力型学科之间的学科,或被称为中间型学科。

---

① [法]布尔迪约、帕斯隆:《再生产:一种教育系统理论的要点》,87页,北京,商务印书馆,2002。

在布迪厄看来，不同学科类型具有不同的社会地位，学科类型的选择又与学生的社会出身和文化资本存在着密切的关联。才华型学科更多地招收来自社会空间中支配区域的学生，而努力型学科则更多地为来自社会空间中被支配区域的学生提供机会。但是，教学机构却试图借助学业分类学，在教育学和政治学的警戒线下，行使其社会歧视的权力①。因此，布迪厄指出，学科之间的差异在双重意义上掩盖着社会差异。像法语或古典文学、数学或物理学这样的在社会上被认为是最重要、最高贵的标准学科，神化了这样一些学生：他们常常来自社会地位和文化资本都相对优越的家庭；从比例上来说，从六年级到中学毕业，他们中更多的人是循着中学教育和古典文化教育的康庄大道走过来的，而且在中学教育阶段跳过级；关于可能的专业方向和职业生涯，他们往往有条件获得更多的信息。②

（二）自由文化与学校文化

在对 1966 年、1967 年和 1968 年法国全国中学优等生会考中的优胜者进行问卷调查的基础上，布迪厄对法语、哲学和数学的优胜者（才华型学科的优胜者）和历史学、地理学和自然科学的优胜者（努力型或中间型学科的优胜者）进行了比较研究。他发现，法语优胜者最习惯于用"天赋"来解释自己的成功，而历史学、地理学和自然科学的优胜者则将成功归因于"有条不紊、持之以恒地学习"；法语和哲学优胜者认为教师应该是"创造者"，而历史学、地理学和自然科学的优胜者则认为教师应该是"认真负责的人"；与历史学、地理学和自然科学的优胜者相比，法语和哲学的优胜者阅读面广，对于学校不直接讲授的学科具有广博的知识。

布迪厄认为，需要才华的学科能够为继承所得的文化资本带来最高的投资回报。他将通过家庭教育获得的或继承所得的"文化资本"称为"自由文化"。在他那里，"自由文化"是"学校文化"的对立面。布迪厄在《继承人：大学生与文化》一书中，对"自由文化"的特点及其与社会出身和教育成功的关系进行了阐释。所谓"自由文化"是指在资产阶级出身的大学生身上表现出来的，有助于其在大学某些专业取得成功的隐蔽条件。处于最有利地位的大学生，不仅从其出身的环境中习得了习惯、训练、能力这些直接为他们学业服务的东西，而且也从那里继承了知识、技术和爱好。一种

---

① ［法］P. 布尔迪厄：《国家精英：名牌大学与群体精神》，37 页，北京，商务印书馆，2004。
② ［法］P. 布尔迪厄：《国家精英：名牌大学与群体精神》，32～33 页，北京，商务印书馆，2004。

168 / 教育社会学（第3版）

"有益的爱好"对学习产生的间接效益，并不亚于前面那些因素。① 此外，学校也不合常理地把最高价值赋予了与学习分数和课程保持距离的技术。因此，资产阶级出身的大学生在大学中有更大的安全感，在学校教育方面的依赖性比较小。他们对与教学计划有关的书本和学校的书籍读得较少，对远离本专业的或其他学院的多种课程学得较多。他们在大学生活中更多地表现出超脱、自如、潇洒、自信，对于学校课程浅薄涉猎，而对学校教学之外的文化领域却有着丰富广泛的认识（见框7-1）。

> **框7-1　自由文化与学校文化**
>
> 　　在面对整个学校文化的时候，有的学生总是将自己的知识、爱好、实践活动（无论是"古典的""书本上的"，还是"学业方面的"活动）直接从属于学校，即使这一切并不是直接从学校的训练中得来的。法语和哲学的优胜者则不同，他们以各种方式表现自己有足够大的余力，能够自由而安全地维持与文化的联系，也就是与通常被理解为更"自由"、更不"书本化"的文化的联系；在这种联系中，他们常常表现出很高的修养及广博的爱好，因而这种联系可能会扩展到或者说被移植到学校教育尚未认识或者尚未顾及的领域：正因为如此，他们频繁地出入电影院（至少每个星期去一次的法语优胜者为50%，哲学优胜者为24%，而地理学和拉丁—希腊语优胜者仅为17.5%和10%），更为重要的是，他们具有要从这些"自由的"学科门类（电影或爵士音乐）中"培植"出某种习性来的强烈癖好。
>
> 　　——[法]P. 布尔迪厄：《国家精英：名牌大学与群体精神》，24页，北京，商务印书馆，2004。

　　与资产阶级出身的大学生不同，对处于最不利地位的大学生来说，他们的社会出身决定了他们对于学校教育具有更大的依附性，他们只能接受学校传播的文化，而不能接受其他文化。资产阶级出身的大学生毫不费力地就掌握了学校传递的知识，他们的现状和前途有保证，可以悠闲地追求风雅，敢于卖弄技巧，可以频繁地出入剧院、博物馆、音乐厅或电影院。而对于出身于最底层的大学生来讲，学校是接受文化的唯一的途径。由于没有其他的途径，他们只能在诸如阅读剧本等更为学校化的行为中，找到补偿他们不利条件的办法（见框7-2）。

---

① ［法]布尔迪约、帕斯隆：《继承人：大学生与文化》，20页，北京，商务印书馆，2002。

> **框 7-2　文化遗产在不同阶级中的传递**
>
> 　　在大部分情况下，特权的作用只以最直接的方式表现出来：推荐或走关系、补课或辅导、掌握教学和出路方面的信息。实际上，文化遗产以更隐蔽、更间接的方式传递，甚至不需要一步步的努力和明显的行为。
>
> 　　可能正是最有"文化教养"的阶层，最不需要宣传对文化的崇拜或有意识地进行文化实践的启蒙。在小资产阶级里，情况正好相反。大部分情况下，家长除文化方面的良好愿望外不能传递别的什么东西。有文化教养的阶级却把冗长的教诲作了精心安排，以通过暗中说服的方式使后代接受文化。
>
> 　　——[法]布尔迪约、帕斯隆：《继承人：大学生与文化》，23～24 页，北京，商务印书馆，2002。

（三）教学机构预言与国家精英

在对才华型学科和努力型学科、自由文化和学校文化进行区分的基础上，布迪厄揭示了作为教学机构的学校在国家精英生产中的作用及其基本机制。布迪厄认为，看似客观、中立、公正的学校学业评判体系并未致力于消除人们在文化面前的最初不平等。事实上，学校往往在助长文化面前的最初不平等，经常贬低它所传授的文化，如抱怨学校工作过于"学校化"等。看似中立化的学业分类形式实际上是根据品行等级建立起来的，通常属于被支配者（即"民众"）的品行是卑屈、粗俗、笨拙、迟钝、平庸等，属于中间阶层（即"小资产阶级"）的是小气、狭隘、平凡、规矩、认真等，而优越的阶层品行则是真诚、广博、丰富、自信、善于解决问题、优雅、创造性、敏锐、聪明、有教养之类。学业分类学将社会关系上霸权者所具有的社会品行当作杰出的品行，并且神化他们的存在方式和他们的身份。

法语优胜者集中了理想学生类型的所有特征，法国教育体制正是凭借这些特征来识别杰出群体中的精英，并且确认杰出者的行为方式的。哲学优胜者也一样，只是在程度上，他们比法语优胜者略微低一些。

在法国的学校教学机构中，用于学业评判的常常是一个二元对立的类别表：优异/平淡；轻松/勤奋；杰出/一般；学识渊博/囿于课本；有个性/平庸；有独创性/普通；活跃/死板；细致/粗糙；令人注目/一无是处；敏锐/迟钝；反应强烈/沉闷；优雅/笨拙；等等。这些类别既适用于教师和学生，也适用于他们的作品、功课、学业、思想和话语。教员在中立的幻觉中讲授着学业评判的准则。然而，就像暗喻和形容词的选择所证实的那样，这种学业评判几乎无法掩盖社会偏见。在学校引以为评判依据的所有对立当中，最有说服力的或许就是博学和才华之间的对立，博学总让人联想起勤奋索取，而与才华相关联的则是大文化的概念。这一对立面也是那些被认为是仅仅需要记忆的学科之所以威信扫地的根源，因为记忆是所有才能中最受轻视的。[①] 学业评判常常用带有"天赋"字眼的语言陈述出来，它能够产生和强化一种信念——一切都是命中注定的，而这种信念对于确定"志向"起着极为重要的作用；因而这种信念是实现教学机构预言的一种途径。[②]

实际上，学业分类形式是社会结构混合后的产物，因为正是社会结构在组织教学机构，尤其是通过学科和专业的划分来组织教学机构。随着学生社会出身的提高和分数的提高，最高荣誉的形容词出现得越来越频繁。

第三节　社会流动与教育

/////////////////////

教育与社会流动研究要回答的主要问题是：具有较高教育成就的人是否有更好的向上流动的机会？为了更好地回答这个问题，我们有必要首先对社会流动进行概念界定，然后再来探讨两者之间的关系。

一、社会流动的含义

社会流动(social mobility)是指个体在社会分层体系中的社会位置移动。社会流动的概念有广义和狭义之分。广义的社会流动是指个人社会地位结构的变化。狭义的社会流动常指个人职业地位的改变。[③]

根据不同的分类标准，可以对社会流动进行不同的分类。根据流动方向的不同，可以把社会流动分为垂直流动(vertical mobility)和水平流动(lateral mobility)；根据衡量流动的参照基点不同，可以把社会流动分为代内流动(intragenerational mobility)和代际流动(intergenerational mobility)；根据流动的原因和规模不同，可

---

① ［法］P. 布尔迪厄：《国家精英：名牌大学与群体精神》，30 页，北京，商务印书馆，2004。

② ［法］P. 布尔迪厄：《国家精英：名牌大学与群体精神》，32 页，北京，商务印书馆，2004。

③ 郑杭生：《社会学概论新修》修订本，323 页，北京，中国人民大学出版社，1998。

以把社会流动分为结构性流动和非结构性流动。

（一）垂直流动与水平流动

垂直流动也称纵向流动，指的是个体社会地位在不同社会阶层之间的上下移动。根据流动的方向不同，垂直流动又可以分为向上流动和向下流动两种类型。向上流动是指个体由较低社会阶层流入较高社会阶层；向下流动是指个体由较高社会阶层流入较低社会阶层。垂直流动在开放性的社会分层体系中更容易发生。

水平流动也称横向流动，指的是个体社会地位在某一社会阶层内部的平行移动。① 大规模的水平流动往往与科技发展，以及由此引发的社会职业的结构性变化密切相关。比如，随着后工业社会的来临，大量第一产业和第二产业的从业人员转向以服务业为主体的第三产业，就是典型的大规模结构性水平社会流动。

垂直流动与水平流动的最大区别在于垂直流动能够引起个体地位在社会阶层体系中排序的变化。相对于水平流动而言，教育社会学家更加关注垂直流动与教育之间的相互关系。

（二）代内流动与代际流动

代内流动又称同代流动，是指个体一生中社会地位的移动。代内流动的参照基点是个体最初的社会地位。代内流动反映的是个体在一生之中所发生的社会地位的变化轨迹，包括升降、平移等。

代际流动又称异代流动，是指个体与父辈相比所发生的社会地位的移动。代际流动的参照基点是父辈在同一年龄段的社会地位。代际流动反映的是个体与父辈之间的社会地位差异和变化轨迹，即家庭在异代之间的社会地位的变化轨迹。

在教育社会学研究中一般重点探究代内、代际垂直流动与教育之间的关系。

（三）结构性流动与非结构性流动

结构性流动是指由于社会结构变迁导致的社会地位移动。一般而言，结构性流动是由于科技和生产力的发展引发社会结构变化而最终导致的，因此结构性流动往往具有较大的规模。结构性流动更多地反映了社会科技和生产力的发展，以及由此引发的社会结构变化情况。

非结构性流动又称自由流动，是指由于个体原因导致的社会地位移动。非结构性流动往往是由个体的流动意向和职业竞争所导致的，它在一定程度上反映了社会

---

① 也有社会学家（如吉登斯等）将水平流动定义为"个体或群体从一个区域到另一个区域的物理运动"。（[英]安东尼·吉登斯：《社会学》第 4 版，901 页，北京，北京大学出版社，2003。）

分层体系的开放程度，以及社会地位获致的平等程度。

　　教育社会学研究对于结构性流动与非结构性流动都有一定程度的关注，并取得了一些重要的理论成果。

二、垂直流动与教育

　　垂直流动包括代内垂直流动和代际垂直流动。代内垂直流动是指个体在生命历程中发生的社会地位的垂直移动；代际垂直流动是指相对于上一代而言个体所发生的社会地位的垂直移动。

　　影响个体垂直流动的主要因素有个体的财产状况、个人特征及受教育情况。影响个体垂直流动的财产状况主要包括经济收入、社会经济地位(social economic status，SES)等；影响个体垂直流动的个人特征主要包括智力特征、成就动机、其他非智力因素及身体健康状况等。教育对于个体垂直流动的影响与个体的财产状况和个人特征密切相关，因此，对财产、个人特征和教育对个体在不同的社会政治制度和教育体系中的代内和代际流动的影响进行研究，就成了教育与社会流动研究的一个重要部分。

(一)代际垂直流动与教育

　　美国社会学家布洛(Blau)和邓肯(Duncan)于1967年出版了《美国的职业结构》一书，运用路径分析的方法研究了父亲职业对儿子的教育和职业的影响。布洛和邓肯是美国第一批对教育的代际流动功能进行经验分析的学者。他们的研究奠定了解释教育在社会阶层代际转换中的重要性的基本模式，并引发了许多国家的相关研究。[①]关于代际流动与教育关系的研究主要集中在父母资源、子女学习能力、受教育水平等因素对代际流动的影响上。

　　布洛和邓肯将父亲职业对儿子职业的影响分为两种：一是直接影响，即父亲的职业与儿子职业直接影响；二是间接影响，即父亲职业通过影响儿子的受教育程度进而影响儿子的职业。

　　布洛和邓肯研究发现，在美国，儿子的受教育水平影响着他们的职业水平，而儿子的受教育水平又受父亲职业水平的影响。他们得出如下研究结论：在美国，父亲职业对儿子的职业影响主要是间接的。美国社会中父亲职业对儿子职业的影响，

---

① ［瑞典］T. 胡森、［德］T. N. 波斯尔斯韦特：《教育大百科全书》第2卷，308页，重庆，西南师范大学出版社，2006。

主要通过儿子的受教育水平进行转换。

　　1977年，英国社会学家哈尔西运用布洛和邓肯在美国研究中所运用的基本模型，研究了英国社会中父亲职业与受教育水平对代际流动的影响。哈尔西收集了1万名英格兰和威尔士成年男子的数据，将父子的职业经历和教育资格分别量化，然后以回归分析法对这两组数据的相关性进行分析。研究发现，第二次世界大战以后，英国家庭的阶级等级制对教育机会和文凭的直接影响一直在增长；与此同时，教育同首次职业的联系越来越密切。换言之，教育逐渐成为代际地位传递的中介。1972年英国男性的职业地位更多地依赖于教育资格，而较少依赖根据父亲的职业地位所测定的出身。确实，观察到父子地位的相关性大部分是通过正式教育的地位传递的。①

　　与早期研究集中关注父亲职业对代际流动的影响不同，后继研究一般更为广泛地关注"父母资源"（父母亲的受教育程度、经济收入、母亲的职业、居住地等）对代际流动的影响。研究发现，母亲职业在社会阶层体系中的位置，对其子女的教育水平和代际流动具有独立影响。1980年，哈尔西等人出版了《出身与地位获得：现代英国社会中的家庭、阶级与教育》一书，他们认为在现代英国社会中，家庭经济收入对代际流动的影响并不像通常所认为的那么重要，它并不直接影响子女的职业水平。但是，在那些受教育机会和程度更多地受到经济因素制约的国家和社会，父母经济资源的影响力会有一定程度的提高。②

　　美国社会学家詹克斯（Jencks）等人分别于1972年和1979年出版了《不平等：重估美国社会中家庭和学校教育的影响力》和《谁会出人头地：美国社会中经济成功的决定性因素分析》两本著作。他们分析了智力水平和学习能力对美国代际流动的影响，认为儿子智力水平和学习能力可以部分地解释其教育与职业的关系。此后的绝大多数研究发现，子女的学习能力依赖于父母资源，是父母资源和子女教育成就的中介因素。但是，子女的学习能力对其职业的直接影响并不大。③

（二）代内垂直流动与教育

　　社会学家一般用学生离校后的首次职业与目前职业之间的差距，标识代内垂直流动的距离和程度。哈尔西在1977年研究发现，在英国，儿子的教育同其首次职业

①　张人杰：《国外教育社会学基本文选》，140页，上海，华东师范大学出版社，1989。

②　Albert H. Halsey, Anthony F. Heath, John M. Ridge, *Origins and Destinations：Family, Class, and Education in Modern Britain*, Oxford, Clarendon Press, 1980, p. 157.

③　［瑞典］T. 胡森、［德］T. N. 波斯尔斯韦特：《教育大百科全书》第2卷，309页，重庆，西南师范大学出版社，2006。

之间存在很高的相关性。与此同时，首次职业对于目前职业的直接影响相当大，而且其影响力还在不断增长。[1] 一般而言，即使在控制了教育成就和学习能力变量之后也会发现，首次职业的等级对于目前职业的等级存在着较大的影响。相反，在控制了首次职业变量以后，教育成就和学习能力变量对于目前职业的直接影响是比较小的。这一研究结果说明，代内流动更多地受到首次职业变量的影响，而教育成就至多只能间接地影响代内流动机会。

1989年，瑞典学者忒季曼(Tuijnman)出版了《回归教育、经济收入与健康状况》一书，记录部分瑞典人进行的一项长达50年的跟踪研究(longitudinal study)。这是一项有关教育对代内流动影响的重要研究，其目的在于探究回归教育或成人教育对于瑞典人职业成就、经济收入及健康状况和主观幸福感的影响。在控制了初始教育、首次职业、学校能力和父母资源等变量后，此项研究发现，成人教育对职业存在持续增加的正面影响，而对经济收入却没有影响。这项研究表明，尽管初始教育对于成人教育存在着强烈的积极影响并因此而削弱了代际流动，但是成人教育仍有可能促进代内流动。[2]

经济合作和发展组织(OECD)《教育政策分析·2003》对于成人学习的某些观点在一定程度上修正了忒季曼的研究。OECD认为，尽管成人学习的好处不能仅用经济指标来衡量，但经济因素却至关重要。但是，OECD同时认为，在现行政策框架下，经济收益只是成人，尤其是在职成人，进一步接受回归教育的中等程度的动因。[3]

相对于代际流动而言，教育社会学界对于代内流动与教育之间关系的研究关注还不够，有代表性的研究成果较少。相信随着各国终身教育体系的实施及人们对成人教育的重视，教育与代内流动之间的关系将会得到较为深入的研究。

---

① 张人杰：《国外教育社会学基本文选》，143~146页，上海，华东师范大学出版社，1989。

② ［瑞典］T. 胡森、［德］T. N. 波斯尔斯韦特：《教育大百科全书》第2卷，309页，重庆，西南师范大学出版社，2006。

③ 范文曜、谢维和：《教育政策分析·2003》，80页，北京，教育科学出版社，2006。

第八章　学校的社会学分析

　　学校社会学研究是教育社会学中观研究的核心内容。党的二十大报告要求，"全面贯彻党的教育方针，落实立德树人根本任务，培养德智体美劳全面发展的社会主义建设者和接班人""以社会主义核心价值观为引领，发展社会主义先进文化，弘扬革命文化，传承中华优秀传统文化"。开展学校社会学研究，对于全面贯彻党的教育方针，增强全民族文化自信，具有极其重要的现实意义。对学校进行社会学分析，了解和把握社会学视角中关于学校组织的理论观点，理解学校社会组织的本质、结构特点和社会功能，以及这些因素对教育活动的影响，有利于更好地认识学校的社会属性，促进学校在人才培养方面的功能发挥。

第一节　学校是一种制度化的社会组织

　　与对班级的社会属性存在较大争议的情况不同，教育社会学界对于学校的社会属性认识极为一致，认为学校在社会属性上属于一个正式组织。当然，不同的教育社会学家对于学校组织的具体性质和结构特点也有一些不同的认识和看法。

一、组织是一种稳定的人际合作关系网络

（一）组织与学校组织

组织已经融入了我们生活的每个方面。什么是组织呢？达夫

特认为，"组织是由人及其相互关系组成的。当人们彼此作用并发挥基本作用以达到目标时，一个组织就存在了"①。组织分为正式组织和非正式组织两种形式。组织的关键性要素是人及其关系。

帕森斯认为人的行动具有社会体系的性质。每个人都要与同其行动相关的其他人发生联系，而这种联系会有助于社会目标的实现。帕森斯关注各种形式的社会组织，如医院、学校等。他认为学校是为儿童和青年提供教育的组织。② 帕森斯认为，正式的社会组织概念，与社会功能概念相关联。组织是一些不同功能的社会体系，人们构造组织是出于实现特定社会功能的目标。对社会行动进行协调，以正式的规章制度来完成这种协调并将协调结果形式化、固定化的合作体系就是正式的社会组织。

组织的定义还有很多，也存在很大差别，但其核心含义都是：组织的本质特性是人和人的合作及其相互关系的结构。比如，系统组织理论创始人、现代管理理论之父巴纳德就将组织视为"自由人的协作系统"。巴纳德的组织理论揭示了人的本性自由这一人的最本质特征，将组织直接定义为自由人的协作系统，认为组织成员的协作愿望是组织存在的第一前提条件。

美国学者罗伯特·欧文斯指出，早期的组织研究者强调组织结构的权力等级模式，但是到了20世纪中期，以西方电气公司研究为契机，组织的研究者开始关注"企业的人的方面"，组织的性质开始得到重新界定，组织中人性的维度逐渐获得中心地位。所以，欧文斯认为，在组织发展的第一个世纪里，最强大的学识所关注的问题现在显而易见：理解组织的关键在于理解其人性维度和社会维度。③ 在欧文斯看来，学校组织是一个"作为双重系统的教育组织"，即学校不仅具有松散结合的特征，而且有一些科层制或经典组织的特征。但是，"松散联结"（loose coupling）是学校和其他教育组织的显著特征，因此，应该对美国的学校进行结构调整，改进学校表现，以增加教师做出关键的教育决定的权力，促进共同决策，创建有利于发展的共同体性质的学校文化。

（二）正式社会组织的特征

韦伯的科层理论是迄今为止影响最大的组织理论。其核心思想是把组织看成由

---

① ［美］理查德·L. 达夫特：《组织理论与设计》第7版，15页，北京，清华大学出版社，2003。
② ［美］特纳：《社会学理论的结构》上册，30~36页，北京，华夏出版社，2001。
③ ［美］罗伯特·G. 欧文斯：《教育组织行为学》第7版，176页，上海，华东师范大学出版社，2001。

部门和职位的等级结构形成的体系，每个部门和职位的权限和职责都是依据合理、合法的原则，按照它们在组织中的地位确定的，每个成员的一切职位行为都由既定的规则制约着。也就是说，在组织中，人们社会行动的建构不是根据个体的好恶，而是根据成文的规章制度。

韦伯认为科层制组织有如下五项基本特征。[①]

1. 层级化

科层制组织为了促进组织目标的实现，需要权威的监控和指导。而所有权威都要按照职位的等级性依次排列，共同服从于一个指挥决策中心，建立起一个纵向的管理体系。在其中，部属必须接受主管的命令与监督，上下级之间的职权关系严格按等级划定，从而保障组织的协调性，提高组织的工作效率。

2. 规范化

在科层制组织以成文的规章制度对工作过程、工作要求、人员角色、岗位职责等进行认定，让每位成员都了解自己所必须履行的岗位职责及组织运作的规范，使个体化的行为趋向统一的标准，从而促进组织成员的合作和协调。

3. 专门化

在科层制组织中，劳动分工具有专业化的特征，组织的任务根据工作类型和目的被分解成多个工作单元，每一个工作单元都具有很清楚的职责范围。每个成员将凭自己的专业所长接受组织分配的活动任务，并按分工原则专精于自己岗位职责的工作，从而提高组织工作的效率和质量。

4. 标准化

科层制组织通常颁布书面的规章，确定计划和日程以供组织成员遵守，从而使群体中存在的大量的个性化的表现和对工作任务、程序的不同理解降到最低，以保证该协作体系能够统一行动。

5. 绩效化（非人格化）

科层制组织遵从绩效原则，根据专业工作的成果决定升迁。组织成员严格按照法令和规章对待工作和业务交往，公事与私事之间具有明确的界限，排除情感因素、私人关系，任人唯贤，按劳取酬，从而最大限度地提升组织工作效率。

---

① ［德］马克斯·韦伯：《经济与社会》下卷，278～286页，北京，商务印书馆，1997。

二、学校组织对个体的意义

现代社会是高度组织化的社会，每个人在参与社会生活的过程中都离不开组织。正如达夫特所说，"组织包围着我们并以多种方式改变着我们的生活"①。在现代化的、有组织的社会生活中，学校组织的作用是多方面的。对于个体而言，主要有如下四点意义：首先，参与学校组织并在其中接受教育和培训是个体参与社会生活的必要途径。其次，学校组织是个体实现发展的必要条件。在现代社会中，学校对个体的影响越来越大。这种影响主要体现在知识学习、身体健康、思想品德、价值观念、人际交往技能等各个方面。个体需要借助于学校教育的条件实现自身的发展。再次，学校组织可以增加个体对发展资源的利用机会，如对教师、图书、设备等资源的利用，这有助于提高个体的学习效率。最后，学校组织可以提高个体应对学习化社会挑战的能力。在终身学习的大背景下，学校不仅可以满足人们的基本学习需求，而且可以使人学会学习，奠定终身学习的基础。

值得注意的是，以上分析均是从早期功能主义的角度论述的，着眼于社会组织、学校组织的积极层面。事实上，人们对于组织意义的观点并不尽相同，如默顿就曾论述过组织的"反功能"（dysfunction）或者"消极功能"（negative function）。在 20 世纪 40 年代，默顿创立了功能研究的分析范式，提出功能分析要将主观动机与客观结果相区别，客观后果可能会与预期不符。科层制在提高效率的同时，也具有明显的反功能。科层制的反功能主要表现为：刻板僵化，墨守成规，应变能力差，反应缓慢，个人的发展和创造性受限，等等。默顿认为，如果学生在学校里从同辈群体那里学到了社会所不希望的行为，那么，学校也就具有了反功能。②

三、学校组织的性质

对学校组织性质的看法关系到我们如何看待教师、如何看待学生、如何把握学校组织目标，以及以怎样的理念去管理学校等一系列问题。

（一）艾兹奥尼的组织理论

美国组织社会学家艾兹奥尼（Etzioni）根据组织为使其成员服从并参与组织而采

---

① ［美］理查德·L. 达夫特：《组织理论与设计》第 7 版，16 页，北京，清华大学出版社，2003。
② ［美］波普诺：《社会学》第 10 版，18 页，北京，中国人民大学出版社，1999。

取的控制手段的不同，将组织分为三种基本类型：功利性组织、强制性组织和规范性组织。[①]

1. 功利性组织

功利性组织以奖金等物质刺激作为控制成员的手段。企业、商家等就是这样的组织，其组织目标本身就是功利性的。

2. 强制性组织

监狱等属于强制性的组织。在这样的组织中，不是所有人都认同组织的目标，组织必须采取强制性的手段使个体的看法与整体目标相一致。在强制性组织中，人际关系呈现一种疏离的状态。

3. 规范性组织

规范性组织主要依靠精神的监督手段，如道义、规范、良心等来实现对组织成员的控制。常见的规范性组织有环保组织、宗教组织及某些文化组织等。

需要指明的是，艾兹奥尼认为，组织的性质不能取决于某一个绝对的特点。我们也持这样一种观点，即从不同角度看学校组织的性质是不同的。从教师角度看，学校具有功利性组织的特点；从学生角度看，学校的强制性特点又极为突出。因此，应从整体上把握学校组织的性质。

从整体上看，学校组织是一个规范性的组织，它需要教师的信念、责任感，以及对学生的热爱、关怀去支撑，不宜过分地强调学校的功利性。当前，受市场冲击，学校开始倾向于采用市场的管理方式，如引入市场机制、按劳取酬、绩效原则等管理学校。我们认为，对学校而言，最重要的是培养学生的群体性、互助精神、责任心等。因此，学校组织更应该是一种规范性的组织。

很多学者曾提出学校要减少功利性的管理方式，如美国著名高等教育专家克拉克教授就认为学校组织系统的管理不适用经济化原则，而应遵循其自身的特点。

（二）斯格特的学校组织理论

美国学者斯格特将组织分为营利性组织和非营利性组织。[②] 他认为学校是典型的非营利性组织，其组织目标是非营利性的，而且，从斯格特总结的非营利性组织的标准看，学校组织也几乎完全符合。在斯格特看来，非营利性组织具备以下7条标准：

①缺乏利润衡量的标准。学校主要以传播文化、培养人才为目的，对于学校利润、教师的工作成果等都难以衡量。②属于服务性组织。学校主要是为学生发展服

---

① 吴康宁：《教育社会学》，251～252 页，北京，人民教育出版社，1998。
② ［美］斯格特：《组织理论：理性、自然和开放系统》，3～5 页，北京，华夏出版社，2001。

务的。WTO就将教育归为服务性贸易。③市场的作用比较小。就这一标准来看,我国的学校属于典型的非营利性组织,因为我国的教育主体是公立教育,教育财政由国家主控,对市场的依赖较小。④专业人员及自愿服务人员占主要地位。⑤所有权没有明确的归属。我国的学校组织也与这一标准极为相符。虽然我国的教育所有权归全民所属是明确的,但是所有权的行使却是不明确的。⑥政治色彩比较浓厚。⑦缺乏良好的控制和管理的手段。教师处理问题带有明显的个人化色彩,没有统一的技术性的方式方法去约制教师按统一规则做事。

四、松散的学校组织结构

对于学校组织的结构特点,大多数学者公认的看法是,学校组织的结构是一种松散型的结构。这取决于学校组织形成的基础,即学校组织是以学科为基础的。由于学科之间是彼此独立、封闭的,学生接受教育也是按学科进行的,因此学校的组织结构呈现出一种松散、扁平的状态。

与此相应的是,学校组织不同于其他组织,它具有两个权力系统,一个是行政权力系统,另一个是学术权力系统。后者的存在对于前者而言,是一种补充,也是一种制衡。因此,比起其他组织,学校组织更加关注其组织成员——教师的专业性,关注其相对独立的专业权力,强调学术权力对行政权力的制约作用。

马奇(March)认为,教育组织并非像人们所想象的那样具有统一而清晰的目标、明晰的技术线路及规范的运作程序。事实上,教育组织内部的无序远甚于有序,人员、机构间的联系呈现明显的松散特征。韦克(Weick)把这类组织称为"松散联结系统"(loosely coupled system)。布什则进一步将"松散联结系统"的特征概括为以下几个方面:①组织目标不明确。教师的专业自主权能够使他们自由地确定自己的工作目标,并在工作中使自己的行为与确认的目标相一致。②组织管理的手段和程序不清楚。③组织中不同机构间虽然存在联系,但相互间的影响比较小,机构和成员有相当程度的自主权,独立性强。④组织结构不确定。规模越大,复杂程度越高的组织,其权力结构越复杂模糊。⑤越是高度专业化、规模较大、有多种目标的学校组织,其组织内部运作越无序,越"需要专业人员依据自己的判断来从事教学,而并非按照管理者的命令去工作"。⑥组织管理中参与者的流动性强,很难明确各人的责任。⑦组织对外部信息的把握具有不确定性,决策过程模糊。⑧组织的决策是无计划的决策。当新的问题出现时,组织将注意力集中在对付新问题,而未能顾及对原有决策的实施。⑨强调分权优势。①

对于学校这种组织结构的特点，学者们评价不一。科恩(Cohen)等人20世纪60年代对大学组织研究的结论是大学处于"有组织的无序"状态。而克拉克教授则认为，恰恰是这种结构松散的网络和中心在工作层面的特点，成就了高等院校，使之成为历史上最为古老、最有生机的社会组织。②

五、学校组织的社会功能

结构功能主义理论范式以讨论组织的社会功能著称，这一理论流派关注作为社会组织的学校所具有的社会功能这一问题。日常生活中，人们惯于从对社会、对环境的作用的角度来讨论组织或个体存在的合理性。现实的教育研究中，学者们也通常会有意无意地运用功能分析的方法。

从其组织目标来看，学校组织是要为年轻一代提供接受教育的机会，将其培养成符合某种规格标准的人才。但是一个组织的目标与其发挥的功能并不总是一致的，它只能属于预期功能。其运行过程中往往会产生与预期目标相左的功能，因此需要考虑学校组织的实际功能，即从结果角度来讨论学校的作用。

结构功能主义认为，社会是由个人构成的整体关系结构，每一个部门对这种结构的影响就是其所发挥的所谓社会功能。人们对于学校组织的实际社会功能在认识上存在较大的分歧，代表性的观点主要有以下几种。

（一）社会化功能是学校组织最为本质的功能

这一观点认为，学校组织的社会化功能是指学校能使青少年由一个"自然人"转变为一个"社会人"。

（二）社会化和社会选拔是学校的主要功能

这种观点认为，学校的实际社会功能有二，一是社会化，二是社会选拔。持这种观点的代表人物是美国著名社会学家帕森斯和德国著名社会学家韦伯。帕森斯在其1959年的文章《作为一种社会体系的班级：它在美国社会中的某些功能》中就提出过这一观点。在有关学校的选拔功能方面，帕森斯不同于迪尔凯姆的观点，他认为选拔功能与社会化功能是学校组织的两种不同的功能。虽然社会选拔功能往往也要

---

① ［英］托尼·布什：《当代西方教育管理模式》，168～177页，南京，南京师范大学出版社，1998。
② 阎光才：《大学组织的管理特征探析》，载《高等教育研究》，2000(4)。

通过社会化功能来实现，但是这种选拔并不是个人需求和自主控制所能把握的，需要受到个人能力、家庭背景、考试制度等多方面的影响。

帕森斯认为，随着社会日益成为一个专业化的社会，学校不同种类的知识与社会职业的联系加大，而社会职业又是划分阶级阶层的重要标准。因此，可以说，学校教育能够在很大程度上影响到人的生存状态。人们在学校接受的知识种类将会影响到人今后的工作性质、社会地位，这正是学校组织对个体的选拔性的功能的体现。[1]

除帕森斯外，韦伯也持这种观点。韦伯没有直接讨论过教育的社会功能问题。但他曾经提出过，人的社会地位是由个人的权力、声望和劳动能力三方面决定的，而劳动能力是与学校教育相关的：接受过不同水平的教育的人，在劳动力市场中的价值是不同的。接受职业教育还是专业教育会将个体输送到不同的职业群体中去，这实际上就是一种教育的选拔功能。[2]

（三）学校组织的社会功能范围在扩大

这种观点认为，随着社会的发展，社会组织的专门化程度大大提高了，组织功能的边界也日益模糊。伴随着组织的发展，组织能够从事的社会活动的范围也越来越大了。

对于学校而言，其最初的功能仅仅是知识的传递，但如今又加入了知识创新、社会服务等多方面的社会功能。这不仅体现在高等教育中，很多中小学也在努力提升自身的社会影响能力。比如，中小学会通过活动课程来参与社区文化建设。总之，学校不仅仅对学生施加影响，其社会作用的范围也在日益扩大，远不止社会化和社会选拔两项功能。

（四）学校具有社会控制的功能

这种观点认为，学校可以通过传递文化价值观念、政治原则等使人遵守社会的秩序。实现社会控制主要依赖两种手段：一种是强制性的手段，也称硬控制，即通过他律手段，如法律和惩罚，来实现社会控制；另一种是非强制性的手段，也称软控制，即通过思想的影响使个体认同社会规则，达到行为的自律。与强制性手段相比，非强制性的手段的代价更小，控制的有效性和持久性更好。

学校教育就具有这种非强制性的社会控制作用，这体现在很多方面。在政治方

---

① 张人杰：《国外教育社会学基本文选》，506～530 页，上海，华东师范大学出版社，1989。
② ［德］马克斯·韦伯：《经济与社会》上卷，333～339 页，北京，商务印书馆，1997。

面，学校教育起到了灌输社会意识形态的作用，使学生认同、遵循国家和社会的秩序，对政治党派保持正确的态度。在经济方面，培养学生形成诚实、平等、守时、负责的品质，严格遵循经济秩序。

（五）学校具有监护的功能

学校的监护功能表现在学校有保障学生人身安全、关注学生身心健康的功能。通常来说，监护职责是归属家庭所有的，但随着学校教育在个人生活的时间、影响方面的比重越来越大，监护责任实质上已经部分地从家庭转移到了学校。比如，在学校人身伤害事故中，学校总要承担一定的责任。

（六）学校具有文凭发放的功能

这种观点将学校的社会化功能、社会选拔功能进一步分化，提出文凭发放功能。这种观点认为选择功能关注过程，文凭则是学校教育最终的证明，是一种身份的标签，构成了人们进入不同职业领域的"敲门砖"。

但是学历证明并不一定与学识相符，并不一定与从事的工作、与在学习过程中追求的目标相一致。如果文凭被形式化了，社会社会变成一种文凭社会、学历社会。人们如果接受教育脱离了教育本身的意义，更加看重文凭所代表的身份，就将背离学校教育的初衷。对文凭的过度崇尚不利于学校教育的健康发展，也是学校教育消极功能的一种展现。

（七）学校具有教育功能

这里的教育是一种狭义的教育，是一个中性的概念，仅仅指传授纯粹的科学知识。它与社会化是有区别的，不包括社会化所涵盖的社会意识形态、文化价值观念等方面的教育。

需要特别说明的是，我们在以上有关学校组织的功能分析中主要还是围绕社会化、社会选拔这两大功能展开讨论的。事实上，对学校的期望与其实际运行的效果之间总是会存在差异的。默顿的观点可以帮助我们理性地把握这个问题。他认为，任何社会组织都存在正功能和负功能，既有显功能也有潜功能。这种潜在的作用可能是与人们期望的功能存在差距的，也可能是相反的。比如，人们认为学校的组织化越严密，越有助于提高效率。但是，随着这种组织程度的提高，学校组织会日益僵化，造成对学生管理的约束，从而限制学生的发展，造成一种"训练性无能"。还有，为了提高培养人才的效率，学校分层现象出现，随之也引出了教育不公平的问题等。

第二节 学校组织文化

////////////////////////

建立组织的目的，就是要对组织成员个体的行为进行协调与控制，但是通过组织正式的规章制度进行调控并非总能成功。人们发现，尽管在组织的建设方面出现了制度化程度的不断升级，但其结果往往适得其反，过度管理反而诱发了相反的力量，由此人们开始从文化的角度反思究竟是什么因素影响了组织成员的个体行为。从20世纪80年代以来，组织理论越来越关注从组织文化的角度，去理解组织成员行为的个性化特征，认识到一些组织行为并不完全受组织正式规则制约的问题。对组织文化的关注，代表了组织理论研究重心的转移，即从正式组织转向"有组织的行为"。本节主要从文化的角度审视学校组织文化对教师、学生等组织成员行为的影响。

一、组织文化与学校文化

(一)组织文化及其意义

在这一部分，我们主要运用美国管理学家达夫特的组织理论来解释与学校组织文化相关的一些问题。[1]

1. 什么是组织文化

组织文化是被所有组织成员共享，并作为公理传承给组织新成员的一套价值观念、理解能力和思维方式。从这样一个定义中，我们可以看到组织文化具有如下特点：组织文化是在特定范畴内，即组织之中的文化；组织文化是组织中高度概括化的、一般化的假设、价值观念和思维方式，包括其他学者所说的内部人员的行为方式、思考问题的方式、正式规章制度中包含的假设等文化内容。

组织文化虽然是隐性的，但会从各个方面影响组织成员的行为，这与人的行为特点有关，即人的行为是有意识的行为。人能对自己的行为加以控制、选择，对已有的行为加以反思和矫正。但这种控制、反思要借助一定的文化、意义去实现。例如，学习是学生最根本的职责，但由于学生对其赋予的意义不同，有的学生不会完全按学校组织的目标、纪律去做，他们可能应付，也可能反抗。所以说，组织文化对组织内成员有组织的行为是会产生影响的。

---

① [美]理查德·L.达夫特：《组织理论与设计》第7版，361～387页，北京，清华大学出版社，2003。

2. 组织文化的两种形式

组织文化根据其表现形式不同可以分为两种形式：一是以可观察到的表现形式存在的学校文化；二是以深层次的价值观表现的学校文化。

(1)可观察到的表现形式

常见的可观察到的表现形式有：仪式、故事、口号、校训、衣着、可见物像和可观察的行为。这些可见行为反映了组织成员思想中的深层价值观。

(2)深层次的价值观

以深层次的价值观表现的学校文化包括学校的价值观、假定、信念和思维过程。其中，"假定"指的是对人的本质、对人的行为目标等的假定，影响着我们如何去做事。例如，当前学校在行政管理中关注制度化，注重对教师、学生的定量控制，以量化的成绩作为奖惩的依据。这样做包含对人基本追求的假定，经济学称之为"理性人"假定，即人是以个人利益为追求目标的。正是基于这种假定，学校在管理时才会采用以物质回报为基础的控制组织成员的规则。这在社会学中被称为"理性选择假设"，即人们做事要进行理性的思考，考虑行为与目标是否吻合、代价是否合理等。这种假设促使学校在制定规章制度的时候，将成员的个人利益放在个人行为与学校组织目标实现的中介地位上，通过促使和保障个人追求自己的利益来实现学校组织的目标。

但是，人的偏好是多元化的。人们可能会关注个人发展的目标能否实现，关注从群体中获得报酬的多寡。但作为社会人，人们也会看重自己对群体的价值和意义，即自己在多大程度上能够帮助别人，能够促进组织目标的实现。这些都不是以个人利益为基础来进行选择的问题。因此，"理性人"的假定不能完全涵盖人的行为动机。

总之，对人行为的不同假定会影响学校的组织文化形态。如果秉持理性人的假定，组织中人际的交往就是以利益交换为基础的；如果假定人的行为是出于情感需要、个性发展需要，则容易形成互助合作的组织文化形式。

3. 组织文化的作用

一般而言，组织文化具有内部整合和外部适应的重要作用。

(1)内部整合

内部整合就是整合组织成员，即向组织成员提供一种组织认同感、一种超越个人信念和价值观的认同，从而发展出一种集体的认同感，并知道该如何相互合作，有效工作。当然，组织文化提供的并不总是正面的影响。

(2)外部适应

外部适应是指组织如何达成目标和应对外部因素。组织文化能够调节组织本身与其外部群体、合作对象及影响因素的关系，使组织在一定程度上适应外部的环境条件。

（二）学校组织文化及其教育作用

1. 什么是学校组织文化

正如对组织文化的认识存在较大差异一样，人们对于学校这一特殊组织的组织文化认识也不尽相同。

有学者认为，所谓学校文化是指"一所学校内部所形成的为其成员所共同遵守并得到同化的价值观体系、行为准则和共同的思想作用的总和"①。该定义关注学校组织文化的核心，即价值观、思维方式等，这些都会直接影响到组织成员的外显行为。

也有学者认为，学校文化是一所学校在长期的教育实践中积淀和创造出来的，并为其成员所认同和遵循的价值观念体系、行为规范准则和物化环境风貌的一种整合和结晶，它表现为学校的"综合个性"。这一定义关注到了组织文化的外显部分，即物化的环境风貌，认识到了组织文化代表着一个组织的个性特征。

美国学者布鲁克维尔（Brookover）则从学校社会气候的角度来探讨学校组织文化。他认为，学校社会气候包含一个被这个团体的成员解释并理解的各种变量的混合体。这些因素可能被更广泛地设想为社会系统的规范，以及团体成员理解并传达给团体成员的、对各种成员提出的要求。② 该定义关注组织文化的综合作用，注重将组织文化与特定的文化承载者结合起来。

2. 学校组织文化的教育作用

除了组织所具有的一般性作用外，学校组织文化还具有一些独特的教育作用。欧文斯认为，学校组织文化决定着组织参与者的假定、价值观、信仰、规范甚至认识。所以，组织文化是决定教育品质的根本因素③。在现实中，名校之所以成为人们奋斗的目标，理由之一就是人们看中了其出色的学校组织文化。名校的组织文化对师生思想行为的影响是相当深刻的。

---

① 朱颜杰：《学校管理论》，131页，沈阳，辽宁教育出版社，1988。
② ［美］罗伯特·G. 欧文斯：《教育组织行为学》第7版，211页，上海，华东师范大学出版社，2001。
③ ［美］罗伯特·G. 欧文斯：《教育组织行为学》第7版，226页，上海，华东师范大学出版社，2001。

二、学校组织中的团体与学校亚文化

从正式组织角度来看，学校是个等级化的科层组织。在学校中，教师团体、学生团体及行政人员团体都具有不同的地位，发挥着不同的作用，都与组织目标存在功能性的联系。学校中的工作，如鲍尔斯所言，是在一层一层的金字塔间的结构中川流不息而完成的。

在学校正式等级结构以外，还存在着由身份、性别和种族、家庭文化背景、个人兴趣爱好等因素而聚合在一起的各种群体。有的群体存在显著的外界标志，边界明显，如社团。也有的群体不靠外在形式去区分边界，而是靠文化价值观念、个人对事情的看法、追求的目标、行为方式等方面的相似性而聚合成为团体。还有因特定的身份，如种族、性别等自然因素影响而形成的群体。

无论怎样，这些群体一旦形成，就都具有属于自己的文化价值观念，而并不总是与学校完全保持一致。这会在一定程度上影响到学校组织的运行结果，也会影响学校组织文化本身。学校中持不同价值观念的小群体越多，整体组织文化就会越分散，越缺乏整合的力量。在组织中，群体文化的功用不在乎数量，而在乎质量，即群体文化的价值观念从本质上看是否与学校整体的组织文化相一致。如果一致，不仅不会影响组织文化的整合，反而在一定程度上会加强组织文化的整合。

（一）学校中的群体分化

1. 学校中的群体分化及其影响因素

研究发现，人们都是带着各自的背景进入学校组织中的，并在一定程度上保持着原有的背景；根据各自所具有的不同特点，人们会在学校中重新聚集形成不同的群体。

以大学为例，按功能性角色划分，学校组织群体可分为教师群体、学生群体、管理人员群体和服务人员群体。这四个群体在学校中的地位和作用是不同的。

学生在学校的诸多群体中的地位是比较低的，在学校的组织建设和日常管理中常常受到忽视。一方面，学校是相对稳定的社会组织，学生只能算其"过客"，因此学校组织在进行长远规划时容易忽视学生的要求；另一方面，当前对大学成就的考查更多关注学校的综合实力，而学生在学校评估的指标体系中比重很小。为此，很多人开始关心学生在校的权益保障，毕竟学生是学校最终目标实现的承载者。此外，学校中还存在依种族、性别等因素而划分形成的团体。

教师群体也会分为高级教师(教授)、中级教师和初级教师，以及作为管理人员的教师和任课教师等，彼此之间有着不同的价值观念。比如，作为管理人员的教师，更加看重规章制度的作用，重视组织中既定的规则；任课教师则看重学术，他们对学术的忠诚要远远高于对组织的忠诚。

2. 影响群体地位的因素

组织社会学者认为，影响群体在组织中的地位的因素有如下四种，它们都是与组织功能结合在一起的。第一，能力很难替代的专门化功能。按照这种观点，教师在学校中应是最具社会地位的，发挥的作用也应最大。第二，对外界环境关系的掌握情况。许多学校的行政人员之所以在学校中具有很高社会地位，主要得益于他们在对外界环境关系的掌握情况方面存在较大优势。第三，对于信息与内部联系的掌握情况。这一因素可以较好地解释学生在学校中地位相对低下的现象。第四，对组织中规章制度运用的情况。这也是组织中上下级关系的主要决定因素。

此外，在现实学校组织中存在着过度制度化的现象，弱化了教师的专业地位与学生的学习自主性。这点可以运用群体地位的上述影响因素进行一定程度的解释。

(二)群体亚文化

1. 群体亚文化的概念

学校亚文化与学校组织文化的不同主要在于文化影响的范围不同、接受文化的成员数量和范围不同。组织文化是全体组织成员的文化，体现的是组织共有的价值文化观念；而亚文化则是组织分化之后的群体在其特定范围内所具有的独特的价值文化观念。

亚文化是普遍的社会现象。社会中的各种群体都会有自己或强或弱的亚文化，借以实现身份的认同和行为的规范。所谓亚文化是特定群体所持有的，与主流文化有一定差异，甚至在一定程度上和主流文化相冲突的文化价值观念和行为模式。

值得注意的是，主流文化也是个相对的概念。如果讨论民族文化的差异，从大的社会文化背景来看，相对于少数民族文化，多数民族文化就是主流文化。但当以在社会中占主导地位的文化为标准时，主流文化则是指那些官方文化、正统文化；相对而言，青年文化就是亚文化了。

从学校组织层次上看，主流文化与亚文化也是相对的。学校的组织文化是主流文化，它体现着学校组织的目标、办学宗旨、校风等。相应地，教师、学生等团体所持有的文化则是亚文化，它们都在一定程度上显示着与组织整体文化的差异，体现着特有群体的特点。

可见，组织文化、主流文化、亚文化三个概念之间是有关联的。组织文化是确定的，是组织独有的、全体成员共享的文化价值观念，而主流文化和亚文化则是更为相对的概念。

2. 学校中的群体亚文化

学校中不同的群体都有自己的亚文化。

管理者的亚文化是制度主义的价值取向，体现为按章办事、遵循原则、冷淡，制度规则高于一切。

教师群体亚文化更多地体现了一种学术性价值主导，倾向于专业自治和学术自主。有些教师可能会因为关注学术成就而在一定程度上忽视教学。

学生亚文化的最大特点是叛逆，倾向于对一切有约束的、规范性的、既成的事物抱有一种反感的心理，总是试图去打破周围的控制。例如，追求标新立异的行为、违规行为、越轨行为等都是某些学生亚文化的表现。

三、学生亚文化

（一）学生亚文化的影响因素

1. 年龄

学生的年龄特点决定了学生亚文化更加关注形象性的、具有流行色彩的事物。因此，学生的价值文化观念是很不稳定的，受流行文化的影响很大。随着大众传媒热点的转换，学生的关注兴趣也在不停地转换。

2. 社会地位

无论在家还是在校，学生多处于被领导、被控制的地位。这与人所具有的自主性的天性相冲突，容易引起学生对来自成人世界的控制的反叛，致使他们倾向于以违背规则、逃避控制为行为目标。

3. 家庭背景

调查表明，学生在学校中会因为家庭背景的不同，而形成一些同质性小群体。比如，同是知识分子家庭的学生倾向于聚在一起，而且他们的亚文化相对来说更接近主流文化。来自父母文化程度相对较低的家庭的学生，则倾向于做一些动手性的活动，如游戏。同时，出于对自己身份的过分自尊、敏感，这些学生也容易排斥其他的群体。

家庭背景对学生行为的影响是不容忽视的。那些来自知识分子家庭的学生,更容易适应学校的文化,容易成为学习的成功者;那些来自父母文化程度相对较低的家庭的学生则往往不适应学校的文化,容易在学校的学习中遭遇困难。

4. 学校氛围

如果学校的制度环境宽松,重视学生的主体性,那么学生的亚文化就会表现出自信、自主、有责任感等特点。相反,如果学校的规章制度过细过严,学生的亚文化则或是显露出逆反性的文化特点,或是表现得缺乏独立性、责任感。

5. 活动性质

体育运动队和文娱演出队成员中就有不同的行为模式和价值取向,强壮和高雅是他们各自的认同价值之一。

由此可见,影响学生亚文化的因素是多方面的。即使同属于学生亚文化,各自也会呈现出不同的特点。当然,无论是整体性的学生亚文化,还是细分的特定群体的学生亚文化都会对学生的行为(学习、个性品质、社会交往等)有明显的影响。

(二)学生亚文化的功能

学生亚文化对学生的影响可能是积极的,也可能是消极的。前者包括给学生更多的选择机会,使学生学会独立、学会判断,培养责任意识等;后者则指因团体的文化价值观与学校主流文化差异较大而造成对学生的负面影响,如学校中的青少年犯罪团伙,其亚文化对学生的影响显而易见是消极的。人们普遍认为,青少年犯罪的原因通常是,交友不慎,进入了不良的团伙,受到了团伙内部的行为规范、价值观念的不良影响。这在社会学中被称作行为失范或越轨行为。

学生亚文化的影响究竟是积极的还是消极的,取决于其文化性质与学校组织的主流文化的一致性程度。一致性程度越高,积极影响就越大;反之,二者的冲突矛盾越激烈,消极影响就越大。

第三节 学生越轨行为

学生越轨行为是指青少年学生所实施的,违背一定社会的规范或期待,对本人或社会发展造成不良影响,从而被社会给予否定性评价的行为。学生越轨行为是对社会文化体系和社会期望的偏离,是对学校纪律和学生行为规范的违背,不仅危害学生的身心发展，而且会给学校、家庭以及社会发展造成不良影响。研究越轨行为理论，正确认识学生越轨行为的成因，有效防范学生越轨行为的发生，对于保护青少年学生健康成长，促进社会稳定和谐发展，具有重要的理论价值和现实指导意义。

一、学生越轨行为的表现

青少年学生的越轨行为在教育活动和社会生活中的表现是多种多样的，从学业成就不良、考试作弊到逃学、旷课、离家出走，从偷窃、勒索他人财物到恃强凌弱，甚至对他人进行暴力攻击，进而违法犯罪。为了更全面地认识学生越轨行为，也为了研究方便，对其分类和概括如下。

第一，根据学生越轨行为对社会的影响不同，可将其分为非社会性和反社会性两类。① 非社会性越轨行为表现为对社会规范不适应，但较少影响和危害他人，如厌学、早恋、酗酒、吸烟等；反社会性越轨行为则在生理、心理或社会等方面对他人构成现实或潜在的威胁，如攻击行为、犯罪等。

第二，根据学生越轨行为的程度不同，可将其分为不适当行为、不良行为、严重不良行为和犯罪行为。不适当行为是指违背教育活动和学校中那些被人们认为"理应如此"的原则或理念的行为。这种行为虽会引起大家的不满，但并不直接危害他人，程度较轻。不良行为则较为严重，主要包括旷课、夜不归宿，打架斗殴、辱骂他人，强行向他人索要财物，偷窃、故意毁坏财物，参与赌博或者变相赌博，观看、收听色情、淫秽的音像制品、读物等，进入法律、法规规定未成年人不宜进入的营业性歌舞厅等场所，以及其他严重违背社会公德的不良行为等。严重不良行为是指严重违背社会规范，对社会造成较为严重危害，尚不够刑事处罚的违法行为，主要包括纠集他人结伙滋事、扰乱治安，携带管制刀具、屡教不改，多次拦截殴打他人或者强制索要他人财物，传播淫秽的读物或者音像制品等，进行淫乱或者色情、卖淫活动，多次偷窃，参与赌博、屡教不改，吸食、注射毒品，以及其他严重危害社会的行为。犯罪行为是最为严重的一种越轨行为，这种行为应受到相应的刑事处罚。

第三，根据学生越轨行为发生的场所不同，可将其分为课堂内的越轨行为、课外校内的越轨行为和校外的越轨行为。课堂内的越轨行为是指学生在课堂内发生的各种越轨行为，具体表现为影响和破坏教师的教学和其他学生学习的行为，以及学

---

① 顾明远：《教育大词典（增订合编本）》下册，1635 页，上海，上海教育出版社，1998。

生自己违背教师要求的各种行为，如故意扰乱课堂纪律、不完成教师布置的作业等。课外校内的越轨行为是指发生在校内课外活动中的各种越轨行为，如学生之间的打架斗殴等暴力行为，偷窃、破坏学校的各种设备和财产等。校外的越轨行为是指学生在学校之外发生的各种越轨行为，如拦截殴打他人，强行向他人索要财物，参与赌博，吸食、注射毒品等。

第四，根据学生越轨行为的"所有者"不同，可将其分为相对于教师的越轨行为、相对于学生的越轨行为和相对于教师和学生双方的越轨行为。这里的"所有者"指的是学生的越轨行为是相对于谁而言的。首先是相对于教师的越轨行为。这种越轨行为的特点是基于学生的意向与其他可控原因而产生的，即学生对自己的越轨行为是清楚的，他们的越轨行为是有意识的。所以，这些问题常常使教师感到恼怒、生气和心烦意乱，有时甚至做出十分强烈的反应。其次是相对于学生的越轨行为。这种越轨行为指的是由于学生的某种需要得不到满足，或者受挫于某些事件及其他人而产生针对其他学生的某种越轨行为。最后是相对于教师和学生双方的越轨行为。这种越轨行为指的是由于教师和学生双方的需要得不到满足，或者双方的目标不能实现而产生的针对双方的各种越轨行为。①

（一）中小学学生的越轨行为

所谓越轨是指对原有规范的僭越，当然这里假定规范本身是恰当的。学生越轨原因可能是对已有规范的藐视，也可能是规范本身不恰当。

1. 逃学

逃学有两种表现：其一是显性的，如公然地逃离课堂；其二是隐性的，学生虽然身在课堂却心不在焉，即所谓"心在曹营身在汉"。逃学反映了学生亚文化与学校的学习规则及规定的学习任务的冲突。此外，普遍存在的学生厌学现象，也可以算作隐性的逃学。

2. 欺凌

恃强凌弱，与学校对学生的行为要求相去甚远，是一种明显的、严重的学生越轨行为。欺凌行为对学生的影响是极为消极的，无论是对双方当事人，还是对旁观的学生。欺凌行为对于双方当事人的危害自不待言。对于旁观者而言，欺凌行为容

---

① Jere E. Brophy, Mary M. Rohrkemper, "The Influence of Problem Ownership on Teacher Perceptions and Strategies for Coping with Problem Student," *Journal of Educational Psychology*, 1981(10)，pp. 295-311.

易引起他们对学校组织规范的怀疑和对现实生活中人际关系的误解。

3. 青少年犯罪

虽然目前青少年犯罪率有一定的下降，但在农村及教育条件和经济条件相对落后的地区，在校青少年依然成为青少年犯罪的主体之一。这或多或少与学生亚文化和学校组织文化的冲突有关。因此，对学生的管理应该扩大视野，不要只关注学生学习，还要加强学校组织的制度建设，注重校风建设，更多地关注学生的心理健康与社会性发展。

（二）大学生的越轨行为

一直以来，大学生群体被人们公认为思想成熟、有是非判断能力、对自身行为负责、有自控能力的精英群体。但在现实中，大学生群体中也存在着各种各样的越轨行为。

调查研究表明，大学生越轨的原因与中小学学生的越轨原因有着很大的相似性，如他们都是出于逆反的心理，有意去做违反规定的事情。一方面，他们希望借此发泄不满；另一方面，他们也是希望以此突出自己，追求与众不同。以下仅以考试作弊、炫耀性消费为例，对大学生的越轨行为做简要分析。

1. 考试作弊

考试作弊是很多大学在普遍治理的一个重要问题，社会上的相关讨论也很多。学校加大了处罚的力度，希望学生慑于处罚而减少作弊行为。

有研究者针对大学生作弊问题做过访谈研究，其结果是：绝大多数学生承认考试作弊不对，但同时认为这是校园中习以为常的事情，如果自己不作弊是很吃亏的；看到一些人因为考试作弊而取得好成绩，使得作弊成了一件值得模仿的事情。该研究还表明，尽管很多学校在加大处罚的力度，但是效果并不显著。这一方面与学生亚文化有关，另一方面则是源于学校制度的问题。在高校中，学生的选择权是很小的，对于一些缺乏学习兴趣的必修课，学生们碍于面子，又比较关注结果就只能采取应付的态度。这种矛盾很容易引起学生对学校现有制度规则合理性的怀疑，从而以包括考试作弊在内的各种手段去抵制这种制度规则。

2. 炫耀性消费

炫耀性消费也被译为明显消费，是由美国经济学家凡勃仑在 1899 年出版的《有闲阶级论：关于制度的经济研究》一书中提出的一个重要概念。在凡勃仑看来，炫耀性消费是有闲阶级（但不限于有闲阶级）为了博取荣誉而采用的一种消费手段。对于有闲的绅士说来，对贵重物品作明显消费是博取荣誉的一种手段。① 世界上没有一个阶级——甚至极度贫困的也不例外——对惯常的明显消费会完全断念。②

所谓大学生炫耀性消费，也称大学生过分消费，是指一些大学生超过正常学习生活需要、超越自身及家庭经济承受能力的消费行为。典型的大学生炫耀性消费行为包括在衣食住行方面的各种超出客观需要与经济实力的明显带有炫耀性质的高消费，如购买各种奢侈品、频繁下馆子、举行各种名义的庆祝活动、出入高档场所等。虽然这些行为可能并未明显违反学校的具体规章制度，但与学校对学生行为操守等文化方面的要求还是很不一致的，因此也属于学生越轨行为的范畴。大学生炫耀性消费不仅会给本人及家庭带来难以承受的额外经济负担，而且容易侵蚀学生的人生观、价值观，导致一些更加严重的附带越轨行为的发生，从而给炫耀性消费者的身心健康造成严重伤害。

二、学生越轨行为的社会学分析与对策

在对学生越轨行为进行界定，对其种种表现进行分析和梳理后，我们将着眼考查学生越轨行为发生的原因，探究诸如有些学生为什么会破坏社会或学校的规则，为什么有些社会环境比其他环境更可能发生越轨行为等问题。对学生越轨行为进行解释的理论有很多，不同的研究者从不同的视角寻求对越轨行为的科学解释。整体上看，学生越轨行为研究的视角主要有三个：生物学视角、心理学视角和社会学视角。从生物学角度对越轨行为开展研究的学者相信，某些生物学特性如遗传特性、体型、性染色体的构造等是越轨行为的主要原因。心理学家则将越轨主要归因于越轨者的心理问题，即个人特性，如英国心理学家艾森克(Eysenck)的个性类型说、美国社会心理学家班杜拉（Bandura）的社会学习理论，以及挫折—攻击理论(frustration-aggression)等。社会学视角与以上两种观点不同。社会学家认为，尽管生物学和心理学的因素无疑是越轨的重要原因，但是越轨行为得以在其中发生、承受及有时改造的社会环境则是越轨的更为主要的原因。由此可见，心理学解释强调那些能够促使人们以越轨的方式行动的个人特征，而社会学视角则集中于对社会环境的分析。美国社会学家科恩将这两种方法分别称为"关于人的理论"和"关于情景的

---

① ［美］凡勃仑：《有闲阶级论：关于制度的经济研究》，60 页，北京，商务印书馆，1964。
② ［美］凡勃仑：《有闲阶级论：关于制度的经济研究》，67 页，北京，商务印书馆，1964。

理论"。① 我们将学生越轨行为作为一个社会问题来看待，在分析越轨的原因时多注重外在环境对学生行为产生的影响，即主要运用社会学视角来对学生越轨行为做出解释。②

（一）失范理论

失范（anomie）的概念由迪尔凯姆引入现代社会学。他在其名著《自杀论》中，用失范这一概念描述当社会规范和价值相互矛盾、冲突或社会规范与价值相对脆弱、阙如时，个人和社会都会出现的混乱状态。对这一概念加以修改并将其运用于越轨行为研究的是默顿。默顿认为，当社会的文化和结构之间存在紧张或冲突时，越轨就可能发生。在默顿看来，有两个因素在理解越轨行为方面极为重要："以文化或规范的方式描述的目标"和"以结构的方式描述的实现这些目标的手段"。③ 每个社会都有其认可和提倡的某些目标及达到这些目标的合法手段，但是，在社会快速变化的环境中，由于社会规范和价值观念相互冲突和相对脆弱，人们在选择社会行为的目标和实现手段时便会出现各种越轨行为：或者失去对这些目标的兴趣，或者失去通过合法的途径达到目标的兴趣，或者同时失去二者，从而导致越轨行为的发生。

失范理论是早期一个特别有影响的解释越轨成因的社会学理论，它的观点是把越轨行为的主要原因归于社会而不是归于越轨者本人。失范理论对于认识和防范青少年学生越轨行为具有重要的借鉴和启发意义。青少年正处于身心发展过程之中，其世界观、人生观、价值观尚未完全确立，社会辨别能力较差，故社会失范对其行为的影响更大，其行为越轨的可能性也更大。因此，尽快建立与新时代发展相适应的一整套社会规范体系，增强社会控制力，净化青少年学生成长的社会环境，帮助他们树立起正确的价值评判体系，对于有效地防范其越轨行为的发生具有重要的现实意义。新的价值评判体系应大力提倡爱国主义、集体主义和社会主义，反对个人主义、自由主义、拜金主义、享乐主义等腐朽的思想和观念。为此，政府应加大对文化娱乐市场和大众传媒的监管力度，打击假冒伪劣、欺骗诈骗活动等社会公害，严厉打击封建迷信活动、邪教和黄赌毒等社会丑恶现象，坚决同贪污腐败现象作斗争。

---

① ［美］波普诺：《社会学》第 10 版，212～214 页，北京，中国人民大学出版社，1999。
② 徐瑞：《学生越轨行为的理论分析与对策》，载《教育发展研究》，2005(13)。
③ ［美］杰克·D. 道格拉斯、弗兰西斯·C. 瓦克斯勒：《越轨社会学概论》，56 页，石家庄，河北人民出版社，1987。

转型期社会规范真空、价值失范在一些大众传播媒介中也有所反映。近年来，互联网等新兴媒体的快速发展，给青少年的学习和娱乐开辟了新的渠道。与此同时，腐朽落后文化和有害信息也通过网络传播，腐蚀未成年人的心灵。在各种消极因素影响下，个别学生精神空虚、行为失范，有的甚至走上违法犯罪的歧途。从世界范围来看，绝大多数国家的政府和人民都已对大众传媒的危害给予高度关注。早在1960年，第二届联合国预防犯罪和罪犯待遇大会上的决议中就已指出："某种影片、出版物、连环画书刊，以及轰动社会的犯罪新闻、低级文艺作品、电影及广播节目等，都是促成少年犯罪的因素之一。"①要求各国政府采取合理措施，防止或减少此类传媒对青少年产生的不良影响，预防青少年犯罪的发生。我国政府历来重视对社会娱乐文化市场的规范，制定了一系列的法律法规。当前应加强执法检查，加大查处力度，以尽快扭转文化娱乐和大众传媒市场存在的一些混乱、无序的局面，净化青少年学生成长的社会环境。

（二）文化传递理论

文化传递理论认为越轨行为是从一个人所生活的社会环境中习得的。社会学家肖(Shaw)和麦凯(McKay)研究发现，如果越轨行为在某一群体或社区中已经作为一种文化模式而存在，它就很可能被传播给新来者和年轻人。但是，为什么在同一社会环境下有些人选择了越轨，而另一些人却选择了遵从呢？萨瑟兰(Sutherland)指出，每个人都受到了遵从和越轨的双重影响，人们采取哪种行为受到下列因素的影响：与他人接触的强度；发生接触时的年龄；与越轨行为者接触和与遵从者接触的比率。他认为，与教唆越轨的人联系越密切，接触的次数越多、越频繁，且接触时的年龄越小，当事人变成越轨者的可能性越大。萨瑟兰的这一理论又被称为"差异性联合理论"(theory of differential association)。②

文化传递理论的主要贡献在于使人们注意到越轨行为是学而知之的这一事实。这一理论的重要特征是把探讨越轨行为原因的注意力放在越轨者与什么人交往，以及交往的频率、时间、强度等变数上。文化传递理论对于研究亚文化群体(家庭、社区等)、同辈群体对青少年学生行为的影响，防止越轨行为的发生具有一定的启发意义。家庭是个体早期社会化的重要主体，由于家庭成员之间面对面接触的频率高、时间长，儿童的行为得到密切的注视，错误的和不宜的行为可以在早期就被发现并

---

① 肖建国：《中国现代化进程中的犯罪研究》，249页，上海，复旦大学出版社，1999。
② ［美］波普诺：《社会学》第10版，215～216页，北京，中国人民大学出版社，1999。

得到纠正。但是，根据文化传递理论的观点，如果家庭不能很好地履行其应有的社会化职责，或者有意无意地向孩子传递某种越轨态度，将会使儿童和青少年的社会化遇到困难，导致某些不良后果甚至越轨行为的发生。因此，父母应该时刻意识到自己作为孩子第一任教师的社会职责，时时处处检点自己的行为，自觉做孩子行为的表率，发挥应有的榜样教育作用。

同辈群体可以满足学生在家庭和学校中得不到满足的各种需要，促进学生之间社会交往能力发展，增强合作意识和能力。但是，消极型学生同辈群体为了满足其在学校和家庭中难以满足的平等需要，有时其活动会背离学校教育目标，形成"反学校亚文化"，容易诱发学生越轨行为的发生。因此，正确引导同辈交往，建立积极的青少年群体亚文化是防止青少年学生行为越轨的又一道防线。

（三）社会控制理论

在探究越轨（犯罪）的原因时，伊尔希（Hirschi）指出，越轨（犯罪）是由社会联系的纽带弱化引起的。社会控制理论认为，我们大多数人之所以不会越轨，是因为我们接受了一些关键社会纽带强有力的约束；但是，这些起约束作用的关键社会纽带在越轨（犯罪）者那里却呈现软弱状态。伊尔希所说的这些社会纽带包括"附属""奋斗目标""参与"和"信仰"等。[①] "附属"指的是附属于其他遵从者，特别是父母和同辈；"奋斗目标"指的是投入时间和汗水为实现诸如上大学等传统目标而工作；"参与"指的是参加各种常规活动，以便减少可能越轨的时间；"信仰"指的是接受常规的道德观念。

社会控制理论为我们全面理解和有效防范学生越轨行为的发生提供了许多有益的启示。既然越轨是由于附属、奋斗目标、参与和信仰等关键社会纽带弱化引起的，那么，强化这些关键的社会纽带就会增强其社会约束力和控制力，进而防止青少年发生行为越轨。这就要求在学校教育、社会教育和家庭教育过程中都应注重对青少年进行世界观、人生观和价值观的教育，帮助他们树立起崇高的理想和正确的人生奋斗目标；注重青少年的道德养成教育，培养良好的道德习惯；积极开展丰富多彩的课外校外活动，丰富青少年的课余生活，以便使青少年的关键社会纽带得以强化，防止其行为越轨。

（四）标签理论

标签理论吸收、利用符号互动论的思想，集中探讨了越轨行为发生的过程，其

[①]　[美]波普诺：《社会学》第10版，216～217页，北京，中国人民大学出版社，1999。

基本观点是：在人们变成越轨者并持续作为越轨者的过程中，给其贴上越轨者的标志是一个关键因素。正如贝克尔所指出的："越轨者是人们已经对其成功运用了标签的人，而越轨行为则是人们所标定的行为"。[①] 标签理论将越轨行为区分为初级越轨（primary deviance）和次级越轨（secondary deviance）。该理论认为，每一个人在社会生活中都会发生一些程度不同的社会越轨，但大都是临时性的，程度一般也不严重（即初级越轨）。但是，如果越轨者的越轨行为被其重要他人发现并公布于众，即被贴上越轨者的标签，这时越轨者的处境就发生了很大的变化。越轨者在自己的思想中，就开始形成一个新的自我概念，他以后就很可能在这一概念指导下去行动，即认定自己是越轨者并按照越轨者的方式去行动。这时的社会越轨就已从初级越轨转变为次级越轨，即习惯性的、持久性的、程度严重的越轨。

标签理论提醒我们在教育过程中要以发展的眼光看待学生，允许学生犯错误，最大限度地理解、宽容、善待学生，切忌乱贴越轨标签。俗话说，"人非圣贤，孰能无过"。青少年学生作为一个正处于发展过程中的未成年人，身上存在这样或那样的缺点、不足，乃至时常犯些错误，都在所难免。切忌因为学生犯了错误，就把他看得一无是处；相反，教师要以动态发展的眼光看待学生，正确对待学生的错误、缺点和不足，给予犯错误的学生改过自新的机会。教师是社会的代言人，是学生社会化的重要他人。如果教师随意给学生贴上越轨者的标签，就等于赋予学生一个不为社会所接受的"污名"，将其归入社会"另类"，结果使之被社会所拒斥和疏远，最终成为一名"职业"越轨者。因此，当发现学生存在越轨行为时，教师应对其原因进行全面细致的了解，根据具体情况采取相应的教育措施，积极、热情、诚恳、细心地做好越轨学生的转化工作，同时，还要引导学生正确认识自己、评价自己，进行自我教育，改过自新。

（五）文化冲突理论

文化冲突理论学者倾向于运用文化冲突的理论来解释越轨的发生，他们否认所有社会成员共享一套相同的目标和价值。相反，他们认为社会上有权有势的人与那些没有权力和地位的人的价值观大不相同。由于社会规则和法律是在社会权势参与下制定的，因此无权无势的人越轨率更高。文化冲突理论认为，一个复杂的社会包含许多的亚文化群体，每个亚文化群体都有其独特的目标与价值，被一个群体视为

---

① 张人杰：《国外教育社会学基本文选》，541 页，上海，华东师范大学出版社，1989。

越轨的行为对另一群体来说可能是可接受的行为。然而，较为强大的亚文化群体却能有效地将许多弱小的亚文化群体及其成员的行为界定为越轨。

文化冲突理论指出了越轨的相对性，为我们考察学校文化与学生越轨行为之间的关系提供了另外一种理论依据。文化冲突理论认为教育制度体现着阶级利益和思想意识，并反映了支配阶级的文化形态。学校文化类似于支配阶级文化，学生的好坏标准是依据支配阶级的文化标准设定的。非支配阶级的子女因其拥有的价值、信仰、规范、行为方式等与学校相悖，结果其在学校中的行为容易被标定为越轨。对此，国内有学者认为，由于现代社会的基础教育入学制度更多地采用了一种非选择性的入学方式，因而在学校中学生的异质性程度不断提高。这样来自某些家庭背景中的学生，其文化价值、行为规范和道德标准，常常与学校的要求不一致，并存在一定程度的冲突。某些学生可能习惯于家庭或社区的某些言语和行为方式，但是，这些言语和行为方式却可能是学校所不允许的，由此，某些学生的行为成为越轨行为。[①] 文化冲突理论启发我们认识文化的多元性和越轨的相对性，在学校文化建设过程中，应该承认并尊重多元文化的存在，关心社会处境不利的学生群体。对于处境不利学生要在经济上给予一定的补救，在学习上多给予关心和帮助，应坚决杜绝对这些学生采取歧视、淡漠的态度或者随意给他们贴上越轨的标签。

总之，各种学生越轨行为的存在表明，学生的文化价值观念、行为方式与学校的主流文化及规章制度是有差距的。这就要求我们去关注这种差距，去了解学生，了解现有的学校制度的缺陷，从而不断去设计和改进这些规章制度，把规章制度的建设、学校组织文化的建设与学生亚文化的建设结合起来；把学生亚文化作为一种正面的力量来利用，使其成为一种积极的力量，发挥对学生的积极影响。

---

① 谢维和：《教育活动的社会学分析：一种教育社会学的研究》，348 页，北京，教育科学出版社，2000。

第九章　班级的社会学分析

学习是一种人际互动的过程，班级是一种社会体系，班级生活中的人际关系状况和学习过程有直接关系。师生之间、学生之间的互动关系性质，会对学生的学习与个性发展产生影响。党的二十大报告指出："人民民主是社会主义的生命，是全面建设社会主义现代化国家的应有之义。全过程人民民主是社会主义民主政治的本质属性，是最广泛、最真实、最管用的民主。"加强班级社会学研究，把班级建设成为学习全过程人民民主、体验社会主义民主政治优越性的学生集体，是一个亟待解决的重大时代课题。

第一节　班级的社会属性

如果说人们对于学校的组织属性存在一定的共识，那么对于班级的社会属性则存在较大的争议。分析班级的社会属性对于我们深入全面地认识班级这一社会事实，积极有效地建设和培养班集体，具有十分重要的意义和价值。

一、班级：社会组织还是初级群体

学校是由相互间分工合作的不同群体构成的一种社会组织。在分工合作中，学校组织中的各项工作被分成不同的方面和层次。其中，班级是学校教育中的一个很重要的层次。按照克拉克的观点，班级是学校中最基本的教育活动的发生地，是学校教育中最主要的工作层面。

一般而言，人们主要从两个角度对学校班级的社会属性进行说明。一是从逻辑上的种属概念出发，分析具有特定种差的下位概念。例如，将班级视为一种社会体系，视为一种社会组织等。二是从学校班级本身出发进行分析。例如，将班级视为一种"集体"等。目前，国内学者对于学校班级社会属性的分歧主要集中在班级是一种社会组织，还是一种社会初级群体的争议上。

（一）班级社会组织论

该理论以苏联学者克鲁普斯卡亚、马卡连柯，以及国内学者吴康宁为代表。苏联教育家将班级作为一种集体来看待，认为班集体是群体的高级形式，是一种有"共同价值、共同的活动目的与任务且具有凝聚力的高度组织起来的群体[①]。马卡连柯也认为班级是一个集体，而集体是指那些组织起来的，拥有集体机构，以责任关系彼此联结在一起的个人有目的的综合体[②]。吴康宁认为，班级首先是并始终是一种社会组织，班级不仅是以社会化学习为中心的社会关系体系，而且是一种为社会需要培养未来人才的社会组织[③]。班级作为一种社会组织具有各类社会组织所共同的特点，具有社会组织通常拥有的三个基本要素：目标、机构和规范。

班级社会组织理论认为，班级这一社会组织区别于其他社会组织的两个重要特性是自功能性和半自治性。[④]

1. 自功能性

与其他社会组织一样，班级具有一定的功能。但前人关于班级功能的观点，如美国社会学家帕森斯所谓的社会化功能与选择功能，我国学者陈奎憙所谓的照顾或保护功能，卫道治所谓的人格化或个性化功能，都有可商榷之处。班级区别于其他社会组织的首要特征是自功能性。一般来说，其他社会组织的"生存目标"都是指向组织外部的，这些社会组织可称为"他功能性组织"。在现代教育中，班级组织的生存目标具有"内指向性"，班级组织所具有的首要功能是与其成员的自身发展密切相关的功能。舍此功能，班级组织便失去其存在意义，其对于外部社会的各种功能（如

---

① 鲁洁：《教育社会学》，387页，北京，人民教育出版社，1990。
② 鲁洁：《教育社会学》，388页，北京，人民教育出版社，1990。
③ 吴康宁：《论作为一种特殊社会组织的班级》，载《教育理论与实践》，1994(2)。
④ 吴康宁：《教育社会学》，276～281页，北京，人民教育出版社，1998。

提高教学效率，便于学校管理等)也就失去了评价的参照标准。在这个意义上，班级首先是一种"自功能性组织"，这是班级组织在功能对象方面的主要特征。

2. 半自治性

半自治性是指作为非成人组织的班级，并非靠自身的力量来管理自身，而是在相当程度上借助于外部力量。这是班级组织在运行机制方面的主要特征。这一特性源于学生的三种非成人属性：①从学生的自主意识水平来看，班级组织的运行趋于半自治；②从学生的组织调控技能来看，班级组织的运行滞限于半自治；③从学生的相对地位来看，班级组织的运行被控于半自治。

(二)班级特殊初级群体论

该理论以日本学者片冈德雄，以及国内学者谢维和为代表。片冈德雄认为班级是在课堂里进行学习的人的群体。[①] 这种群体具有角色分化是不断变化的，相互之间关系带有很浓的相协助的色彩，集体的目标常具有复数的流动性，在达到目标的形式上，不大讲究速度，比较重视是否丰富多彩，是否有独创性的特点。他们从班级人际情感、直接交往程度、成员的主体性凸显程度、角色多重性等方面出发，把班级视为社会初级群体。

将班级归属于一种社会初级群体的依据在于：①师生之间通常都是一种直接的、面对面的互动，并不存在某种交往的中介。这既是教育教学活动的特性要求，也与学生之间在文化上的同质性，以及他们意识中人际关系的分化程度较低有关。②情感在班级的教育教学活动中，以及在班级的互动过程中具有十分重要的作用。一方面情感是中小学生认识事物的一种非常重要的形式；另一方面教师在教育教学活动中，为了促进学生的发展，也必须充分利用情感的力量。③教师与学生之间，以及学生与学生之间的交往常常是多方面的。④教师与学生之间，以及学生与学生之间的互动，不仅通过正式的规章制度维持，而且要通过各种非正式的方式和手段来维护。教师更多地需要以自己人格的力量，以一种道德的感召力，以及情感的联系等开展班级的各项活动。

我国学者谢维和也认为班级是一种特殊的初级群体。[②] 他认为将班级视为初级群体的理由主要在于以下几点。

---

① [日]片冈德雄：《班级社会学》，6~7页，北京，北京教育出版社，1993。

② 谢维和：《教育活动的社会学分析：一种教育社会学的研究》2版修订本，396~400页，北京，教育科学出版社，2007。

第一，班级成员间的人际关系、角色是在成员互动过程中逐步形成的，个体在班级中的地位往往取决于个体的个性特征。班级中的成员（这里指学生群体）是依据长期的互动而沉淀下来的，对学生个体个性特征的认识而推荐或被推荐承担一定的角色，如班长、组长、各学科课代表等。这样的学生职责不是固定不变的，而是随着同学之间互动关系的变化，随着学生个性特征的改变而更换的。

第二，班级成员之间在趣味、志向、价值观等方面具有很大的相似性。现代学校制度使学生的学校入学年龄和升学年龄限制在一定范围内，这样，同一班级中的学生年龄大致相同，处于相同的认知发展阶段，有几近相同的思维特征。加之现代就近地区招生的制度，使得同一年级的学生，尤其是义务教育阶段的中小学生更显著地受同一社区文化的影响。以上两方面的原因，使得班级成员间的同质性增强，在兴趣、爱好、行为特征方面表现出一定程度的共同倾向。

第三，班级应该成为学生的乐园，学生在这里应该体味到自由与尊重，有一种自愿的归属感，并在这里快乐地成长。应该重新审视以下几种观点和做法：将班级视为一种制度化极强的组织，进而盲目强调教师的职业权威，忽视教师的职业训练；以教师为中心、重心，尤其是在义务教育阶段，不尊重儿童的个性、心理特征、想象力和创造力的教育习俗；以课本为主的知识传递，忽视学生互动中的教育价值的教育模式等。与之相反，该观点主张：①班级是学生愉快学习、生活、生长的场所；②班级成员间要相互尊重，学生尊重教师，教师也应该尊重学生，尊重未成年人学生的认识水平、思维特点，尊重他们的潜在能力与独立人格；③学校教师要不断地提高自身修养，需知教师真正的尊严与权威不是外界赋予的，而是自身赢得的。

班级是一种比较特殊的初级群体。首先，班级这种社会初级群体在互动方式上具有一种情感和理性的双重性；其次，班级具有较统一的目标和行为上较大的整合性；最后，班级具有在形式上比较正式的群体结构。

将班级作为一种特殊的社会初级群体，对于克服学校教育中的管理主义倾向，更好地进行班级建设，促进学生的全面发展，具有十分重要的意义。首先，初级群体既可以满足学生学习的需要，也可以满足学生交往的需要，有助于学生的全面发展和健康发展；其次，直接的、面对面的互动方式可以更好地发挥学生的主体作用；再次，初级群体强调个别性特征，有助于学生的个性发展，促进教育教学目标的实现；最后，初级群体可以使班级中的各种非正式群体获得比较合理的对待，从而更好地发挥不同学生的特色和优势，提高班级的凝聚力，加强学生对班级的认同和归属感。

(三)班级属性动态论

李永生认为,班级的成长是一个动态的过程,班级的发展大致要经历初建、发育和成熟三个阶段,每个阶段对应一种班级形态。这样,班级的社会属性就具有了某种动态的特征。我们将这种班级属性理论称为班级属性动态论。该理论认为,班级在发展成熟的过程中共经历三种不同的形态,不同形态的班级其社会属性也各不相同。[①]

1. 班级的社会组织形态

班级初建阶段,班级活动以强调控制、命令和服从为主要特色,成员间的交往互动以正式组织关系为主。这阶段班级建设的主要任务是使班级生活有序化,因此班级的社会组织特征比较明显,此时的班级属于"社会组织形态"。

随着班级工作的开展,班级建设面临的主要任务将由"促进班级有序化"向培养"良好的班级人际关系,融洽的班级气氛,多样化的角色分化"方向转变。但是,由于人们对班级建设任务的认识上存在差异,班级建设常呈现两种发展趋势:一种是朝"专制型"方面发展,即教师仍然采用权威的力量和强制手段来教育和管理学生,对"班级心理因素"缺乏关注;另一种则是朝向班级的发育阶段继续发展。

2. 班级的社会体系形态

在班级发育阶段,教师与学生的目标期望和组织规范渐趋一致,师生之间、学生之间,以及与其他班级之间的交往互动具有相对稳定性,并且,在正式组织关系基础上,社会性关系建构进一步加强。当然,有时可能还会发生冲突,但已可以通过情感沟通、行为调适与目标整合方式来消除矛盾,促进关系协调,保证班级目标实现。学生能够更好地实现知识信息交流和社会能力培养。这些特征恰恰体现了这一阶段的班级具有社会体系性质,班级基本属于"社会体系形态"。

处于发育阶段的班级继续发展,班级建设面临任务转变为如何在融洽的班级互动气氛中更好地发挥学生主体性意识的问题。这一阶段也存在着两种发展趋势:一是朝着"放任型"方向发展;二是朝向班级的成熟阶段继续发展。

3. 班级的特殊初级群体形态

在班级成熟阶段,班级建设面临的任务是如何培养学生的主体性(主动性、自主性和创造性)问题。此时,班级规范已经内化为成员深层次的自觉行为,维系班级的

---

① 李永生:《和谐班级的建设:班级中的交往与互动》,广州,广东教育出版社,2007。

力量更多的是醇厚的班级人际情感和自我伦理关系等班级的社会心理因素。在社会性关系充分建构基础上，自我伦理性关系建构进一步加强。班级面对面的交往程度全面加深，成员角色扮演多样化。师生关系民主平等，学生之间彼此关心、相互爱护，班级处于自律状态。这些体现了特殊初级群体的特点，此时的班级基本属于"特殊初级群体形态"。

总之，班级形成的整个过程，实质上蕴含着三种成分，即班级组织知识性关系因素、班级社会性心理因素和自我伦理性因素的复杂变化。这三种成分的消长变化实质上决定了班级的性质。所谓班级组织知识性因素是指影响班级形成的结构化、制度化的要素，包括班级组织目标、班级组织结构和班级组织规范等。所谓班级社会性心理因素是指影响班级形成的与成员内心体验有关的要素，包括班级人际情感、成员期待、直接面对面的交往程度和成员表现的主体性等。所谓自我伦理性因素是指在交往互动中个体反思和认识到的自我的教育义务、教育良心、教育行为道德、教育行为规范和教育交往规则等。

二、班级是一种社会体系

将班级看作一种社会体系的理论以美国教育社会学家帕森斯为代表。他在《作为一种社会体系的班级：它在美国社会中的某些功能》一文中，从班级具有"在一定的社会情景中以既定的目标导向为基础的交互作用"的特点出发，认为班级具有社会体系的三个特征：①具有生产交互行为的角色组合；②行为者处于同一社会情景；③彼此有认识与规范上的协调一致性。而且作为社会体现的班级具有社会化和筛选两大功能。[①]

（一）帕森斯的班级社会体系理论

1. 班级是一种社会体系

帕森斯是教育社会学研究中最早关注班级的学者之一。他于1959年提出了班级社会体系的概念、班级中互动的条件，以及班级活动过程的意义和作用，认为班级首先是一种社会体系。

(1)社会体系与组织人际关系的区别

组织人际关系是一种功能性关系，它直接指向组织活动的目标，和技术性要求

---

① 张人杰：《国外教育社会学基本文选》，506～530页，上海，华东师范大学出版社，1989。

相关联，并直接和这个组织中的劳动分工，以及劳动分工所构成的上下级互动关系相关联。相对而言，社会体系则指一种比较松散的关系，并不严格地诉诸功能性、技术性的基础。这种社会群体不排斥情感，甚至在某种情况下是依赖于情感的。

（2）社会体系的概念

帕森斯认为，社会体系是社会行动的单位，即在特定情境中，两个以上的个体之间存在的具有稳定的相互作用关系的社会行动单位。它包括三个条件：①特定的情境；②参与活动的人数；③一个有边界的相对稳定的、可以作为一个整体看待的社会行动单位。在这一概念的基础上，帕森斯认为，班级是一个相对稳定的人际互动的关系体系。

（3）班级互动产生的必要条件

接受他人的信息，了解他人的意愿，是班级互动关系形成的必要条件。只有教师和学生之间，以及学生和学生之间互相学习、互相了解，才能形成多层面多角度的互动关系。

2. 班级社会体系的作用

帕森斯认为班级社会体系的作用主要有两方面，一是社会化影响作用，二是学校的社会选择作用。事实上，班级还存在一些其他方面的作用，包括对学生体质发展的作用等，如学生近视可能与班级规模过大有一定联系。

帕森斯之所以认为社会化和社会选择是班级的两大功能，是与其功能主义理论的基础相关的。在这种理论基础下，帕森斯非常关注学校教育和班级活动对整体社会的意义，尤其是对整体社会的稳定、持续发展及社会秩序等方面的正面作用。其中，最主要的就是使受教育者接受社会传统、价值观念、行为方式，顺利地融入社会中来，遵守社会的秩序。此外，由于社会存在着因劳动分工而带来的群体社会地位和社会分化的问题，因此，学校教育也要遵循这样一个秩序，按照社会分工的不同，对学生进行筛选。根据学生的能力、所学专业，最终对学生的职业与社会地位进行定位。

3. 班级社会体系理论的意义

班级社会体系理论给我们提出了一个认识班级的新的角度和分析框架。班级不再仅仅是一个学习场所，或是一种文化传递的场所，班级活动也不再是一个主要由教师控制的单向活动。相反，班级是一种社会体系，强调所有成员的相互影响和依赖。这使我们关注到一些常常被忽略的问题，如师生关系状态及其对学生的影响，以及怎样设计和调控班级人际关系，使其成为一种对学生发展有积极作用的潜课程等。

班级社会体系理论还强调教学中的师生平等关系、学生之间的互助对学生的影响等问题。而且，这一理论对于情境的关注让我们认识到，班级集体的形成是受一定的情境影响的，如班级气氛会影响班集体的建设与发展等。

（二）谢则尔和盖伦等对班级社会体系理论的发展

针对师生关系及其对学生的影响的详细研究，是谢则尔和盖伦对班级社会体系理论发展做出的突出贡献。他们认为在班级中存在的关系类型主要有学生与学生之间的关系、教师与学生之间的关系两种。其中，师生关系对学生的发展影响更大。

1. 影响师生关系的因素

班级活动中存在着不同的影响因素，人们对其所采取的态度也不同。因素和态度之间的关联，会在班级中形成不同的师生关系类型。这些因素既包括教师和学生两个行为主体，也包括社会文化及人们对其的看法、学校制度要求及教师对其的看法、学生个人的发展需求和特点及教师对其的态度等。概括起来可以分为两大类，一是学生个性方面的因素；二是学校、社会制度方面的因素，即代表社会主流文化的发展要求的因素。

2. 师生关系的类型及其表现和特点

师生关系可分为民主型、专制型、放任型三类。

当教师比较关注学生的个性化的因素，关注如何把学生原有的能力、个人的需求，以及个人发展与社会对学生提出的要求相结合时，就会形成一种侧重于学生发展的民主型的师生关系。

当教师比较看重学校教育对个人的影响时，会重视作为社会机构的学校肩负的对青少年进行社会化、为社会筛选人才的使命，就容易忽视学生的个性发展，而倾向于强调如何使学生适应社会，具有社会要求的基本能力和基本素质。由于教师代表主流文化和成人社会，代表学校教育制度对学生施加直接的控制和影响，其结果必然是在教师和学生之间形成一种以教师为主要控制来源的教师专制型的师生关系。

如果把学生的发展和需求放在第一位，让学生自己来控制自己的发展，在教学过程中过分地依赖于学生的自主、自我的选择和个人兴趣，那么教师就可能放弃对学生的全面了解和约束，只起到一种传达式的作用，即把学校要求、大纲规定及教育目标传达给学生。至于学生如何理解和接受这些内容，进行学习和自我的发展，教师则不给予太多的关注和干预。在这种情况下，师生之间就会形成一种比较放任的师生关系。

在教育教学过程中，师生关系没有固定模式。它主要是由教师主观上如何理解学生需要，以及学校对学生发展的影响这二者的关系而决定的。不同态度产生不同的关系。当然，上述三种类型的关系也只是以某种特点为主导进行划分的，不排除含有其他类型特点的可能。

3. 不同师生关系对学生发展的影响

以教师为主的师生关系对学生存在着消极的影响。在这种师生关系中，教师更看重自己对于问题的理解，认为学生是不成熟的，倾向于代替学生做决定，而不太考虑学生的看法。教师会通过利用控制、命令甚至是惩罚等手段对学生施加影响。其结果就是学生的发展比较被动，容易形成依赖、被动、缺乏责任感等消极特性。

民主型师生关系有助于学生的发展。在这种关系中，教师既要关注学生的发展，也要实施社会对学生要求的影响。教师会以一个支持者、建议者及协作者的身份来帮助学生创造情境，提出建议，说服和引导学生认同教师提出的代表社会要求的建议。在这种情况下，学生不再是完全被动的，容易形成独立、自信的特点，能够处理各种各样的复杂问题。

需要指明的是，这样一种关系类型并不是绝对的，对于不同的学生教师可能要给予不同的对待。比如，对于整体的班级而言，教师要和学生建立一种平等的、互动的民主型师生关系；对于那些原本发展比较差、主动性比较差的学生，教师要实施一定的控制和影响，慢慢地去培养他们的自主学习能力。

第二节　对班级的组织分析框架的反思

将班级看作一个正式组织还是将班级看作一个社会体系，反映出人们对班级社会属性的认识差异。从社会体系的视角来分析班级的社会属性，便于更好地反思班级组织分析框架的利与弊，也为班集体的组建提供了一个新的思路。

一、关于班级群体的定位分析

我们把班级群体看作社会行动的单位，认为它是由行动者之间相互协作、相互依赖、相互影响的互动关系构成的，这种关系相对平行、松散，在社会学界被称为非定型的群体关系。在其中，每个人的角色、地位及发挥的作用都不是固定的，成员间的关系具有更多的合作意义，集体的目标是多重的，也比较关注个人的特点和活动方式等。

另一种看法认为，班级群体是一种定型化的关系。这种关系接近于科层制结构，角色固定、目标单一、成员间是一种命令服从的关系。如果运用组织理论分析班级，班级中的人际关系就会被定位为这种定型的人际关系，从而比较看重班级中的秩序、学习目标实现的情况及学习的效率等问题，容易忽视对学生个性发展等问题的关注。所以说，这种定型性的关系类型不太适合定义学校中的班级活动。

按照片冈德雄的看法，非定型化的关系，即把班级作为一种社会体系来看待，更有利于学生的发展，也更符合教育活动的性质，容易给学生提供更多的发展机会。

二、对班级进行组织分析的不足

我们认为，班级的组织分析框架既与当代教育理念和教学实际不符，也与班级活动的实际情况不符，组织分析关注固定的结构和等级关系，容易引起师生关系紧张，有碍教师和学生的健康发展。

（一）与班级活动的实际情况不符

首先，在实际教学活动中，班级不是学校组织中的行政层级，而是实施基层教育活动的单位，班级中所有的学生都应是平等的受教育者。如果视班级为组织，过于关注固定的结构和等级关系，就会强调相对固定的班干部制度，使那些没有干部职务的学生在班中处于劣势地位，在主动性、责任感、自信心等方面受到损害，变得被动和冷漠，极易产生片冈德雄所说的防卫性班风。所谓防卫性班风是指班集体的建设主要是用于防备学生违背纪律、不遵守学校要求，班级的建制也是由专人来监控班级的活动，以保证所有学生能够按照学校的要求去做。这样的班风会导致学生间的互不信任和相互提防，对学生的人格发展是非常不利的。

其次，强调对班级进行组织分析，会使班级在活动过程中过于强调控制、命令和服从，注重秩序性，看重每个人的行为与纪律要求的一致程度。虽然这样确实有利于教师讲授活动的顺利进行，但也会压抑学生的个人表现，使学生变得被动、呆板，缺乏主动性和责任感。学生自身的学习能力和学习潜力难以发挥，学生的发展也缺乏多样性和生动性，更不会体现出个性特征。

最后，将班级视作组织来看待，还会造成过于关注形式上如何达到教育教学目标，而不太关注过程本身对目标实现的影响，以及过程中的具体方式、人际关系等对学生的个性发展的影响。学校的具体目标是有限的，并倾向于用量化的方式衡量。但实际上，学生的发展多是潜在的、不可计量的。过分关注外在目标的达成容易忽略过程，甚至导致过程本身出现偏差，对学生的发展带来负面影响，出现诸如课业负担过重、高分低能、作弊等问题。

（二）与当代教育理念和教学实际不符

在新时代的教育理念中，教师只是学习群体中的一员，是辅导者、咨询者、协作者。社会组织的观点把教师的权利神圣化、绝对化、行政化，这与新时代的教育理念相冲突。从教学的实际情况看，传统的教师所具有的神圣的地位实际上已经发生了动摇。

在传统的教育中，教师的绝对权威来自文化传统、知识水平，以及教师作为道德化身所具有的人格魅力。

从文化传统方面来看，在传统社会中，教师作为年长者，其长时间生活经验的积累使其在经验和能力方面远高于学生，学生容易对教师产生尊重。而且，教师通常是以家长受托人的身份出现，这在一定的程度上也使教师在学生面前具有更大的权利。但是，在现代社会中，传统文化观念赋予教师的权利发生了动摇。

从知识水平方面来看，在传统社会中，由于社会发展缓慢，教师的知识水平远高于学生。但在现代社会中，这一知识权威收到了冲击，尤其是我国社会的深度转型给予教师权威很大的冲击。例如，教师的整体知识可能已经不再优于学生，而只是在某一领域存在优势，但在更多的方面可能会落后于学生。至少，教师在知识方面的优势已经不明显了。

从道德方面来看，教师作为社会的正统形象和道德化身的观念，也受到冲击。在急剧变化的社会中，代表社会发展的新观念层出不穷，而教师的成人身份、对传统文化价值观念的既得利益者的身份，都使得教师在接受新观念方面更加保守。相比之下，学生则更容易接受新事物，能跟上时代发展的新变化。此外，社会多元价值标准的存在，使得教师作为唯一的正统的道德价值的化身的形象也受到学生的质疑。

因此，在现实生活中，教师曾经具有的无论是来自传统，还是来自知识，以及来自作为一个道德和人格化身的绝对权威，实际上都可能受到学生的质疑甚至是批判。在这种情况下，教师和学生之间实际上更应是一种互动的关系，需要互相学习、互相支持。这和组织分析把教师权力行政化，视教师为班级行动的最高领导的观点还是有相当大的差距的。

（三）导致师生关系紧张，有碍师生健康发展

学生亚文化存在逆反倾向，在教学的过程中，如果教师过多地强调自己的控制权力、教学的秩序，以及个人对集体和学校要求的无条件服从，必然会带来教师和学生之间的关系紧张，并会将其扩大到学生之间，形成学生间的关系紧张。这无论是对学生的学习和发展，还是对教师的成长与发展，都会带来极为不利的影响。

此外，如果对班级进行正式的组织建设，班干部的角色是少不了的。由于班干部有着相对特殊的地位和利益，会导致一些家长运用提供物质和人际关系帮助的方式与教师进行交换。这无疑是一种教育中的腐败现象，对学生的发展、对教师职业的纯洁性都有极大的害处。

第三节　班集体的组织与建设

一、营造支持性的班级气氛

班集体的建设需要我们树立正确的班级观念。班级是学习活动的行动单位，有利于每个学生的平等发展是建构班级人际关系的基本原则。固定的结构和秩序不是我们追求的重点，我们更关注的是如何建立彼此支持而非互相防备的群体关系，从而使所有学生都得到好的发展。这就需要我们在开展班级建设的时候，要善于营造班级的支持性气氛，要考虑到整体的发展要求，并给每个人以表现自我和为集体做贡献的机会。

片冈德雄认为，班级的支持性气氛，具有以下特点。①

（一）集体成员充分信赖他人

在班级中，不能人为地把学生分成固定的角色，而要让每个人都成为积极参与集体建设的一员，都具有平等的地位。只有这样，学生之间才能互相尊重、信任与依赖。比如，在对待班干部问题上，要给每个学生提供机会，让他们表现自己的能

---

① ［日］片冈德雄：《班级社会学》，北京，北京教育出版社，1993。

力，展示自己的价值，贡献自己的力量，积极地帮助他人，并视其为一种责任，从而形成彼此平等、互相尊重的积极心态。

（二）宽容与助人是群体的价值认同

在班级活动中，学生能充分地理解每个人都有自己的特点和自己的发展要求；能够理解别人，接受别人与自己不同的想法与做法，并给他人以帮助。这样，学生就会对集体产生认同感和亲切感，形成宽以待人的心态，班级也容易形成互助的氛围。这就要求我们在班级建设过程中，不要过多地强调竞争性，而要给学生更多的机会去互助，如建立学习小组等。事实上，班级在日常学习活动中的交往，本身就是一种学习。学生不仅要从课本中去学习，更多的是要从现实生活中学习。比如，培养助人为乐的品质，绝不是仅靠课本中的说教就能实现的，更应让学生在班级生活中切身感受到这种氛围。

如果班级建设过于强调组织目标的实现，过于强调学业成就，会使得学生之间互相竞争、互相防范，学生间关系紧张，彼此不能互助甚至互相拆台的现象时有发生。为此，我们应更多地强调和支持学生中的互相学习，给予学生更多的机会去感受被别人学习、为别人做事情所带来的快乐，从而在班级生活中体验到幸福感和成功感。

（三）学生能够形成比较独立、自信的态度，具有创新精神

班级中群体关系的状况，与学生能否形成创新精神是直接关联的。如果在班级中，大家都是互相排斥的，那么就很少有人敢提出不同的意见。一个缺乏提出不同意见的信心和勇气的学生，是不可能具有创新精神的。

（四）较注重学生间的合作与互助

研究表明，鼓励互助与支持要比鼓励竞争更能产生良好的学习效果。培养合作与互助的最好方法，就是让学生进行小组性的学习与工作。

此外，也有一些学者提出用不同的方式建设班集体，如在班集体中有目的地开展一些集体活动，有利于形成一种良好的班风。提倡互相关心，也容易形成班集体中互相支持的气氛。坚持适当的选择班干部的原则，即不是依据其维持秩序能力的高低，而是关注其是否愿意给大家提供更多的服务、能否热心地帮助同学，也容易形成良好的、互相支持的班级风气。

二、发挥教师的积极期望

（一）教师期望的含义

教师期望是影响师生关系的一个重要因素。教师期望主要指教师对学生在学习、生活等方面的未来发展所给予的期待和希望，包括积极期望和消极期望。积极期望主要表现为：教师对学生的肯定、表扬，对学生未来行为可能达到的结果表示乐观，并给予鼓励等。消极期望主要表现为：教师对学生关系的冷淡，经常否定学生的做法，对学生的未来或者近期的发展表示失望等。

（二）教师期望的作用

研究发现，教师的期望对学生的影响是很大的。如果教师给予学生的是积极的期望，那么学生的发展结果也会是积极的；相反，如果教师给予学生的是消极期望，那么学生的发展结果则是负面的、消极的。

最早研究教师期望的是美国心理学家罗森塔尔。他于20世纪60年代在美国加州的一所学校中进行了一项心理测验，他随机选取了一些学生，并告知教师这些学生会很有作为。数月之后再看，这些学生的发展确实好于其他学生。究其原因，就是教师在教学中显示出对这些学生的积极期望，使这些学生信心增强，学习投入加大，潜能得以激发，最终脱颖而出。

此后，教育界进行了大量实验来重复验证教师的积极期望对学生产生积极影响的问题。之所以只做积极期望的验证，是与教育的性质相关的。因为消极的期望会造成对学生消极的影响，对此进行验证是不符合教育宗旨的。事实上，学校一直强调对教师语言的规范，包括不允许教师使用带有消极倾向的语言等，因为这些语言的使用极易造成学生丧失信心，放弃努力，最终导致学业失败。

此外，教师对学生的消极期望，还会影响学生的性格发展。消极期望不仅会给学生带来直接伤害，还会带来间接的伤害，使得周围同学都否定这个学生，对其抱有消极的期望，造成其在班中生存环境的恶化，从而造成其进一步厌烦学习、厌烦教室，甚至对教室产生一种恐惧感，最终在各方面都对学生造成负面的影响。

（三）教师积极期望对学生影响的规律

教师的积极期望对学生的影响存在一定的规律性。第一，年龄越小的学生受教师积极期望的影响越大，教师的积极期望对学生的影响随着学生年龄的增长而降低。第二，教师的积极期望对中等学生和原来学业表现不太好的学生影响更大，而对原来学业表现好的学生影响要相对小一些。第三，教师的积极期望对女生的作用一般要大于男生。

（四）如何发挥教师在班级建设中的积极作用

在建设班集体的过程中，以及在建立教师与学生良好的人际互动关系的过程中，教师应该以积极的态度对待学生，包括运用肯定、赞赏、提出正面建议和积极鼓励的评价方式。这样，既可以对学生产生积极影响，也会在班级中形成一种互相支持、互相肯定的风气和氛围。因此，应该有意识地发挥教师的积极期望的作用，使之既有益于学生成长，也有益于班级建设。

三、采用全体参与的班级组织形式

关于班级的组织与管理，片冈德雄将班级管理方式划分为教师中心型管理、选举集中制的集体领导型管理、一人一个角色的全体参与型管理三种类型。① 班级的教师中心型管理，指的是教师在班级管理中所采用的独揽班级各方面的管理事务、事必躬亲的一种班级管理方式。班级的选举集中制的集体领导型管理，指的是在一个教师或辅导员的指导下，几位学生干部作为组长或副组长，各自管理着几个组员，并采用小组竞赛的方法来加强小组内部团结的一种班级管理方式。由于组长或副组长均由组员选举产生，故被称为选举集中制的管理。片冈德雄认为，大多数教师为了提高班级管理效率，经常会采用以上两种班级管理方式。后一种班级管理方式尽管很能鼓舞一个甚至几个学生干部的积极性，但对没有机会成为班干部的大多数学生的自主性和协同性造成了损害。用他的话来讲，"从大多数人的学习和成长来看，这种管理方式存在着难以培养学生的个性、创造性和热情的缺点"②。

因此，片冈德雄主张把成长和学习作为班级管理的最主要的目标，并从促进每个学生成长的角度倡导一种一人一个角色的全体参与型班级管理方式。这种班级管理方式在班级角色的划分与承担方面通过采用双人制（即两个同学共同担任一个角色）和交替制（即大家轮流担任某一角色）等具体办法，使得班级中的全体成员在班集体中都能获得一个适当的位置，分担一个角色，进而使得每一个同学都能有效地参与到班级组织和管理中来，最大限度地发挥全体成员的能动作用。

一人一个角色的全体参与型班级管理方式增加了班级成员之间的互动，使得每个成员都获得了一种存在感，积累一些做干部的经验，并通过履行各种职责使得每个班级成员得以重新认识自己的潜能。比起前两种班级管理方式，这种强调全体参

---

① 张人杰：《国外教育社会学基本文选》，532～535 页，上海，华东师范大学出版社，1989。
② 张人杰：《国外教育社会学基本文选》，533 页，上海，华东师范大学出版社，1989。

与的班级管理方式会使更多的学生学习到更多的东西，更加有利于学生的成长。

为了使一人一个角色的全体参与型班级管理方式落到实处，片冈德雄又提出了"以课题为中心"的小组分化模式和"固定小组"与"临时小组"相互补充的分组方式。常见的分组模式有三种：根据抽签或座位表分组；根据爱好和兴趣及相互是否熟悉分组；根据某一课题或任务分组。可以说每种分组模式都有各自的长处，但是片冈德雄更加强调以课题为中心进行小组的划分，并认为这一班级分组模式既有利于学生之间加快相互认识和了解，有利于发展学生的个性，培养学生的创造性，也有利于提高学生之间的相互协助能力。此外，为了实现一人一个角色的全体参与型班级管理，他还强调在分组时采取固定小组与临时小组互相补充的分组方式。比如，在班级因开展学习活动遇到临时性的新课题或任务时，可将一部分同学组成临时小组以便共同谈论和解决这些新的课题。课题和任务结束时，临时小组便可解散，学生又回到了原先的固定小组。

片冈德雄提出的一人一个角色的全体参与型班级管理方式，对于我们组织和管理班集体具有一定的启发和借鉴意义，值得我们对其进行理论上的探讨与反思，以及在具体的班级组织和管理实践中对其进行检验、修正和发展。

四、正确认识和对待班级中的非正式群体

学校班级中的儿童及青少年的非正式小群体，是一种对其行为和发展具有重要影响作用的同辈群体。由于学生非正式群体所具有的自由组成性，同辈群体对青少年学生的行为和发展有着重要的影响。因此，正确认识和认真对待班级中的非正式群体，对于良好班集体的建设和培养具有十分重要的意义。

（一）班级非正式群体产生的原因

美国学者菲兰指出学生生活在家庭、学校及同辈群体的三重世界中。吴康宁教授认为，如果从文化认同或文化调适的角度来说，学生并非总是跨"社会"的。有些学生生活在三重社会之中，有些学生生活在"两重社会"之中，有些学生可能只生活在"单一社会"之中。"单一社会"通常是指学生的同辈群体；"两重社会"一般是由同辈群体与家庭或同辈群体与学校所构成。因此，从文化认同或文化调适的角度来看，同辈群体可谓学生的一种"永恒的"社会。[1] 为了了解学生非正式群体如何以一种"永

---

[1] 吴康宁：《教育社会学》，228 页，北京，人民教育出版社，1998。

恒的"社会对学生行为产生影响,有必要先来探讨一下其产生的原因和意义。

学生之所以会形成非正式群体,从根本上说,是为了满足其在家庭和学校中得不到满足的各种需要。从社会角度来看,导致学生形成、加入或向往非正式群体的主要原因是对于平等的期求。

家庭与学校无法完全满足学生的平等需要。在家庭中,学生是被监护人;在学校中,学生是受教育者。这两种地位状况制度性地决定了学生与家长或教师不可能真正形成"平起平坐"的关系。这样,学校、家庭便无法满足学生的平等需要,也便无法成为促使学生完全自由地展现自己、充分发挥自己潜力的场所,学生便自然会去寻求可使自己获得真正的平等、民主与自由的另一个世界。于是,学生非正式群体应运而生。另外,由于亲子关系与师生关系说到底是不平等关系,因此,学生在家庭生活过程中与学校教育过程中,尤其是在学校教育过程中容易受到伤害。这样,正如傅隆(Furlong)所指出的,在学校生活中受伤害特别严重的那些学生往往宣泄其情绪,并向权威者挑战。但由于此类情绪表达方式受到禁止,于是,这些学生便寻求伙伴的支持,组成反学校的群体。① 当然,研究发现,学生非正式群体的类型及其对学生行为的影响较为复杂,"反学校的群体"只是学生非正式群体中的一类。

(二)学生非正式群体的类型及影响

学生非正式群体的类型从不同的角度出发有着不同的划分。根据学生非正式群体的成员特点、形成基础、活动方式与心理构成不同,可以将其分为爱好型、情感型、反抗型、志向型、求知型、知心型、邻近型、互补型、亲缘型、利益型等。根据学生非正式群体的功能和作用不同,可以将其分为积极型、娱乐型、消极型、对立型、犯罪型等。我们主要根据学生非正式群体对学校教育目标,以及学生行为有何影响的角度,将其分为三个类型:积极型、中性型、消极型。

积极型学生非正式群体的作用与学校教育正式目标一致,对学生的行为产生积极的影响。其成员绝大多数是学校学优生、各种活动的骨干分子,他们思想进步,上进心强,对学习、活动认真负责。积极型非正式群体的活动内容主要是进行文化学习、研究,纵论国家大事,探索人生真谛,在课余时间开展一系列有益的文化、体育、科技、艺术等活动,以弥补家庭、学校生活中的不足,满足自己的心理、身体需求,实现自我价值,从而能引导青少年学生不断成长进步。

---

① John V. Furlong, "Disaffected Pupils," *British Journal of Sociology of Education*,1991(3),p. 52.

中性型学生非正式群体对学校教育目标无甚大的影响，其活动结果与学生越轨行为之间一般也不存在直接的因果关系。这类非正式群体都是由一些比较自卑、性格内向，或因成绩不佳，在班级、学校遭到冷遇的青少年学生组成。此类非正式群体能够填补他们课余时间、情感的空白，满足自己的心理需要。其成员对班级、学校、社会的一系列集体活动缺乏热情，反应冷淡，缺乏上进心和责任感，但是还未达到与班级、学校、社会公开对抗的地位，处在中间状态。这类非正式群体的弹性非常大，如果教育、管理引导得当，能够促使其向积极型非正式群体转化；否则，容易转向消极型的非正式群体。

消极型学生非正式群体的活动后果与学校目标是对立的，甚至有"反学校文化"倾向，容易引发学生的越轨行为。这类非正式群体由一些各方面表现较差的，有劣迹、受到过处罚又自暴自弃的学生组成。一些成绩差、经常受到教师批评或惩罚的学生，或与校外有违法行为的青少年接触较多的学生，往往会形成消极型的非正式群体。

消极型学生非正式群体主要有以下几个特点。①他们有"头头"和下属，还有较严的不成文约定。②其成员在受到教师批评产生抵触情绪时，往往采取课上捣乱、课下攻击，凌辱异己的野蛮行为，对班集体建设危害甚大，甚至对社会构成危胁。这种群体的活动往往超出纪律甚至法律许可的范围。③这种群体成员多为男生，若有个别女生加入，其影响更加恶劣。④有严格的"纪律"等。这些同辈群体类型数量虽不多，但其对学生行为的消极影响极大。根据文化传递理论的观点，这类群体一旦形成一种"越轨亚文化"或"反学校亚文化"，将会对其成员的行为选择提供反面样板，并迫使其成员遵从该群体的行为规范（即遵从越轨亚文化），从而走上越轨道路。

（三）引导同辈交往，营造积极的青少年群体亚文化环境

学生非正式群体尤其是消极型非正式群体，为了满足其在学校和家庭中难以满足的平等需要，有时其活动会背离学校教育目标，形成"反学校亚文化"。因此，正确引导同辈交往，建立积极的非正式群体是建设良好班集体的重要措施之一。指导学生非正式群体应遵循以下原则。

第一，疏导原则。"人是社会的动物"，也是情感的动物。人的生活中不仅有与自己社会角色相应的正式社会交往，也需要有摆脱社会角色规约的非正式交往。学生非正式群体就是学生非正式交往的产物。这是一个客观存在，也是学生身心发展的自然需要，对学生成长有着不可替代的重要作用。因此，正确引导学生非正式群

体的第一个原则就是坚持以疏导为主，反对一味阻止。研究表明，阻止学生非正式群体的活动，甚至强行解散学生非正式群体，其效果往往适得其反。阻止学生同辈交往反而会加重他们与成人社会的疏离，不利于学校教育的顺利开展和学生的健康成长。

第二，建设性介入原则。了解学生的同辈交往，并通过帮助和支持学生非正式群体的活动建设性介入，是管理学生同辈交往的有效途径。不阻止学生同辈交往，并不意味着放任不管。青少年学生价值观念尚未成熟，抵抗诱惑、理性驾驭自己的能力还很缺乏，行为还具有相当的冲动性，学生非正式群体行为的冲动性就更加明显。因此，教师和家长必须采取有效方式对学生同辈群体交往进行管理。

第三，区别指导原则。不同类型的学生非正式群体有着不同的特点，对学生的行为的影响也不同，因此，对不同类型的学生非正式群体应采取不同的指导方式。对于积极型的学生非正式群体，要热情支持参与，为他们提供活动机会，以满足其心理、身体发展的需要。对消极型的学生非正式群体要积极疏导，做好群体中核心人物的转化工作。对消极型学生非正式群体的教育处理不能简单化，要做深入细致的思想工作；要从改变其不良习惯入手，切断他们与社会闲散人员的来往；要发挥他们能力强的特点，为其在班级活动中提供自我表现的机会；要培养他们正当的兴趣爱好，以实现其彻底转变。对于中性型的学生非正式群体，不能听之任之，要适当引导，努力促使其向积极型学生非正式群体转化。

第十章　课程的社会学分析

尽管学校课程很早就进入了社会学家的研究视野之中，但我们一般认为课程社会学产生于 20 世纪 70 年代的英国，其产生标志是英国当代教育社会学家麦克·扬的著作《知识与控制：教育社会学新探》。自课程社会学产生以来，课程日益成为教育社会学家关注的重要问题之一。党的二十大报告指出："意识形态工作是为国家立心、为民族立魂的工作。""社会主义核心价值观是凝聚人心、汇聚民力的强大力量。"开展课程社会学研究，必须坚持以习近平新时代中国特色社会主义思想为指导，以社会主义意识形态为引领，把社会主义核心价值观融入课程社会学研究的全过程。

第一节　课程与课程社会学

课程社会学是运用社会学视角研究课程问题的学科体系。了解课程社会学的产生背景和发展历程，对于我们认识和掌握课程的社会学分析路径和特点具有重要意义。

一、课程类型

课程是人们在教育教学及日常生活中经常使用的一个词语，这一概念看似简单平常但我们做到真正理解课程绝非易事。这一方面是由于人们往往会对熟悉的事物缺乏深究，另一方面则是由于课程本身的复杂性。为了更好地认识和理解课程这一概念，我们运用分类学的办法，根据不同的分类标准将课程分为：显性课程与隐性课程；"作为事实的课程"与"作为实践的课程"；集合课程与整合课程等。

（一）显性课程与隐性课程

1968年，美国学者杰克逊（Jackson）在其著作《课堂生活》一书中首次使用了隐性课程（hidden curriculum）的概念。[①] 杰克逊通过观察美国公立小学的课堂生活，指出学校课堂中包含了特有的价值、习惯、对学生的社会性及行为上的期待等隐性课程的特质。他将学校课堂中强调的一些特定的规范、价值与习惯（如安静地等待、学会忍让、不断尝试、认真完成交付的任务、保持忙碌的状态、与他人合作、与教师和同学保持一致、井然有序、守时及循规蹈矩等）用隐性课程的概念加以指代，以区别于学校的正规课程。

自20世纪60年代隐性课程的概念提出以来，人们对于隐性课程进行了大量的研究，但是大部分研究者都将重点放在"课程"上，而对于何谓"隐性"的研究关注不够。隐性课程到底是尚未被觉察因而在不知不觉中实施的课程呢？还是被有意识地加以"伪装"了的课程呢？"隐性"到底是针对谁而言呢？是受教育者还是教育者？事实上，同样的课程对于有些人来说可能是显性的，而对于另外一些人来说则是隐性的。

隐性课程的存在模式可以分为两种：一种是教育者和受教育者都没有明确意识到或觉察到的课程，如入学的第一天教师就要求学生"要按时到校，按时完成老师布置的作业""进办公室要敲门""见到老师要主动打招呼""在课堂上发言要先举手，在得到老师的允许后站立发言"等。这些隐性课程是在教学生学会守时、尊重权威等社会的主流价值观念和行为规范。另一种则是教育者已经明确觉察但却有意使之处于隐性状态的课程。正像我们会出于保护目的有意隐藏自己的秘密一样，隐性课程将某些内容有意隐藏起来并通过潜移默化的方式传递给学生。隐性课程到底"隐藏"了什么？为什么要以隐性的方式传递这些"隐藏物"呢？

冲突论者认为，课程是各种社会团体利益冲突的场所，探讨隐性课程里的元素，以及那些人们试图隐藏起来的东西，是隐性课程研究的实质所在。教育社会学研究者的任务就在于揭露这些潜藏在幕后、掌控着社会结构的那双看不见的手与某些机

---

① ［美］马戈利斯：《高等教育中的潜在课程》，5页，上海，华东师范大学出版社，2005。

制，使那些隐藏在课程中的"压迫者"现身。在他们看来，许多社会化的现象都是隐而不现的，这些现象一旦被揭露出来就行不通了，很可能会遭到社会化对象的有力抵制。我们注意到，在上述两种隐性课程模式中受教育者始终都处于无意识的状态，因此，隐性课程之"隐性"主要是相对于学生而言的（见框 10-1）。

施良方认为，隐性课程的实质在于统治阶级用潜移默化的方式，将他们的意识形态强行灌输给学生，而隐性课程研究的实质则在于揭示隐藏在学校课程中的意识形态。如果我们把隐性课程理解为校园环境对学生行为的陶冶作用，那就与隐性课程研究的实质相去甚远了。因此，在社会主义制度下，我们研究隐性课程的目的，主要应该集中在如何有效地把社会主义和共产主义的意识形态结合进课程与教学之中这一点上，而不只是停留在美化校园上。①

框 10-1　隐性课程的四种法则

　　吉鲁归纳出了隐性课程的四种法则：传统的（traditional）、自由的（liberal）、激进的（radical）及辩证式的批判（dialectical critique）法则。第一种是由杰克逊与德雷本（Dreeben）所提出的传统法则，也就是毫无异义地接受学校与更大范围的社会之间的关系。第二种是由安扬与马丁（Martin）所提出的自由性法则，将潜在课程置于特定的社会体系、文化印象或者是交谈形式中，以强化歧视和偏见。不过，这是可以察觉到而予以消除的。第三种是鲍尔斯与金蒂斯所提出的激进派观点，专注于学校教育的政治性经济体系，并视生产过程的社会关系为塑造学校环境的决定性因素。吉鲁的第四项法则——辩证式的批判与激进观点紧密相连，对单面向的结构主义（one sided structuralism）与政治经济所呈现的悲观主义（pessimism）予以驳斥。这项法则的基本前提是潜在课程是多元的，而其中衍生出来的冲突使得教师与学生有机会抗拒社会控制与统御的机制，并且创造出另类的文化形式。此种法则有时也被称为抗拒理论（resistance theory）。

　　——[美]马戈利斯：《高等教育中的潜在课程》，15～16 页，上海，华东师范大学出版社，2005。

（二）"作为事实的课程"与"作为实践的课程"

根据将课程看作社会结构还是社会建构的不同，麦克·扬将课程分为"作为事实

---

① 施良方：《课程理论：课程的基础、原理与问题》，56 页，北京，教育科学出版社，1996。

的课程"与"作为实践的课程"两类。①

作为事实的课程将知识看成一种社会规定的结构，它外在于学习者并需要被掌握。② 作为事实的课程就是建立在这样一种知识观之上，这种知识观假设在人类之外存在一个人类不得不去适应的真理领域。从迪尔凯姆到帕森斯的大多数社会学家都将课程视为"一种事实存在"，认为教育是社会化或者是特定知识、技能和价值观念获得的过程。在作为事实的课程观念的指导下，教学只能是一种知识的再生产过程，是一种再生产别人已经生产出来的知识的过程。

作为事实的课程观在学术界、教育行政人员及教师那里十分盛行。这种课程观通过将课程看作一种外在于教师和学生的事实存在而将课程神秘化，从而遮蔽了教师、学生与课程政策制定者之间的社会关系。持有这种课程观念的教师和学生认为，课程只不过是在重新描述已知的客观世界，从而使教师和学生在课程的设计和实施中始终处于被动的地位。教师的职责则在于设计更加有效的传递知识和技能的教学方法，以便将更多的知识传递给更多的学生，而不论这些知识和技能是什么。在学生学业失败的原因解释方面，作为事实的课程观念认为，学生学业失败的原因肯定与课程和知识本身无关；学业失败要么是由教师的不良教学引起，要么是由学生的社会或心理缺陷所致。

与作为事实的课程相反，作为实践的课程否认课程的外在现实性，更加强调师生在课程建构中的主观目的和行为。从这种课程观念出发，知识不再被当作需要经过教师分配和传递的、已经由知识生产者生产出来的客观存在物；相反，知识是师生合作工作的产物，是师生实践的产物、建构的结果。

正如麦克·扬所言，作为实践的课程可能在理论上具有一定的可能性，但它们在实践上的可能性则被教师看成和乌托邦差不多的东西。

受麦克·扬的启发，谢维和提出了一种辩证的课程观。③ 他认为，课程和知识是一种社会建构，课程和知识的社会建构是一种知识的再生产。一般认为，知识的建构是指人们按照自己的价值观念和利益取向去选择不同的知识，或者按照某种意识形态去对各种知识进行加工、改造、传递和评价。然而事实上，课程和知识的社会建构是一个非常复杂的活动和过程，而且是一个社会不同方面和阶层共同参与的

① [英]麦克·扬：《未来的课程》，27～37页，上海，华东师范大学出版社，2003。
② [英]麦克·扬：《未来的课程》，28页，上海，华东师范大学出版社，2003。
③ [英]麦克·扬：《未来的课程》，1～11页，上海，华东师范大学出版社，2003。

活动和过程，是一个充满矛盾的活动和过程，是一个不断发展的动态的活动和过程。从现实的课程来看，作为一个完成的形态，任何课程往往都是一种不同的利益相关者之间彼此暂时的妥协、让步和"角斗"的结果。从理论形态上看，这个过程实际上是一个充满矛盾和辩证的过程和活动。

辩证课程观的基本观点如下。第一，课程内容的选择和组织是一个辩证的过程，其中包括不同文化的相互作用和影响、不同利益相关者的"声音"、意识形态与非主流思想观念及各种思潮之间的相互作用和影响等。第二，课程传递过程是一个辩证的过程，其中包括教师与学校和教育管理人员之间的相互对立和磨合、教师与学生之间的相互对立和磨合、不同课程形态之间的相互矛盾，如单一课程与综合课程等。第三，课程评价是一个辩证的过程。课程评价既是一种共性和个性的统一，也是一种现实与历史的统一。

辩证课程观的理论特征包括如下两个方面。第一，主体际（即主体间性）。辩证课程理论的主体际特点，体现在课程中所反映的矛盾和相互关系上，并不仅仅是主观与客观之间的矛盾和关系，而更多的是一种主体与主体之间的矛盾和关系。主体际关系在课堂上往往表现为一种主体间的对话。课程中的对话和话语关系有两个重要特点。①对话具有一种建构的功能，建构课程内容、课程传递活动、课程评价等。②对话所遵循的不是一种简单的"语法规则"，而是一种比较复杂的"文化规则"。第二，反思性。当我们说教师和学生等利益相关者共同建构课程的时候，这种建构不仅是对课程知识的建构，更是对自我本身的建构。而当我们说学生真正地成为课程的主体时，它所包含的意义就在于此。

（三）集合课程与整合课程

根据教育知识编码的类型不同，即根据教育内容之间的边界是清晰的还是模糊的，是封闭的还是开放的等特征的区别，伯恩斯坦将课程划分为两种类型：集合类型的课程和整合类型的课程。①

按照伯恩斯坦的教育知识分类和编码理论，集合类型课程内容的边界非常清楚，彼此之间相互独立，分别组成一个封闭的知识体系。集合课程相当于我们所说的分科课程，包括数学课程、物理课程、化学课程、政治课程、历史课程、文学课程等。集合课程基本上是按照某一学科的基本规律和特点进行建构的，而不是以学习者的

---

① ［英］麦克·扬：《未来的课程》，62页，上海，华东师范大学出版社，2003。

身心发展基础、需要和已有经验为主进行建构的。

与集合课程相反，整合课程的课程内容不是各自为政的，而是处在一种开放的关系之中，组成一个开放的知识体系。整合课程类似于我们所说的综合课程。综合课程并非以界限分明的各个学科为特征进行建构，相反，在综合课程中各类知识之间的界限或边界比较模糊。综合课程是按照教学内容之间的关系，作为一种社会的事实而得到规定的。正如伯恩斯坦所言："对于各种内容的相对地位而言并不存在什么内在的东西，而且对于内容之间的联系也是如此。不必考虑公众思想的各种形态是否存在内在逻辑的问题，因为，它们的传递形式，也就是它们的分类和架构，都是社会事实。"①由此可见，集合课程体现的是不同学科之间的权力关系，而整合课程体现的却是不同社会群体对于课程的建构作用，因为整合课程在课程内容的建构过程中并非仅仅以学科自身特征为主要依据，而是充分考虑到学科知识与日常生活知识之间的关系。

集合课程与整合课程分别体现了集合编码和整合编码这两种不同的教育编码方式，受这两种编码方式的影响，集合课程和整合课程在课程传递、课程功能等诸方面存在较大的差异。②

首先，课程的传递模式不同。集合课程的传递模式是一种自上而下的课程传递模式。在集合课程中，不同学科之间的知识的边界非常清晰，学校知识将日常生活经验排除在外，在很大程度上使得学校知识具有一定的专断性和神秘性。在基于这种知识编码模式的集合课程的实施中，教师往往具有较大的权力和控制力，决定着学生学习的内容和方式。这样，集合课程中的师生关系就呈现出一种垂直的等级关系，并由此而形成一种自上而下的课程传递模式。而在整合课程中，不同学科知识之间的边界是比较模糊的，学校知识与日常生活经验之间的关系也是比较模糊的，学生的社会生活经验进入了课程，成为重要的课程资源。这样就使得教师在课程实施中的权力和控制力相对减小，而学生有了更大的自主权和控制权。因此，整合课程的实施就不像集合课程那样具有明显的自上而下的传递模式，相反，师生之间建构、对话的成分更多一些。

其次，课程的目标和功能有所不同。集合课程以单一学科的基础知识和基本规

---

① [英]麦克·扬：《未来的课程》，63页，上海，华东师范大学出版社，2003。
② 谢维和：《教育活动的社会学分析：一种教育社会学的研究》2版修订本，353~357页，北京，教育科学出版社，2007。

律为基础进行课程的构建，体现出较强的知识独立性和封闭性。这种课程模式致力于专门性人才的培养。但是，由于教师和学生在课程的实施过程中，更多地关注单一学科知识的获得，不能将本学科的知识与其他学科或自身经验相结合，所以这种课程不利于学生了解知识的生产过程，也不利于形成一种真正的探究性或研究性的学习。而整合课程则由于实现了学校内容的知识整合，以及学校知识与各种日常生活经验之间的整合，因此在课程实施中就会更加注重探讨一些较为普遍性的概念和理念，更加关注知识的生产和建构过程，从而有利于形成一种真正的探究性或研究性的学习。

二、课程社会学的产生与发展

一般认为，以英国当代教育社会学家麦克·扬的著作《知识与控制：教育社会学新探》为标志，课程社会学(the sociology of curriculum)产生于 20 世纪 70 年代。在麦克·扬看来，教育社会学的中心任务似乎是，或者应该是把这些构成课程基础的选择和组织的原则，与它们在学校和班级中的制度和互动背景联系起来，并且与更广泛的社会结构联系起来[1]。

（一）早期课程社会学研究

其实，在麦克·扬之前，人们已经开始运用社会学的观点研究学校教育中的课程问题。我们根据《教育大百科全书》的有关观点[2]，把 20 世纪 70 年代之前以有机论传统、知识社会学及现象学传统作为理论基础，进行的一系列课程社会学研究称为课程社会学的早期研究，以区别于 20 世纪 70 年代以来以再生产理论和西方新马克思主义为理论基础所进行的课程社会学研究。

早在 1902 年，迪尔凯姆在其名著《教育思想的演进》中，就以社会有机论为理论基础对法国中等教育课程进行了社会学思考。他认为，法国中学课程与教育同法国不断变革的社会结构密切联系，尤其与教会的作用密切相关。受有机论传统的影响，并以知识社会学作为研究的出发点，以英国伦敦教育学院为代表的英国教育社会学界对课程展开了社会学的研究与思考。其中较为著名的研究，如班克斯对中等教育内容变革的研究、科特格拉夫(Cotgrove)关于职业技术课程的研究、马斯格雷夫

---

① ［英］麦克·扬：《未来的课程》，31 页，上海，华东师范大学出版社，2003。
② ［瑞典］T. 胡森、［德］T. N. 波斯尔斯韦特：《教育大百科全书》，117～121 页，重庆，西南师范大学出版社，2006。

(Musgrave)关于综合课程的研究等。但是,这一时期最有影响的研究当属曼海姆对于课程的知识社会学分析。曼海姆持一种相对主义的知识观,在他看来,除自然学科外,课程内容从根本上是由社会结构决定的。原因在于,尽管知识体系,如学术科目等,在很大程度上决定着课程内容,但是这些知识体系归根结底是由社会结构决定的。

到20世纪60年代,受社会现象学的影响,知识社会学更加强调知识的社会建构性,采取更加相对主义的态度看待学校课程,认为课程内容尤其是课堂中的课程内容不过是社会建构的结果。凯蒂的研究表明,教师通过学生所处社会阶级对其行为进行判断。这一判断影响到教师对学生能力的认识,进而决定了教师对不同阶级儿童的教学内容。

(二)以再生产理论为基础的课程研究

20世纪70年代后,两位著名的教育社会学家,英国的伯恩斯坦和法国的布迪厄,以再生产理论为基础对课程如何在不同社会阶级之间传播或繁衍进行了理论探究。

伯恩斯坦运用社会编码理论来解释课程建构方式与课程知识的传递方式,并在此基础上将课程分为集合课程与整合课程两种不同类型。在伯恩斯坦看来,现代课程正在从典型的集合课程向整合课程转变。

布迪厄与帕瑟隆(Passeron)在其名著《教育、社会与文化的再生产》中,对课程与社会再生产的关系进行了理论探究。布迪厄认为,学校运用符号暴力实施其文化专断,根据不同受教育者的惯习(habitus),以及其所拥有的不同文化资本实现社会的控制,进而再生产社会的现有秩序。

(三)西方新马克思主义的课程研究

早在20世纪60年代,西方新马克思主义就对课程研究产生了一定影响。1965年,英国教育社会学家威廉姆斯在《持久的革命》一书中,就曾运用新马克思主义的视角对课程进行了探究。他认为,课程是文化问题的重点,英国学校的课程内容由企业培训者、传统的人文主义者和国家教育行政官员三个持有不同价值观念的社会团体共同协商决定的。这一时期,运用西方新马克思主义视角对课程进行研究的著名人物还有法国学者阿尔杜塞、美国学者鲍尔斯和金蒂斯等。鲍尔斯和金蒂斯在其名著《资本主义美国的学校教育》中认为,资本主义教育制度的功能是再生产资本主义的生产关系,教育制度正是通过一种貌似公平、客观的英才教育机制把人们安排到不平等的经济地位上，从而使经济不平等合法化的。

当然，对课程理论研究影响最大的西方新马克思主义者当属美国当代著名教育社会学家阿普尔。在"阿普尔三部曲"中，阿普尔对统治阶级如何通过课程等方式维持其霸权统治进行了系统分析。相对于鲍尔斯和金蒂斯，阿普尔更加强调教育再生产过程的复杂性。此外，美国新马克思主义学者吉鲁对教育和课程中"抵制理论"进行了开拓性的研究。以法兰克福学派尤其是哈贝马斯的思想为基础发展起来的课程批判理论，也是西方新马克思主义课程研究的一个分支。

根据美国学者马斯格雷夫的观点，未来课程社会学的研究将会呈现出以下几个基本发展趋向：①以经验主义研究为基础的有关课程社会学的理论研究会大量出现；②通过把社会学理论应用于学校知识的管理之中，课程改革的行政体制问题将会成为课程社会学研究一个重点内容；③符号学将成为课程社会学研究的关键理论基础。①

第二节　课程研究的社会学范式

关于学校中的课程，教育学、教育心理学研究它，教育社会学也研究它，但各自研究的层面所有不同。教育学研究的是"作为教育活动要素的课程"，旨在阐明课程的学科结构、设置与安排；教育心理学研究的是"作为心理发展材料的课程"，旨在探明课程的心理逻辑结构及其发展价值；教育社会学研究的则是"作为社会控制中介的课程"，旨在揭示课程的社会文化特征。②

一、课程社会学研究的基本范式

当代课程社会学研究的主要范式包括结构功能主义研究范式、西方新马克思主义研究范式、解释主义研究范式，以及结构主义研究范式。

---

① ［瑞典］T. 胡森、［德］T. N. 波斯尔斯韦特：《教育大百科全书》，120～121 页，重庆，西南师范大学出版社，2006。
② 吴康宁：《教育社会学》，6～7 页，北京，人民教育出版社，1998。

（一）结构功能主义研究范式

结构功能主义强调学校教育在社会中的功能。功能论者认为，学校教育具有社会化功能、社会整合功能及选拔功能。他们认为教育的作用在于使个体社会化，使学生具备未来承担一定角色所必需的意识和能力；教育能促进社会公平，促进社会整合；教育还能对学生进行甄别，使之适合于社会结构中的相应位置。

基于上述教育观，结构功能主义认为课程体现学校教育服务于整体社会的基本功能，代表着社会发展的实际情况和实际需要。课程的合理性在于它的客观性，因为课程是正确知识的化身。显然，这是一种课程分析的社会决定论的视角。

在功能论者看来，经济和社会发展需要，是课程设置及课程地位分等的最终依据。能进入课程的知识，都是达成共识的、得到公认的、代表人类认识精华的科学知识。为了使"年轻一代系统地社会化"，以便使出生时不适应社会生活的"个体我"成为崭新的"社会我"，[1] 课程所蕴含和传递的价值观念也都是一些社会共享的价值观念和集体意识，这些观念的传递有助于加强个体之间的社会凝聚力。如此，课程便成为一种促使学生的行为有助于维护社会结构、保持社会平衡的手段。这样，结构功能主义课程研究范式便成功地规避了对课程内容本质的质疑与批判，而只在课程内容的选定方面专心于回答斯宾塞提出的"什么知识最有价值"的问题。这就顺理成章地使分类的科学和社会主流意识形态，逐渐成为学校教育的课程核心和制定课程的根据。

结构功能主义课程研究范式因过于强调课程的社会结构与制约，强调课程中知识的客观性、中立性以及共享的价值观念，将课程视为一种不证自明的"给定"（given）之物，忽视了知识的主观建构面向与价值的多元与冲突特性，而受到冲突论者及解释论者的责难与抨击。

（二）西方新马克思主义研究范式

西方新马克思主义的课程研究范式强调课程对于学生社会阶层地位的影响作用。在西方新马克思主义者看来，课程代表着社会中的阶级/阶层关系状况，是阶级利益冲突的结果，是主流阶层借以实现自己意志、维护既得利益的工具。持这种课程观的代表人物有鲍尔斯、金蒂斯、安扬、阿普尔和布迪厄等。

鲍尔斯和金蒂斯在其著作《资本主义美国的学校教育》中提出了著名的"对应理

---

[1] 张人杰：《国外教育社会学基本文选》，9页，上海，华东师范大学出版社，1989。

论"（correspondence theory）。他们认为劳动场所中的结构可以反映在学校和教室中，因为在学校和教室中也强调对规则的服从、对权威的尊敬、对时间的遵守，以及外部的评价等。这样，通过学校教育系统再生产的技术和态度，与学生准备未来层级化的工作角色是相对应的。在鲍尔斯和金蒂斯看来，课程是学校再生产资本主义社会关系的重要工具，学校正是通过各种正式的和非正式的、显性的和隐性的课程再生产了维系资本主义制度所必需的各种社会关系。

安扬主要通过对教科书及隐性课程进行实证研究，强调冲突的再生产。安扬早期分析教科书的目的在于探讨为什么它只是传递特定的某些信息而不是其他信息，从而揭示学校知识的选择性。后期，安扬的研究主要集中在对课程知识供应中的阶层差异，以及知识概念的阶层差异分析方面，重点对新泽西的五所学校的教学环境中的隐性课程进行研究。他认为，学校中的隐性课程是以一种特殊的方式与社会再生产过程相联系，以一种看似公平的方式强化了对于学生的社会分化，从而对社会阶层的分化起到了合理化的作用，进而再生产了社会的不平等，达到了通过学校教育实现社会控制的目的。但是，与鲍尔斯和金蒂斯的直接生产力论不同，安扬认为再生产过程充满了各种冲突、抵抗和斗争，学校课程包括隐性课程可能具有不同的政治功能，而不仅仅是维持统治阶级的既得利益。

19世纪，英国社会学家斯宾塞提出了一个著名的论题——什么知识最有价值？大约一个世纪后，《意识形态与课程》的作者、美国当代教育社会学家阿普尔比照斯宾塞提出了一个新的问题："谁的知识最有价值？"[①]在该书的第二版序言中，阿普尔说他花费了生命中的大量时间研究教育与政治之间的联系，主要研究课程和教学与文化、政治、经济权力之间的关系问题。在他看来，以所谓课程中立性和知识客观性为掩护，由政治家、思想家和科学精英共同认可的课程内容传递了某种特定的意识形态，体现了文化霸权。他认为，研究并揭示这种课程中的意识形态与文化霸权应该是课程研究者的重要使命。

阿普尔重点研究了意识形态与课程的关系。他的一系列作品，如《意识形态与课程》《官方知识》《教科书政治学》《教育与权力》等，都是围绕这一主题展开研究的重要成果。阿普尔认为，将学校课程看作中立的知识显然是一种天真的想法。相反地，课程中的所谓合法知识恰恰是复杂的权力关系，以及身份等级、种族、性别、宗教

---

① ［美］麦克尔·W. 阿普尔：《意识形态与课程》，1页，上海，华东师范大学出版社，2001。

团体不断斗争的结果。教育与权力是相辅相成、不可分割的。正是通过不懈地斗争，妇女、有色人种和其他弱势群体才得以把自己的历史和文化写入了课程。①

布迪厄运用文化资本(cultural capital)、阶级惯习(class habitus)等概念提出了文化再生产理论(cultural reproduction theory)。与直接再生产理论不同，布迪厄认为，阶级再生产的过程是十分精致和间接的，是通过惯习和学校结构而运作的。而且，教育系统本身也分层，作为文化资本的仲裁者，它在生产和再生产自身中也有自己的利益。根据这个事实，经济生产关系和教育过程之间并不存在十分紧密的对应和同步关系。基于此，他认为，学校中的课程实际上是一种文化资本，是由社会上占统治地位的阶层控制的。通过课程与教学活动，学校对于特定的知识类型、学生说话的方式、风格、行为举止、气质及世界观形成做了规定，并使其正常化。正是借助于课程对于文化资本分配不平等的确认与强化，学校教育再生产了资本主义社会的既有社会关系与秩序。

西方新马克思主义的课程研究范式强调社会对于课程的制约作用，强调各社会阶层、各利益群体在课程组织、课程实施、课程评价过程中的矛盾与冲突，但却忽视了课程在传递人类共同知识与价值观念方面的功能。另外，西方新马克思主义的课程研究范式对于微观领域中的课程问题也没有涉猎，这也使得关于课程本身的研究成为一个"黑箱"。

（三）解释主义研究范式

解释主义的课程研究范式试图从微观层次解释课程的社会再生产机制。因此，解释主义的课程研究者更加关注知识的社会性，以及知识如何被学习者、建构者理解和掌握。在解释主义课程范式中，课程不被视为一种既存的社会现象，而被视为一种生成的社会现象。解释主义者从知识社会学的视角出发，认为知识并非是客观的，课程也不是中立的，而是介入了主观因素的。这种观点的代表人物有英国的麦克·扬、凯迪、伊格莱斯顿(Eggleston)等。

在讨论课程时，解释主义范式不仅关注课程的内容，而且关注课程的组织形式、情景背景等。在解释主义者看来，学生掌握课程的过程是对课程的重构过程。简言之，知识社会学视角下的课程不是纯粹对现实的反应，而是主观建构的。

英国的麦克·扬，在其代表作《知识与控制：教育社会学新探》及《未来的课程》

---

① [美]M. 阿普尔、L. 克丽斯蒂安·史密斯：《教科书政治学》，2页，上海，华东师范大学出版社，2001。

中认为，教育内容的选择、确定和组织的过程，乃是教育知识的成层过程，学校教育过程则是教育知识的分配过程。学校是根据对知识的看法而建构起来的，学术性的抽象知识常常优于常识和日常知识。这种关于知识的看法被强加给学生，具有这些能够进入抽象知识范围的知识的学生被认为是优秀的、聪明的和积极的。相反，那些仍然停留在常识和日常知识层次的学生被认为是不太优秀的，或在学校中不太可能成功的。因此，在学校中根据能力进行的分组便涉及一个关于高级知识的含蓄假设，而这种假设又成为规定学生的标准，即根据他们能否进入抽象知识的范围对他们进行能力分组。

伊格莱斯顿是 20 世纪 70 年代后期课程社会学研究的代表人物，著有《学校课程社会学》一书。在他看来，课程社会学研究的主题应该是课程与社会控制的关系问题。从微观层次上看，课程是学校中的一个互动体系，它与教学、管理、考试等其他体系相互关联、相互影响、相互作用，从而实现了社会对于教师和学生进行社会控制的目的。在课程与社会权力和利益群体的关系方面，伊格莱斯顿认为，课程知识的选择过程主要是受统治阶级意识形态影响和控制的，但也往往伴随着各种价值和意识形态的矛盾、对立和冲突。用他的话来说，"决定课程内容的过程是冲突的过程，但最终会达成一定的妥协和相对平衡"①。

知识社会学对于课程研究范式的主要贡献在于，它引导人们意识到课程的意识形态规约性，使人们认识到纯粹客观的价值中立的知识是不存在的。因此，解释主义的课程研究范式有利于引导人们关注"为什么单单将人类几千年所积累的文明成果中某些知识纳入课程而不是另外一些""谁有权力选择课程内容""这些课程内容又对谁有利"等问题。但是，解释主义的课程研究范式将课程完全视为师生共同建构的结果，否定课程的"法定知识"的本质属性，否定或忽视了宏观社会结构对课程的制约，这显然既不符合社会现实，也不利于研究的深入开展。

（四）结构主义研究范式

结构主义研究范式的主要代表人物是伯恩斯坦。伯恩斯坦着眼于对课程内容做结构性分析。伯恩斯坦把决定课程结构（微观层面）的"代码"及内隐于教育传递过程中的权力分配与控制方式（宏观方面）之间的关系作为课程社会学的研究对象。②

在伯恩斯坦早期有关课程的重要论文中，他运用"分类"（classification）和"构架"

---

① John Eggleston, *The Sociology of the School Curriculum*，RKP，1977，p. 23.
② 吴康宁：《教育社会学》，309 页，北京，人民教育出版社，1998。

(frame)等核心概念，对课程结构、课程类型、课程实施与权力和控制等问题进行了具体分析。①

分类是一个有关课程知识组织的概念，是反映课程知识之间边界清晰程度的概念。伯恩斯坦认为课程知识有强分类、弱分类之分。强分类表示各学科知识之间的边界非常清晰、相互封闭、自成一体；弱分类表示知识之间的边界比较模糊，具有较强的开放性。当课程按照强的分类方式来组织时，所形成的课程就是集合课程；相反，当课程按照弱的分类方式来组织时，所形成的课程就是整合课程。前者如学科课程，知识之间边界清晰；后者如活动课程，强调知识的综合性运用，知识间边界相对模糊。

构架是伯恩斯坦课程理论中的又一重要概念。它是一个有关课程实施的概念，是反映课程实施中师生之间的相互关系和地位，以及师生对课程内容进行控制的权力和能力的概念。在不同分类形式的课程中，教师与学生之间的地位和作用是不同的，师生对于课程所传递的内容的控制能力也是不同的。

在强分类的课程(集合课程)中，教师拥有较大的控制权，学生则相对被动、主动权小。用伯恩斯坦的话来说，"分类和构架越强，教育的联系就越趋于等级化和例行化，而学生则越受到忽视，几乎没有什么地位和权力"②。在集合课程的实施过程中，教师和学生的角色分别被明确界定为课程知识的传递者和接收者，他们对于课程内容进行调控的权力很小。在弱分类的课程(整合课程)的实施过程中情况恰恰相反。整合课程所包含的内容是跨学科的，在一定程度上超越了教师作为学科边界的"看护人"的权力，因此，相较于集合课程，教师对课程的控制和权力就相对小一些，而学生对课程的控制和权力就要大一些。另外，由于整合课程不仅打破了学校学科知识之间的界限，而且打破了学校知识与日常经验之间的边界，将日常生活经验作为一种重要的课程资源。因此，在整合课程的实施过程中，师生对于课程内容就有了一定程度的调控权力。

结构主义研究范式有机地融合了功能主义、西方新马克思主义、解释主义等相关研究成果，为课程研究提供了一个新的、综合性的视角。但是，这一研究范式也存在"分类"和"构架"等关键概念含义模糊，可操作性低等不足。

---

① 吴康宁：《课程社会学研究》，464页，南京，江苏教育出版社，2003。
② ［英］麦克·F. D. 扬：《知识与控制：教育社会学新探》，74页，上海，华东师范大学出版社，2002。

事实上，上述四种课程研究范式，反映了教育社会学研究课程问题的两种出发点，可以进一步被概括为两种课程研究视角：一种是社会决定论的视角，另一种是更加关注个体参与意义的主观决定论视角。社会决定论的视角（社会本位）以功能主义、西方新马克思主义为代表，强调社会的状况和需求对个体的规范和制约。在这种视角下，课程被视为客观的固定的内容，由不得个人选择。其目的是将学生培养成社会或特定阶级所需的人，内容是主流文化，方式是单向传递（教师主导），评价是统一的社会需求标准。主观决定论视角（个体本位）以解释主义为代表（个体理解为中介），更加关注参与教学过程的主体对课程设计和实施结果的影响。在对课程问题的研究和分析过程中，需要我们把两个视角结合起来。

二、当代课程理论研究的两种基本取向

通过对上述几种教育社会学课程研究范式的介绍与分析，我们可以看出近年来在课程研究中存在两个重要的研究取向，即"批判主义取向"和"制度主义取向。"[1]批判主义课程研究取向关注课程在分配人们的社会角色方面所发挥的作用，强调课程的社会分层功能，认为课程是造成社会分层的关键因素之一。批判主义课程研究的基本假设包括以下几个方面：课程体现了特定阶级（一般是指统治阶级）的文化专断，传递特定的意识形态；由于课程天生地就与上层阶级的文化资本相契合，所以课程本身就是导致学生学业差异的一个重要因素；课程通过造就学业成就的差异，实现了社会角色的分配，进而复制了现实的社会制度，维系甚至进一步扩大了社会的不平等。

批判主义的课程研究者认为，"课程对于来自不同社会阶层、不同性别、不同种族的人来说它的分配是不公平的，参加不同专业的学习会影响到一系列的期望成果"[2]。基于这种认识，批判主义的课程研究主要关心学习者的社会地位、性别与课程选择、学业成就的关联，注重考察课程对学习者将来社会地位的影响。这种课程研究主要考察课程的社会分层功能，认为学生社会地位的不同就会带来课堂教学中为其传授的知识有所差别，或者根本上就断绝了学生更高的社会期望或机会。另一个被关注的中心问题是教育中传达了一个不言自明的知识，这种知识与上层社会主

① 谢维和：《教育活动的社会学分析：一种教育社会学的研究》2 版修订本，361～363 页，北京，教育科学出版社，2007。
② ［美］莫琳·T. 哈里楠：《教育社会学手册》，249 页，上海，华东师范大学出版社，2004。

管专断的文化不谋而合，其结果是来自社会下层的学生依然处于不利地位。批判主义的课程研究极少关注课程的实质内容，如数学课上究竟学到了些什么。[①]

与批判主义课程研究将课程看作造成社会分层的关键因素不同，制度主义的课程研究取向更加重视课程的社会整合功能，更加关注对于课程内容的研究。如果说批判主义的课程理论认为课程的主要根据是现实的统治阶级的利益和意志，那么，制度主义的课程则认为，课程建设的主要根据并不是社会的经济，或者直接的利益诉求，而是整个社会和全球的发展模式。[②] 制度主义课程研究取向的基本假设是：相对于社会分层而言，建立共通的文化认同是教育的更为重要的功能；课程反映的是整个社会的发展需要，而不是某一特定阶级的利益诉求。基于这种认识，制度主义的课程理论非常强调课程的整合功能和规范功能，着重研究如何把富有参与性的平等的个体，塑造成为具有共同的知识基础和共享的价值观念的基本的社会单位的问题。课程的目的和功能在于使每个接受教育的个体都能成为现代社会的公民，成为民主社会的参与者和建设者。

尽管批判主义课程研究取向与制度主义研究取向在对于课程的基本假设、课程的功能等方面存在明显的分歧，但是两者之间也存在一定联系与关联。事实上，课程既具有分配的功能、分层的功能，也具有整合的功能、规范的功能。因此，在对课程进行社会学的分析和研究时，既要关注不同社会力量、不同利益群体之间权力与利益博弈对课程建构的影响，也应看到课程在传递人类基础知识和基本价值观念方面的重要作用。只有辩证地看待课程的内容与功能及课程的建构等问题，才能对课程进行客观全面的认识，课程理论也才能有真正的发展和突破。

第三节 后现代主义课程观

在后现代主义者看来，意识生活世界是一个"文本的"世界、"话语的"世界，这一"文本"和"话语"是可以被解释、被分析、被重构的，而通过对"文本"和"话语"的重新解释、分析与建构，可以发展人的自我意识及社会文化关系意识。因此，后现

---

① [美]莫琳·T. 哈里楠：《教育社会学手册》，249 页，上海，华东师范大学出版社，2004。
② 谢维和：《教育活动的社会学分析：一种教育社会学的研究》2 版修订本，362 页，北京，教育科学出版社，2007。

代主义者主张教育的首要目的在于"赋权"，即教育应该通过形成学生的自身认同而为自我和社会赋权，从而使儿童从被压迫状态中"解放"出来，实现教育所特有的解放功能。

基于上述教育目的观的后现代课程观，将课程视为实现教育赋权的重要途径，极力反对课程只是为保护特权阶级的政治经济特权和利益服务。一般而言，后现代主义者反对将课程等同于一些互不相关的学科和科目，他们认为课程应该是包含权力、历史、个人和群体身份、文化政治和社会批判等能够引起集体行为的各种主题。① 在后现代课程专家多尔（Doll）那里，课程不再仅仅被看作"跑道"，而更多地被看作一个跑的过程。② 他认为，开放性、过程性、多元性是后现代课程观的显著特征。

后现代课程观多元而开放的课程理念，对受工具理性所支配的西方现代课程观念进行了批判，有利于凸显课程所具有的促进人的心灵成长的内在价值。但是，任何理论都有不足之处，都存在一定的理论盲区，甚至误区。对后现代课程理论进行认真研究，在充分认识其睿智洞见及合理价值的同时，深入了解它所存在的不足与不见，对全面认识和评价后现代课程理论，进而对进一步推进和深化我国的基础教育课程改革具有重要的理论和实践意义。

一、后现代课程观的特征与价值

相对于现代课程范式规范下课程所具有的封闭性和单一性特征，后现代课程观更加注重课程的开放性、过程性和多元性特征，关注课程在促进人的心灵成长方面的价值，重视师生对话和探究的教育意义，强调课程的启迪与解放功能。后现代课程观的这些洞见对于促进课程观念的变革与更新，从而消解现代课程范式所导致的种种弊病，具有十分重要的启发与借鉴意义。

（一）将课程视为一种开放体系，关注课程在促进人的心灵成长方面的价值

将课程视为一种开放体系，关注课程在促进人的心灵成长方面的价值，是后现代课程观的一大洞见。后现代课程专家多尔认为，建立在牛顿经验主义、笛卡儿理

① ［美］奥兹门、克莱威尔：《教育的哲学基础》第 7 版，345 页，北京，中国轻工业出版社，2006。
② ［美］多尔：《后现代课程观》，6 页，北京，教育科学出版社，2000。

性主义、斯宾塞科学主义基础之上，以泰勒的课程理论为代表的现代课程范式的基本特征是封闭性。多尔称这种将教师排斥在课程之外的封闭的现代课程为"不受教师影响的课程"(teacher-proof curriculum)。① 在多尔看来，这一现代课程范式包含预定的目标、经验的选择和指导、评价等几个部分。在这一序列的线性排序及其目的与手段的二元分离之中，所蕴含的是关于教育本质的工具主义或功能主义观点。在工具主义或功能主义的教育本质观影响下，教育并非以自身为目的，而是指向外在的目标并受其控制。服务于这一教育本质观的课程理论，强调一种线性的、序列性的、易于量化的现代课程范式。在这种课程范式中，课程是传递既定"客观知识"和特定意识形态的"跑道"，教师是课程的执行者，学生是课程的学习者，教学则是有知识的教师指导无知的学生学习教材的过程。

后现代主义者认为，现代课程观将课程视为传播特定价值观念和意识形态的工具，忽视了课程在促进人的心灵成长方面的价值，不利于学生主体意识、批判意识和创新意识的激发和培养。

与现代课程的封闭性相对，后现代主义课程范式的基本特征是开放性。后现代主义者认为，人是其经验的总和或多于经验的总和。人是依据被自己筛选过的材料并通过对这些材料的组织加工来建构自己的世界的。因此，儿童是带着他们各自对世界的不同观念进入课堂的。基于这一认识，后现代教育家将课程视为复杂的、多元的、不可预测的一个开放的系统或网络。在后现代课程观念中，课程不再被视为固定的、先验的"跑道"，而是达成个人转变的"通道"；教师和学生分别由课程的忠实"执行者"和被动"接受者"转变成为文本的"解读者"和"建构者"；教学则变成一个师生共同建构知识和价值观念的过程。这样一来，在后现代主义课程观中，作为现代主义课程中关键要素的预测和控制变得较少"有序"，而更为"模糊"了。② 在后现代教育家看来，课程中预测和控制要素的模糊、减弱，乃至消解，为实现教育赋权以及儿童的解放创造了有利条件。

促进心灵成长与个性自主发展，是后现代教育的一个重要的远景目标。为了实现这一教育目标，后现代主义者认为课程应该具有激发和培养学生自我意识和批判意识的功能与任务。为此，后现代课程观主张课程要与学生的生活世界紧密相连，将课程视为一个开放的体系，允许和鼓励师生的个人经验和体会进入教育和课程之

① [美]多尔：《后现代课程观》，3页，北京，教育科学出版社，2000。
② [美]多尔：《后现代课程观》，5页，北京，教育科学出版社，2000。

中，并将这些经验和体会视为重要的课程资源。这种开放的课程理念体现出后现代课程观对师生主体性的重视与尊重，有利于师生主体意识、批判意识和创新意识的激发和培养，凸显了课程在促进人的心灵成长方面的价值。

（二）从过程的角度来界定课程，强调师生对话和探究的教育价值

从过程的角度来界定课程，强调师生对话、探究对于教育的意义与价值，也是后现代主义课程观的洞见之一。这一洞见的提出是建立在对现代课程范式对师生对话和探究价值的漠视进行批判与反思基础之上的。正如加拿大课程论专家史密斯所说："从教育领域看，现代主义导致了理论与实践的分离，因为现代主义总是集中关注智力发展和认知活动，而忽视学生的日常生活。将他者客观化为公式化的、可操纵的、理论的范畴，便意味着自我与他人之间任何必要的联系都被切断了。他者烟消云散了，只是供你用作你已全知全懂的某个东西的例子；自己与他人之间再也没有深刻的人性或连续性的联系。"①后现代主义课程专家多尔也同样看到了现代主义课程范式的这种不足与危害，所以他主张从过程的角度来界定课程。在他看来，从过程的角度来界定课程，将课程视为一个发展、对话、探究、转变的过程，将会消解现代教育所带来的上述种种问题。②

正像美国教育哲学家索尔蒂斯(Soltis)所说的那样，多尔所提出的以过程为导向的后现代主义的教学与课程观，是建立在建构主义和经验主义的认识论基础之上的。③ 在这种以建构主义和经验主义为基础的课程观念之中，师生关系发生了巨大的变化。此时的师生关系更少地体现为一种有知识的教师教导无知的学生的关系，而更多地体现为一种师生在共同探究有关课题的过程中相互影响、相互促进的关系。在这种新型的师生关系中，教师不再是客观知识与权威的拥有者，而至多只是"平等中的首席"(first among equals)。④

在吉鲁的后现代课程观念中，教师的身份是"文化工作者"(cultural workers)。在吉鲁看来，作为文化工作者的教师更多地扮演学者和批评家的角色，以便能够提出一些重要的问题，如知识和权力的关系、学习和可能性的关系、社会批判与人的尊严的关系，以及如何在更广泛的社会和政治结构中发生作用，于支配、特权和抵

---

① ［加］史密斯：《全球化与后现代教育学》，147 页，北京，教育科学出版社，2000。
② ［美］多尔：《后现代课程观》，19 页，北京，教育科学出版社，2000。
③ ［美］多尔：《后现代课程观》，4～5 页，北京，教育科学出版社，2000。
④ ［美］多尔：《后现代课程观》，238 页，北京，教育科学出版社，2000。

抗的相关中来理解这些关系,以便达到抛弃和改造特权的教育目的。①

在后现代主义的过程课程观念中,教师的任务并不是简单地传授既定的知识,而是帮助学生理解课程知识是如何通过各种途径为特定意识形态和政治利益服务的,从而使学生的心灵得以解放,使学生成为具有主体意识、批判意识和创新意识的,负责任的民主社会的公民。后现代主义的过程课程观念要求教师放弃现代课程观念所赋予教师的传统权威,允许并鼓励师生之间及学生之间进行批判性对话,鼓励学生进行真正的试验、探究、反思和批判,帮助学生形成自己的观点,提高学生的独立判断能力,使学生成长为有能力的交流者和对已获知识的质疑者。

后现代课程观从过程的角度来界定课程,强调师生之间的对话和探究,有利于消解现代课程“王国”里的意识形态和教条主义,尊重人与人之间的差别,使人们不再背着沉重的虚伪道德的包袱。正如史密斯所言,“就学校和课堂而言,学生和教师不受教条主义束缚的一大好处,在于它能建立新型的师生关系,一种教师和学生之间互惠式而不是从前那种传授式和控制式逻辑衍生的教学关系。较之50多年前,现在的课堂气氛在诸多方面更为友爱、更令人感到自在,因为课堂更深深地接受学生之间的差异,越来越不强求千篇一律。”②史密斯所称赞的互惠式师生关系的建立以及友爱、自在、尊重差异的课堂气氛的形成,在一定程度上正是后现代主义过程课程观对课堂教学及师生关系所带来的一个积极影响。

(三)关注多元文化与边缘叙事,强调课程的启迪与解放功能

反对以保存所谓西方“主流文化”为己任的现代课程范式,摒弃文化间的优劣差别,注重边缘叙事,将多种声音引入课程,强调课程对于人们的启迪与解放功能,是后现代课程观的又一洞见。

以吉鲁为代表的后现代主义教育家极力主张“去中心”和“边界松散”,在课程设置上提倡消除学科之间的界限,主张科际整合,认为课程不应该分主题及科系。③在吉鲁看来,尊重差异不仅体现为对空间、种族、民族和文化等方面的差异的认可和肯定,而且体现为对公众和教育斗争中的“历史差异”的认可和肯定。他认为,在

---

① [美]亨利·A.吉罗克斯:《跨越边界:文化工作者与教育政治学》,300页,上海,华东师范大学出版社,2002。
② [加]史密斯:《全球化与后现代教育学》,198页,北京,教育科学出版社,2000。
③ 陆有铨:《躁动的百年:20世纪的教育历程》,178~179页,济南,山东教育出版社,1997。

课程中这些差异不仅必须被容忍，而且必须被看作必要的多极化的源泉。① 后现代课程就是要使那些传统上在美国学校教育中被压抑的边缘文化显现出来，并且为学生提供不同文化领域中（之间）形成的各种"身份和人类可能性"。在后现代课程观念中，文化并不被看作单一的和同质的，而是多元的和异质的。学生的经验也必须作为声音和差异的一部分在课程中有所体现。

后现代主义者提倡将包括边缘叙事在内的多种声音引入课程之中，用吉鲁的话来说就是"呈现不可呈现者"（present the unpresentable）。② 正如后现代主义者认为的那样，将那些由于民族、性别、阶层、种族认同或性倾向而不得不遭受边缘化的所谓"边缘人群的叙事"引入课程，不仅有利于促进各文化的共同繁荣和发展，提升被压迫者的社会地位，而且有利于实现教育赋权，帮助学生更好地理解社会，培养学生的主体意识、批判意识和创新意识，激发学生进行社会改革的责任感，以此来发挥教育的启迪和解放功能。

二、后现代课程观的理论缺陷

对课程开放性、多元性、过程性特点的提倡和强调，是后现代课程观的洞见之所在。这些充满睿智的观点，有力地推动了现代课程观念的变革与创新。但由于后现代课程观在批判现代课程范式时没有处理好"破"与"立"的关系，在批判现代课程范式所具有的封闭化、单一化、工具化等弊病的时候，矫枉过正，忽视了对现代课程观念中一些合理成分的借鉴与吸收；也由于后现代哲学本身的一些问题，导致后现代课程观存在一些不见、误见，甚至谬见。

（一）忽视教育的价值引导功能，容易导致相对主义甚至虚无主义

根据马克思主义哲学的基本原理，课程内容应该是一种"一"与"多"，"共性"与"个性"，"历史"与"现实"的统一。然而，后现代课程观在解构"宏大叙事"（grand narratives），主张文化多元和尊重差异，强调"多""个性"与"现实"的同时，忽视了"一""共性"与"历史"，使课程染上了"文化记忆缺失症"。

事实上，除了边缘叙事、文化差异外，课程还应该包含、实际上也一直包含着

---

① ［美］亨利·A. 吉罗克斯：《跨越边界：文化工作者与教育政治学》，300 页，上海，华东师范大学出版社，2002。
② ［美］奥兹门、克莱威尔：《教育的哲学基础》第 7 版，346 页，北京，中国轻工业出版社，2006。

一些客观中立的知识和共享的基本价值观念。对于知识客观性和人类基本价值共享性的视而不见，一味强调文化的多元、价值的相对，可能会在解除一种形式的意识形态压迫的同时带来另一种形式的意识形态压迫，即相对主义的压迫。在这种相对主义压迫下，为了避免被贴上"压迫"和"专制"的标签，表明自己的"解放"和"民主"立场，课程的实施者往往不敢对各种相互冲突和矛盾的观点和看法进行价值评判，使得教育的价值引导功能得不到充分的实现。我们在课堂教学过程中时常听到的所谓"对于这个问题的回答没有对错之分，请同学们大胆回答"之类的话语，很可能就是一些教师在受到相对主义压迫之后，有意或无意做出的一种具有典型性的防御反应。

这种课程中的相对主义会给教育教学带来各种危害，使课程评价难以进行就是其中之一。美国教育社会学家麦克·扬在其名著《知识与控制：教育社会学新探》的中文版序言中，专门就课程中的相对主义提出了批评。他认为，所有的课程都反映了某些社会群体的利益。然而，如果按照这种简单的方式理解这种观点，那么，我们就不能以相对于其他课程形式来为某种课程形式的合理性进行辩护，因为它们都必然反映了某些社会群体的利益。这种相对主义长期以来一直是知识社会学的一个问题。① 事实上，从后现代的角度考察，课程评价实际上是不可能的。因为，在后现代主义的课程观念中，不存在一套普遍的、理想的固定标准和准则可以充当课程评价的参照系。

（二）过于强调多元与差异，容易使学生禁锢于各自的主体囚笼之中

如前所述，后现代课程观的洞见之一就是关注多元文化与边缘叙事，容忍和尊重差异，摒弃不同文化之间的优劣差别，并将种族、民族、文化、历史等方面的差异视为"必要的多极化的源泉"，从而凸显课程所具有的启迪与解放功能。后现代主义这种对文化多元的关注及对差异的认可与尊重，如果借用后现代主义者利奥塔(Lyotard)的话来说，就是"宏大叙事"在课程观念中的丧失或终结。后现代课程观在宣告课程王国中意识形态和教条主义终结的同时，也表明了对文化多元与差异彻底接受的立场。

然而，在史密斯看来，后现代课程观对文化多元与差异的彻底接受，存在将学生禁锢在各自的主体囚笼里的危险。原因在于不顾及所有参与者之间的差异的意义

① ［美］麦克·F.D.扬：《知识与控制：教育社会学新探》，2页，上海，华东师范大学出版社，2002。

和影响而一味接受差异，只能产生人与人之间更深的隔绝，让大家陷入各自的差异之中。后现代的一大危险，即大家越发禁锢在各自的主体的囚笼里，找不到历史、哲学或语言手段来建立人与人之间深刻的、有意义的联系，丧失了与人亲密交往的能力。① 由此可见，如何恰当合理地处理"差异"和"相同"之间的关系，从而使人们真正能够带着各自的差异共同生活，是后现代课程观应直接面对和必须解决的一大难题。而对于这一难题的忽视与规避则是后现代课程观的又一不见之处。

后现代课程观的这一理论缺陷，对课堂教学造成了一定程度的危害。由于后现代课程观过于强调差异，结果导致教师在教学中被迫装出一副对学生宽宏大量、关爱有加的姿态。但是，由于教师并没有能力从深层感受学生所体现的"他者"的差异，这看似"积极的"教态，实质上往往只是一种矫揉造作。这种姿态不仅会对教育教学质量造成影响，而且会使得学生之间因差异而隔绝，并逐渐被禁锢于各自的主体的囚笼之中。

（三）过于强调学生对课程的建构及参与，容易导致课程整体意义的丧失

后现代课程观将课程看作一个开放性的系统或网络，极力强调学生的参与和建构对于课程及个体发展的重要意义。这种对于课程开放性及对于师生参与建构课程的必要性的认识与重视，的确是后现代课程观的一大洞见。但是，如果过于强调课程的开放性，放任教师和学生的各种个人经验和体会进入教育和课程之中，很可能不但达不到后现代主义者所设想的凸显课程促进心灵成长价值的目的，还会导致课程整体意义的丧失，并对课程及课堂教学造成一些意想不到的危害。

目前，受后现代课程观过于强调学生对课程的参与和建构的消极影响，一些中小学的课堂上充斥着令人眼花缭乱的所谓"参与"和"互动"。在这些课堂中，对于学生而言，无论是学恐龙还是学数学都是次要的，最重要的是参与活动本身。教师则像演员怕冷场一样，最怕课堂上出现学生无事可做的局面。为此，一些教师往往竭尽所能地、"认真负责"地填充课堂上的每一分钟时间和每一寸空间。由于教师根本不知道怎样或能否将这些"参与"和"互动"组成一个有意义的整体，结果，往往在教师和学生极富"表演"性质的"参与"与"互动"之中，课程被肢解得支离破碎，课程的整体意义也就丧失殆尽。

---

① ［加］史密斯：《全球化与后现代教育学》，199页，北京，教育科学出版社，2000。

第十一章 教学的社会学分析

尽管人们很早就开始了教学的社会性探究，但是最早从社会学的视角出发对教学进行系统研究的当推美国教育社会学家沃勒（Waller）。[①] 沃勒在 1932 年出版了《教学社会学》（*The Sociology of Teaching*）一书，对课堂教学中的师生关系及教学职业对教师的影响等教学社会学的经典问题进行了专门研究。

自 20 世纪 50 年代开始，教学社会学研究进入了迅速发展时期。整个 20 世纪 50 年代和 60 年代，教学社会学研究都受到结构功能主义的强烈影响，主要的研究成果都是定量的、验证性的。这一时期教学社会学研究的大本营在美国，主要的理论基础是结构功能主义；主要的研究领域是课堂教学中的群体研究和社会过程研究；主要的特征是运用社会学的基本范式来建构理论框架以及运用定量的分析方法。20 世纪 70 年代，随着新教育社会学的兴起，教学社会学研究的大本营便由美国移到了英国。这一时期的教学社会学研究主要受解释论所支配，主要的研究成果都是定性的，带有浓厚的社会批判色彩。新教育社会学家关注课堂教学中的社会过程，将教学视为一个由参与者相互解释、共同界定、不断变化的过程。

目前，教学社会学在国外已经成为教育社会学的一个重要分支，并与教学哲学及教学心理学一起成为教学研究的三大支柱，共同为教学研究提供理论滋养。

---

① 吴康宁：《课堂教学社会学》，13 页，南京，南京师范大学出版社，1999。

我国的教学社会学研究虽然起步较晚，但经过一段时间的发展，已有一些重要的研究成果面世。①

第一节　教学的社会地位

教学的社会地位是指教学作为一种职业在整个社会职业体系中所处的位置。一种职业的社会地位是该职业相较于其他职业的社会声望与地位，反映了该职业在整个社会职业体系所处的位置。因此，教学的社会地位是一个相对概念。

一、教学的职业地位

在关于教学社会地位的研究中，有时将其作为一个整体进行研究，但大多数情况下都是将其进一步分解为各类教师及校长的社会声望和地位研究。事实上，教师的社会地位与教学的职业地位之间也确实存在着极其密切的联系。因为，个体的社会地位虽然受到个体所占有的社会财富、受教育水平、性别、种族及社会方式等个人因素的影响，但是，在现代社会中职业越来越成为决定个体社会地位的重要因素。

20 世纪 70 年代后期，美国学者特雷曼（Treiman）对 53 个国家的有关职业声望的 85 项研究进行了细致的回顾分析与国际比较研究，并在此基础上将其转化成一个国际通用的测量工具：国际职业地位标准测量表（SIOPS）。在这个国际职业地位标准测量表中包含了几种教学职业的社会地位数据（见表 11-1）。

表 11-1　国际职业地位标准测量表部分职业社会地位一览表②

社会职业（部分）	等级分	等级次序
法官	78	1＝
医生	78	1＝

① 目前，我国学者出版的有影响的教学社会学专著有：吴康宁：《课堂教学社会学》，南京，南京师范大学出版社，1999。刘捷：《专业化：挑战 21 世纪的教师》，北京，教育科学出版社，2002。郭华：《教学的社会性之研究》，北京，教育科学出版社，2002。另外还有一些重要的学术论文，这里不再一一列举。
② ［瑞典］T. 胡森、［德］T. N. 波斯尔斯韦特：《教育大百科全书》第 8 卷，205 页，重庆，西南师范大学出版社，2006。

续表

社会职业(部分)	等级分	等级次序
大学教授	78	1=
牙医	72	4
理疗师	70	5
建筑师	67	6
飞行员	66	7=
中级公务员	66	7=
电机工程师	65	9
高中教师	64	10=
药剂师	64	10=
牧师	60	12
测量员	58	13
小学教师	57	14
社会工作者	56	15
护士	54	16
演员	52	17
学前学校教师	49	18=
房地产代理商	49	18=
警察	40	20

注：①资料来源：Treiman，D. J.，Occupational Prestige in Comparative Perspective，New York，Academic Press，1977，p. 104.

②表中的"="表示"并列"之意，如"1="表示"并列第一"、"7="表示"并列第七"……

根据表11-1所提供的相关数据，我们可以得出如下结论：①就整体而言，教学在整个社会职业体系中所处的社会地位较高；②相对于护士、社会工作者及警察等职业而言，教学的职业地位在公共服务及个人服务职业范围内相对较高；③教学的职业地位比熟练的技术人员和白领职业要高；④相对于法官、医生、建筑师等高级专业而言，教学的职业地位要低；⑤就教学内部的职业地位等级而言，职业地位最高的是大学教师，中学教师次之，小学教师再次，学前学校教师的地位最低。

二、教学社会地位的影响因素

根据国际职业地位标准测量表提供的数据，教学的职业地位具有超越时空的相对稳定的特征，与其地理位置或被测量对象的个人特征无高度相关。是什么因素决定了教学所具有的这样一种相对稳定的社会地位呢？人们一般从以下三个方面解释教学职业的社会声望和地位。

（一）教学的社会贡献

功能论认为，一个职业的社会地位是该职业社会功能的反映。换句话说，职业的社会功能或社会贡献的大小，决定职业的社会地位的高低。在功能论者看来，教学的社会贡献决定教学的职业地位。教学的职业地位之所以低于法官、医生、建筑师等高级专业，原因在于教学所产生的社会效益不如这些职业大。那又是什么原因造成了教学的社会效益较那些高级专业低呢？功能论者认为，这是由从业人员（即教师）的社会特征和教学本身的社会特征所决定的。

（二）从业人员（即教师）的社会特征

从业人员（即教师）的社会特征，对于教学的职业地位有着非常重要的影响。影响教学职业地位的最重要的从业人员（即教师）的社会特征，包括社会阶层背景、性别和学术水平等。

研究发现，教师的社会阶层背景一般低于法官、医生、建筑师等高级专业的从业人员。但是，自20世纪40年代以来，教师的社会阶层背景已经有所提高。整体而言，最低阶层和最高阶层的社会成员从事教师职业的人数比较少，而中等阶层的社会成员从事教师职业的人数则比较多。就教师职业内部而言，与男教师相比，女教师来自更高一点的社会阶层；与小学教师相比，中学教师来自更高一点的社会阶层。但整体而言，教师职业的声望在所有的标准中处于上层。教师的社会地位趋于中游①。

性别因素对于教学的职业地位具有一定影响。一般认为，教师中女性比例较高对教师的社会地位产生了不利影响。这一观点经常被用来解释教师职业比女性从业人员比例较低的职业如医生和律师等职业的社会地位低，女性教师比例较高的小学教师的社会地位比男性比例高的中学教师的社会地位低等社会现象。然而这种观点的正确性还很难检验。显而易见，很难以性别维度来解释警察这一职业的社会地位。因为，根据国际职业地位标准测量表，在20个所选择的被测职业中警察的社会地位最低，但众所周知，警察的从业者中男性却占绝对优势。另外，值得进一步思考的

---

① ［瑞典］T. 胡森、［德］T. N. 波斯尔斯韦特：《教育大百科全书》第8卷，206页，重庆，西南师范大学出版社，2006。

是，性别与职业社会地位到底谁是原因，谁是结果？换句话说，到底是由于女性从业人员比例较高对教师社会地位造成了不利影响，还是由于教师职业的社会地位偏低导致女性求职容易，进而造成教师职业中女性比例较高？这一问题还有待进一步调查研究。

学术水平是解释教学社会地位的另外一个常用因素。研究发现，教师的学术水平高于社会的平均水平，但低于高级专业人员的学术水平。可见，学术水平这一维度能够较好地解释教学所处的社会地位。

（三）教学活动本身的社会特征

除从业人员(即教师)的社会特征这一影响因素外，教学活动本身的社会特征，也对教学的社会地位具有十分重要的影响。作为一种职业，教学活动有三个内在的因素影响着教师的社会地位。教学所需的知识和技能、教学的工作环境及教学职业的服务对象这三个因素，经常被用来解释教学职业的社会地位比其他高级专业的社会地位低的原因。人们一般认为教学的专业化程度较低，最多将教学看作一种"准专业"。教学所需要的知识和技能，被认为低于法官、医生等高级专门职业所需要的知识和技能。教师被认为介入知识的传播者和创造者之间，是介绍和传播他人思想的工具。这些观点和看法，在一定程度上限制了教学和教师社会地位的提高。

第二节 教学活动中的基本社会角色：教师与学生

党的二十大报告要求："加强师德师风建设，培养高素质教师队伍，弘扬尊师重教社会风尚。"百年大计，教育为本。教育大计，教师为本。加强教师社会角色研究，提升教师队伍整体素质，是新时代全面贯彻党的教育方针，落实立德树人根本任务的必然要求。教学中教师与学生的社会角色研究，尤其是关于教师的角色研究，一直是教学社会学至关重要的研究内容。斯宾塞为《教育大百科全书》所写的词条"教学社会学"，事实上就是关于教师角色的研究概况，其主要内容包括社会学三种基本理论流派(结构功能主义、冲突论和解释论)对于教师社会作用的不同观点，教师的社会特征与社会地位研究，教师的专业社会化等。[①] 本节主要从教师专业社会化、教

---

① [瑞典]T. 胡森、[德]T. N. 波斯尔斯韦特：《教育大百科全书》第2卷，363～368页，重庆，西南师范大学出版社，2006。

师权威、教师职业倦怠，以及教学中的学生角色等几个方面，对教学活动中的基本社会角色——教师和学生进行探讨。

一、教师专业社会化

从教育社会学的角度来看，教师专业社会化（teacher professional socialization）与教师社会化（teacher socialization）、教师专业化（teacher professionalization）实为同一概念。[①] 教师专业社会化是指个体向教学专业人员转化的过程。教师专业社会化的水平和程度，对于推进教学改革，提高教学质量，提升教学声望与地位有着极大的影响。默顿在 20 世纪 50 年代，给社会化下过一个重要的定义，他说："社会化就是人们选择性地获得价值观和态度、兴趣、技能和知识的过程，简要地说就是获得所在群体间的文化，或力图成为其中一员的过程。"[②]尽管默顿的社会化定义提及了价值观获得的选择性特征，但是对教师专业社会化的大量研究大都持功能主义的立场，将社会化看成个体向教师转变的单一过程，而很少强调教师专业社会化过程中的互动、对立、冲突和选择等特征。本节也基本上是以功能主义的立场为基础，来探讨教师专业社会化及其与教学的关系的。

（一）教师专业社会化的发展阶段

从发展阶段来看，教师专业社会化包括预期社会化和继续社会化两个阶段。教师的专业预期社会化是指个体为适应将要承担的教师职业角色而进行的准备性个体社会化。教师的专业预期社会化包括所接受的职前教育及个体自身主动进行的有关从教的各种知识和态度、情感等心理方面的准备性社会化。教师的专业继续社会化是指个体在获得了教师资格并实际从教之后，为了更好地履行专业职责而进行的社会化。如果说预期社会化是一个"成为"教师的过程，那么继续社会化则是不断成为熟练教师和专家型教师的过程，是教师不断成长的过程。从时间跨度上讲，教师的专业继续社会化将伴随着教师的整个职业生涯。教师的专业继续社会化的具体途径包括教师工作实践和各种在职培训、脱产学习等。

（二）教师专业社会化的内容及其对教学的影响

一般认为，教师专业社会化包括教师职业价值的内化、教师职业手段的获得、

---

① 刘捷：《专业化：挑战 21 世纪的教师》，116 页，北京，教育科学出版社，2002。

② Robert K. Merton，George G. Reader，Patricia Kendall（eds.），*The Student Physician：Introductory Studies in the Sociology of Medical Education*，Cambridge，Harvard University Press，1957，p. 287.

教师职业规范的认同，以及教师职业性格的形成等方面的内容。[①] 以下主要从专业知识和技能的获得以及教学态度的培养等方面，就教师专业社会化及其对教学的影响进行探讨。

1. 教师的专业知识与技能

专业知识与相关技能，是教师的重要职业手段。拥有精深广博的专业知识，熟练掌握基本的教学技能是对一名教师的基本要求。因此，专业知识和技能的获得就成为教师职业社会化的重要内容之一。一名专业教师应该具有哪些方面的知识呢？这些知识又是怎样获得的呢？根据《教育大百科全书》的观点，一名专业教师应该具备如下六个方面的知识储备：①有关教学内容的知识；②有关学习者和学习过程的知识；③普通教育学方面的知识；④有关课程的知识；⑤有关教学情景的知识；⑥有关教师自身的知识。[②]

教学内容方面的知识，包括所教学科的知识和学科教学法知识等。关于教师学科知识的早期研究发现，教师的学科知识与教学效果之间并不相关。但是，20世纪80年代中期以后的研究，推翻了早期的研究结论。新的研究发现，教师的学科专业知识不仅影响着教师的教学内容，而且影响到教师的教学方法。首先，教师的学科知识背景会影响他们对课程的开发。在课程开发过程中，教师往往倾向于强调自己更为熟悉的领域中的知识。其次，教师的学科知识还会影响到教师对教学方法的选择。比如，教师的学科知识会影响到教师对学生的提问方式。在教授自己不太熟悉的知识领域时，教师往往提问一些认知水平较低的问题；而在教授自己比较熟悉的知识领域时，教师则往往提问一些认知水平较高的问题。此外，教师的教学法知识会影响到教师的教学设计以及具体课堂教学。研究发现，教师的教学实践与其对学科教育目标的认识和理解具有很强的一致性。

有关学习者和学习过程的知识，包括学习理论方面的知识，学生身心发展、社会性发展方面的知识，学生在种族、社会经济地位及性别差异方面的知识等。

普通教育学方面的知识，包括课堂组织与管理方面的知识、课程结构的一般知识等。课堂的组织和管理效果与教师所具有的普通教育学方面的知识具有很大的关联性。成功的课堂组织与管理者往往是那些与学生所发出的信号更为调和、对学生

---

① 吴康宁：《教育社会学》，214页，北京，教育科学出版社，1998。
② [瑞典]T. 胡森、[德]T. N. 波斯尔斯韦特：《教育大百科全书》第8卷，199页，重庆，西南师范大学出版社，2006。

中的主流表现和课堂活动的目的更为了解的教师。此外，教师所拥有的有关课的计划与课的教学方面的一般知识，在课的不同部分之间进行转换所需的知识以及清晰解释和恰当呈现教学内容方面的知识等有关课程结构的一般知识，都会对课堂教学的组织和管理造成深层次的影响。

课程方面的知识，包括课程发展过程方面的知识、本年级及学校其他年级课程方面的相关知识等。

教学情景方面的知识，包括教师工作环境(如学校、学区、国家等)方面的知识，教师对学生本人、学生家庭及地方社区的认识和了解，有关本国教育的历史及其哲学文化基础方面的知识等。

教师关于自身的知识，是教师实践知识的一个重要方面。有关教师自身的知识，包括教师对自身价值观、风格、个性及优缺点的认识，对自身教育哲学的认识，以及与教学相关其他自身特质的认识和了解等。研究表明，有关教学的抽象的或理论性的知识，需要经过教师自己的价值观、教育哲学观念等的过滤才能发挥作用。教师关于自身的知识，隐藏在其他形式的知识学科教学法知识之中。这些知识是在教师学会教学的过程中形成的，植根于教师的个体经验之中。由此可见，个体经历对于教师专业社会化的重要性。

有关教师知识方面的研究表明，教师的专业知识具有动态的特征。教师的知识不是静态的，教师只有在教学过程中及在对教学进行反馈的过程中，才能形成自己对教学内容、学习者及他们自己的新的认识和理解。因此，继续社会化对于教师的专业成长具有十分重要的作用。

2. 教师的教学态度

教学不仅仅是一种技术性的工作，更是一种关乎道德的工作。我们常说教学是一种"良心活"，就是在强调教学的伦理层面的重要价值。教师对待教学的态度，反映了教师对教学价值和规范的认同程度，是教师专业社会化的另一重要内容，对教学质量和效果具有重要影响。

教学忠诚是教师对待教学态度的一个重要指标。其实，忠诚本身就具有伦理学意义。尼亚斯(Nias)将教师的教学忠诚划分为三种不同的类型：职业忠诚、专业忠诚和事业延续忠诚。①

---

① ［瑞典］T. 胡森、［德］T. N. 波斯尔斯韦特：《教育大百科全书》第 8 卷，58 页，重庆，西南师范大学出版社，2006。

职业忠诚指的是教师对教学的忠诚集中于对学生的关爱、亲近并同学生一起活动的情感与愿望之上。职业忠诚主要存在小学教师之中。小学教师在教学活动中更多地以"关爱法则"作为行动的先导。与中学教师相比，更多的小学教师认为自己主要是以关爱和照顾学生为目的而进入教学行业的。对于许多小学教师来说，关爱学生并同学生一起活动和成长所带来的开心和满足，是对他们教学工作的最重要的精神和心理上的回报。职业忠诚体现了教学的情感和道德特征。它提醒我们教育尤其是初等教育的改革必须认识到关爱的重要地位，照顾教师的职业忠诚和关爱法则，否则可能会导致教师的职业忠诚感得不到满足，致使其产生被剥夺感，从而导致教师教学动机下降、效力降低。认识不到关爱重要性的教育改革，会从根本上威胁或降低教学的情感及道德特征。

专业忠诚指的是教师对教学的忠诚集中在对科目的精通及科目的专业知识之上。如果说关爱学生是小学教师进入教学行业的主要目的，那么致力于教授一门科目则是中学教师进入教学行业的主要原因。专业忠诚主要存在于中学教师之中。对于所教科目专业知识的精通，以及教学工作上的成就感是中学教师自我满足的重要源泉。中学教师作为学院或大学的毕业生，通过获得科目身份和专业忠诚而得以社会化。

事业延续忠诚指的是教师为了安全感及内在的回报而继续从事教学工作。有些进入职业生涯晚期的教师由于已经对教学工作投入了大量的时间和精力，他们的整个身心都与教学联系在一起，改换工作可能会威胁到他们的自我认同感和满意度，因此，在很大程度上他们会觉得不得不继续从事教学工作。对于处于职业生涯中期到晚期的教师而言，一些温和的、逐步的教育教学改革容易被接受，而对那些剧烈的变革则抱有较强的抵制心理。

尼亚斯对教师忠诚的分类研究与韦伯的"理想型"研究方法相似。在现实生活中，每一位教师身上都可能具有他所说的这三种忠诚形式的某些因素；但是，对于许多教师而言，一般都以这三种形式中的一种为主。

二、教师权威

古人云："亲其师，信其道。"教师的权威无论对于教学效果的提高，还是对于班级的组织和管理都有着重要的影响。教育社会学对于教师权威的研究多以韦伯的权威理论为基础。

（一）韦伯的权威理论

在韦伯那里，权力（power）和权威（authority）是两个既有密切联系又有重要区别的概念。在他看来，权力是控制他人行为的能力。他人可能甘愿接受控制，也可能被迫接受控制。如果他人甘愿接受控制，权力的行使就是合法的；如果他人被迫接受控制，权力的行使就是非法的。韦伯把合法的权力称为权威，而把非法的权力称为强制（coercion）。

根据权威的合法性获得来源不同，韦伯运用"理想型"（ideal type）的研究方法将权威分为传统的权威（traditional authority）、感召的权威（charismatic authority）、合理—合法的权威（rational-legal authority）三种类型。①

传统的权威源于传统、习俗，是在长期的传统因素影响下形成的权威。感召的权威，根据音译法又被称卡里斯玛型的权威，是指由个人魅力而获得的权威。合理—合法的权威则是指源于规章制度或专业知识的权威，它又包括官方的（official）或法定的（legal）权威以及专业的（expert）或理性的（rational）权威两种类型。

（二）教师权威的构成与提升

美国学者克利夫顿（Clifton）和罗伯兹（Roberts）以韦伯的权威类型理论为基础，将教师权威划分为传统的权威、法定的权威、专业的权威、感召的权威四个层面。②教师权威是这四个层面相互作用的结果，教师权威的强弱因这四个层面的具体程度而异。

教师的法定的权威与传统的权威，源于一个国家的教育制度与教育传统。教师的感召的权威与专业的权威，则源于教师的个人因素；其中，感召的权威来自教师的个人魅力，专业权威来自教师的专业知识与能力。

教师的权威是一个重要的教育资源。做一个受学生接纳和尊重的教师，是每一位教师的愿望和追求。根据教师权威的类型与来源分析，我们可以从以下几个方面采取措施来提高教师权威。首先，要发扬尊师重教的社会传统。我国具有尊师重教的社会传统，古人曾把教师与天地君亲相提并论。弘扬尊师重教的传统，有利于提高教师群体的社会地位与传统权威。其次，要从政策和法律层面赋予教师以权力和地位，依法保护教师的法定权力。这有利于教师群体的法定权威的提高。最后，教师个体要时刻注意自身的专业素养和人格魅力的提升。传统权威和法定权威是面向全体教师群体而言的，但是具有同样传统权威和法定权威的教师个体所具有的权威

① ［德］马克斯·韦伯：《经济与社会》上卷，241 页，北京，商务印书馆，1997。
② Rodney A. Clifton, Lance W. Roberts, *The Authority of Teachers：A Sociological Perspective*, *Teacher Schools and Society*, New York, The Falmer Pess, 1990, p. 132.

还是有所不同的。有的教师深受学生爱戴,有的教师则不太受学生欢迎。这其中的主要原因在于,教师个人专业素养和人格魅力存在差异。因此,对于每一位教师个体而言,社会传统与国家法制是难以直接干预的,在自身权威的提升方面自己所能做到的就是时刻注意改进专业水平,提高自己的人格魅力。

三、教师压力与职业倦怠

(一)教师职业倦怠及其危害

教师职业倦怠是指由于工作压力大或者其他原因所导致的教师工作热情的丧失。教师职业倦怠具体表现为:疲劳感、缺乏工作成就感、丧失工作热情、易于贬低学生以及逃避教学的倾向等。

因职业倦怠想离开学校,但又担心不能在别的地方找到合适的工作,所以许多教师在他们大部分的职业生涯中,仍然留在不喜欢的工作岗位上。调查发现,在美国几乎 $\frac{3}{4}$ 的想离职的职业倦怠教师没有离开教学岗位;而在所有放弃了教学的教师中,有 $\frac{1}{3}$ 的人又重新回到了课堂教学工作之中。[1]

教师职业倦怠会给倦怠者个人身心健康、一起工作的同事、学校组织及学生发展造成很大的损失。对于教师来说,从事不喜欢的甚至是讨厌的职业需要付出身体的、情感的和心理的代价。那些经受倦怠感困扰的教师时常会出现逃避上课的想法,甚至会找各种借口旷课。由于他们厌恶教师工作,在工作中缺乏成就感,所以不得不花大量的时间寻找新的工作,这就会影响到他们的生活质量。另外,受倦怠感折磨的人容易形成滥用药品问题,并出现失眠症状等,个人健康状况受到损害。

教师专业倦怠还会对一起工作的其他教师产生一定程度上的消极影响。但是,教师职业倦怠的最终受损害者还是学校教学工作的对象——学生。因为,对于学校来说,希望离开的教师没有离开,想聘用的教师却没有机会进入学校。依靠这些缺乏热情的职业倦怠的教师,难以提高教学质量,更难以推进教学改革,这会从根本上影响到学生的健康发展。

(二)关于教师职业倦怠的两种理论假设

为了增强学校组织活力,推进教学改革,提高教学质量,保证师生身心健康发

---

[1] [瑞典]T. 胡森、[德]T. N. 波斯尔斯韦特:《教育大百科全书》第2卷,389~393页,重庆,西南师范大学出版社,2006。

展，心理学家和社会学家都就教师职业倦怠的成因与对策进行了分析和研究。两者都假设与教学角色相关的过度压力是造成教师职业倦怠的重要原因，但在对教师职业倦怠的进一步的原因分析与对策研究方面两者存在着极大的不同，因而形成了有关教师职业倦怠的两种理论假设：心理学的观点和社会学的观点。

1. 心理学关于教师职业倦怠的理论假设

心理学家承认压力过大是导致教师产生职业倦怠的重要原因，但是他们却提出了一个关键性的问题，即为什么在同一所学校里，在面临同样的工作压力的情况下，有的教师产生了职业倦怠，而有的教师却没有产生职业倦怠呢？由此，他们得出结论：教学压力并非导致教师职业倦怠的最直接、最根本的原因，导致教师职业倦怠的最直接、最根本的原因在于教师个性心理特征。更容易职业倦怠的人，抗压能力与心理容忍力不强，不能从容地应对工作压力。

因此，心理学家把教师职业倦怠看成一种临床问题，认为预先提高个人的抗压能力和心理容忍力及应对压力的能力，是预防教师职业倦怠的有效方法。

2. 社会学关于教师职业倦怠的理论假设

社会学并不否认压力或焦虑在造成职业倦怠中的重要作用，但它认为压力的根源在社会结构和学校的组织结构。针对教师职业倦怠的成因探究，社会学家提出的关键性问题是：为什么这个学校的教师感到工作压力过大，发生职业倦怠的比例较高，而其他学校的教师则很少或根本感觉不到工作压力或职业倦怠呢？由此，他们得出了与心理学家不同的结论：导致教师职业倦怠的最直接、最根本的原因不在教师个体自身，而在于教师所处的社会环境，具体而言就是学校的组织环境。因而，社会学家把教师职业倦怠成因的研究重点，放在了教师的社会属性、学校环境的组成以及教师培训的特征上。

一般来说，无经验的教师比有五年或更多教学经验的教师更容易产生职业倦怠。有压力感的教师人数，随着年龄和经验的增加而减少。在美国，多数民族教师比少数民族教师更容易产生职业倦怠感。在加拿大和美国，男教师有更多的教学压力，更容易产生职业倦怠，部分原因在于女性得到了更多的社会支持。规模较小的学校的教师压力感和职业倦怠感较小。初中教师比小学教师和高中教师更容易产生职业倦怠，但中学男性教师的职业倦怠感高于小学教师。教师所期望的校长管理风格与校长的实际管理风格之间的差异，导致教师职业倦怠的发生。专制和自由放任的管理风格，容易导致教师职业倦怠。

社会学家把学校结构和组织变化，看成减少职业倦怠的重要机制。社会学观点强调影响教师职业倦怠的组织和社会支持机制的实质，并建议用组织而不是个人的方法来解决教师职业倦怠问题。他们的逻辑是：压力引起倦怠，但压力是由学校组织带来的，因此改变教师所处的组织环境，降低工作压力就成了防范教师职业倦怠的最根本的措施。通过改变校长的管理风格来减轻和克服教师职业倦怠，要比给大量的教师提供心理治疗更有效率。

四、教学中的学生角色

20世纪70年代和80年代早期的研究者发现，在课堂教学中，学生一般扮演一种被动的角色。在整个课堂教学过程中，学生的大部分时间都用在了听教师讲课上面，最多只有30％的时间能够"参与"到教学中来，而这种所谓"参与"也基本上是按照"教师提问—学生回答—教师评价"的"被动应答"模式进行的。自20世纪80年代后期以来，研究者转变了对教学中的学生角色认识，放弃了被动的学生角色观，认为教学中的学生角色不是被动的、固定不变的，而是由教学场域的参与者共同创造的。与传统的学生角色观相比，新的学生角色观提倡在教学中创造更为积极的学生角色。

从固定的、被动的学生角色观念转变为动态的、积极的学生角色观念，这种学生角色观念的变化，实际上是以知识观念的转变为支撑的。支撑在学生传统的被动的教学角色背后的是一种传统的知识观念，这种知识观念将知识看作一种外在于教师和学生的既定的客观实在。在教学过程中，教师的角色就是向学生高效地传递既定知识，而学生的角色则是简单地接受教师所传递的书本知识。与此相反，在新的学生角色观念背后是一种建构主义的新型知识观念，这种知识观念将知识及知识的获得看作一种积极建构意义的过程，而这种建构又是以师生互动、生生互动为基础的。

按照这种积极的学生角色观念，学生需要积极参与教学过程，并与学习团体中其他成员一起探讨彼此共享的意义。此时，教师的角色则主要是帮助学生建构知识、分析学生的需要并开发相应的教学，同时还要努力使学习对于学生有意义。积极的学生角色观念使人们认识到，不仅教师通过他们的教影响着学生的学，而且学生的学也同样影响着教师的教。正如巴西学者弗莱雷所言，"在与学生们的对话当中，教师不仅教人，而且被教"①。在新的学生观念的指导下，对话、讨论、互动等成为教学中的主要活动与重要特征，从而真正实现了教学相长。

---

① Paulo Freire, *Pedagogy of the Oppressed*, New York, Continuum Publishing, 1986, p. 67.

第三节　影响教学效果的社会因素

基于教育社会学关注人际互动的研究视角，这里所讨论的影响课程及教学效果的因素，主要是围绕着课程教学中所体现的人际关系状况这一问题进行的。

一、社会阶级阶层与性别差异

社会阶级阶层的分化会对教育产生影响。这里主要以学生的社会背景与其在学校中的学习成就、选择的课程类型的关系为例来讨论这一问题。

由于社会地位的不同，不同人群在学校中享有的教育资源状况也是大不相同的，并在一定程度上影响学生受教育的结果。玛丽·杜里－柏拉在其《学校社会学》中就阐述了法国的相关情况，指出学生的社会阶层背景与其学业成就、辍学率、升学率等的差异是直接相关的。

布迪厄以法国高等教育为例，研究了社会阶层、性别差异对于学生学业成就的影响。

首先，他发现，不同社会阶层接受高等教育的人数比例不均。由此，布迪厄得出结论：教育系统通过学业表现在客观地进行着淘汰，阶级地位越低受害就越深。一个重要的原因在于，对于社会地位最低的人来说，接受高等教育的主观愿望比客观机会还要小。

其次，在高等教育专业选择方面存在着阶层和性别差异。一般说来，在选择专业方面受到的限制，下层社会大于上层社会，女生大于男生。下层社会女生的处境最为不利。在法国地位最高的"大学校"中，如高等师范学校和综合技术学校里出身于上层社会的学生比例最高。不管出身如何，女生选文科的可能性大，男生选理科的可能性最大。女生的社会出身越低，选择越可能受限制。

最后，在高等教育的入学年龄与学习进度方面也存在阶层差异。布迪厄研究发现，出身于下层的学生具有入学晚、进步慢等特征。在整个学习期间，特别是在学业重大转折的时期，社会出身施加着影响。

二、课程组织形式

根据伯恩斯坦的观点，正式的课程有精致性编码和限制性编码、强分类和弱分类之分。他着重探讨了课程组织形式对不同阶级阶层的学生的影响。

伯恩斯坦区分了两种不同的语言编码形式：限制性编码和精致性编码。限制性编码主要存在于下层劳动阶层之中，而精致性编码主要存在于中上层阶级之中。在《社会阶级、语言与社会化》一文中，伯恩斯坦对于这两种不同的语言编码形式进行了详细阐述。他认为，精致性编码语言的使用者倾向于普遍性意义，而限制性编码语言的使用者则倾向于特殊性意义。精致性编码很少受特定的或局部的结构限制，因而在原则上包含了变化的可能性。比如，运用精致性编码的言语可以从由它引起的社会结构中摆脱出来，并且可以具有自律性。限制性编码则较多地受局部的社会结构限制，只有较少的原则变化的可能性。限制性编码的基础在简缩的符号中，而精致性编码的基础在明确表达的符号中。限制性编码采用隐喻方法，而精致性编码则采用理性方法。限制性编码在关于意义和表达关系方面仍然有许多不清楚的地方，而精致性编码在意义、表达方式和表达内容等方面则非常清楚。

为了使读者更好地了解和区分这两种不同的语言编码，伯恩斯坦以举例的方式说明中产阶级出身的儿童与工人阶级出身的儿童的语言特征（见框11-1）。很显然，第一个故事不受描述故事的言语背景的约束，而第二个故事则在相当程度上受故事背景的约束。因而，第二个故事的意义是不明确的，而第一个故事的意义是明确的。

框 11-1　伯恩斯坦关于限制性编码与精致性编码的举例

给两组五岁的儿童(一组是中产阶级出身的儿童，另一组是工人阶级出身的儿童)看四幅图片。第一幅画着几个儿童在踢足球，第二幅画着一个球从窗口飞进一间屋子，第三幅画了一位太太把头伸出窗口张望，一位先生做了一个威胁性的姿势，第四幅画上的儿童正在逃跑。

下面就是两组儿童看图编写的两段故事。

中产阶级出身的儿童组："三个男孩在踢球。一个孩子踢了一脚，球飞进窗户，打碎窗户玻璃。孩子们正在找球，一个男人走进来，对着他们大骂，因为他们踢碎了玻璃。于是，他们逃走了。后来一位太太从窗口伸出头来，她叫他们滚开。"

工人阶级出身的儿童组："他们在踢球。他踢了一脚，它飞进窗户，打碎了玻璃。他们正在找球，他走出来，对他们大骂，因为他们踢碎了它。于是，他们逃走了。后来她从窗口伸出头来，她叫他们滚开。"

——张人杰：《国外教育社会学基本文选》，409 页，上海，华东师范大学出版社，1989。

伯恩斯坦认为，阶级制度的作用之一就是限制精致性编码的机会。[1] 学校常常倾向于使用精致性编码。这样，上中层阶级子女的社会语言代码与学校教育知识之间具有同质性，而下层阶级子女的社会语言代码则与学校教育知识之间存在着异质性，这就使得不同阶级子女在受教育可能性上存在差异，并因此导致学业表现的差异。伯恩斯坦认为学校中的课程内容主要是用精致性编码呈现的（科学的概念、复句的形式），它要求学生能够适应与之相应的概念体系和思维方式。因而，容易使那些来自劳动阶层家庭的学生处于文化上的不利地位，从而造成学生之间学业表现的分化。

伯恩斯坦的上述观点引导人们开始关注如何建构学校中的课程问题。各国都在努力实现课程组织形式多样化，使课程的表述方式、呈现方式能够适应不同的社会群体的需求。

三、教师期望和教师效应

（一）教师期望

教师对学生的期望，具有"自我实现预言"的作用。在默顿看来，自我实现的预言是指，开始时的一个虚假的情境定义，由于它引发了新的行动，因而使原有虚假的东西变成了真实的。[2] 自我实现的预言，与人们的主观态度相关。

教师期望的自我实现预言，将直接影响学生的学习效果，也会起到化解阶级背景对学生的影响的作用。例如，教师的积极期望，能够帮助社会地位不利的学生克服客观因素的影响，取得良好的学业成就。

事实上，在具体的教育实践中，教师总是会根据学生的外貌、先前的学业成就等刻板印象，对学生产生积极或消极的期望。这种以刻板印象为基础的教师期待，等于给学生贴上了一个"成功"或"失败"的标签，从而再生产了教师对于学生的先前

---

[1] 张人杰：《国外教育社会学基本文选》，407 页，上海，华东师范大学出版社，1989。

[2] ［美］默顿：《社会研究与社会政策》，288 页，北京，生活·读书·新知三联书店，2001。

印象。从这一角度出发，学生获得学业成功首先不是因为其固有的能力，而是教师期待的作用，教师期待就像那些自我实现的预言一样在运作。①

（二）教师效应

教师期望对学生发展的作用，是经有关"教师效应"的研究证明的。教师效应，是指教师在学校教育中所起的作用。

比如，法国对小学和中学的"教师效应"进行了研究。② 结果发现，"教师效应"对于学生学业成就的影响是显著而持久的。对于不同年龄段的学生而言，教师的教育效应是不同的。在小学一年级，教师对学生的影响要大于学生的社会出身影响。法国有关"教师效应"的研究启示我们：学生的学业成就不完全取决于学校是否是优质学校，事实上，教师良好的态度能够弥补学校水平、课程设置等方面的不足。

那么，是什么原因导致了"教师效应"的不同呢？为什么有的教师胜任教育工作，有的就不能胜任呢？玛丽·杜里－柏拉认为，教师的个人特征包括性别、年龄和所受教育等，并不能很好地解释教师效应之间的差异；相反，时间管理是提高教师效应的一个重要因素。不同的教师用于教学和学生学习上的时间存在显著差异，"胜任"的教师能够最大限度地延长学生积极学习的时间，最大限度地增加学生学习的机会。

玛丽·杜里－柏拉还指出，除了教师的态度，教师所持的价值观念、对课程的理解、教学组织形式等都会对学生的学习产生影响，而且对于不同的学生群体产生的影响也是不同的。总之，学生的学业成就是与教师的教育效应相连的。

四、班级规模

班级规模（class size）与教学效果之间的关系研究，主要试图回答以下两个问题：第一，班级规模与教学效果之间存在必然的、直接的联系吗？换句话说，小班化教学必定会提高学生学业表现吗？第二，从成本收益的教育经济学视角来看，如果说班级规模确实能够影响教学效果，那么小班化教学值得投资实行吗？有没有一种因素比班级规模更能有效地影响教学效果呢？相关研究尽管已经取得了一些富有启发意义的研究成果，但是研究者之间并没有取得一致的看法，不同的研究者对于这两个问题的回答存在较大的分歧。甚至可以说，有多少种研究就可能有多少种不同的

---

① ［法］杜里－柏拉、让丹：《学校社会学》，136 页，上海，华东师范大学出版社，2001。
② ［法］杜里－柏拉、让丹：《学校社会学》，135～138 页，上海，华东师范大学出版社，2001。

发现。以下根据《教育大百科全书》的有关内容，着重介绍关于班级规模与教学效果的三种截然不同的研究结论。

（一）小班化教学有利于提高教学效果

班级规模与通过学生学业成就和行为变化体现出来的教学效果之间关系的一项经典研究，是由美国学者格拉斯(Glass)和史密斯在 1978 年所做的"班级规模与学业成就关系研究的元研究"(Meta-Analysis of Research on the Relationship of Class Size and Achievement)。格拉斯和史密斯对近 80 项有关班级规模与教学效果关系的研究进行了规模浩大的所谓元研究，结果表明：减小班级规模有利于学生学业成就的提高……当班级规模缩小至 20 名学生以下时，教学效果会有明显的提高。[①]

1985 年至 1989 年，在美国田纳西州的 76 所小学中进行了关于小班化教学的一个最大的对比实验研究。这项研究规模空前，共涉及 300 多个班级 6 000 多名学生，前后历时 4 年之久。这一研究发现：①实施小班化教学的班级中的学生，在每年的每项成绩测试中都具有统计学上的显著的优势；②各年级中的少数民族的学生，总是比他们的非少数民族的同学受益更为显著；③小班化教学的优势在一年级显著提高，此后便一直维持着对标准班级的恒定优势。

研究者一般会从以下三个方面对小班化教学的优势进行解释：①班级人数减少导致教师热情的提高，进而提高了学生的学习动机；②小班化教学增加了师生互动的机会，有利于教师因材施教和个别辅导；③小班级教学便于教师对学生进行监管，使学生更多地参与到学习活动中来。

（二）班级规模与教学效果之间没有显著相关

1986 年，罗宾逊(Robinson)和维特波尔斯(Wittebols)仿效格拉斯和史密斯，也对班级规模与学业成就之间关系进行了类似研究。但是，他们却得出了相反的结论。他们认为，研究并不支持班级规模缩小本身就能直接导致学生学业成就提高的观点。小班授课未必使所有的学生都同等受益，"有证据表明学习能力差的学生往往比学习能力中等的学生更多地受益于小规模班级"。[②]

第二届国际数学成绩研究会对 18 个国家和地区的 13 岁儿童上数学课时的班级

---

① Gene V. Glass，Mary L. Smith，*Meta Analysis of Research on the Relationship of Class Size and Achievement*，San Francisco，Far West Laboratory for Educational Research and Development，1978，pp. Ⅳ-Ⅴ.

② Glen E. Robinson，James H. Wittebols，*Class Size Research：A Related Cluster Analysis for Decision Making*，Arlington，Educational Research Service，1986，pp. 18-19.

规模与数学成绩进行了横向比较研究，结果发现：比利时、瑞典、卢森堡的班级平均人数为 19～20，日本、中国香港、泰国、瑞士的班级平均人数为 41～44。但是，比利时、日本、中国香港的学生平均数学成绩在这些国家和地区中位于上游，而瑞典、卢森堡、瑞士则位于下游。[1] 这表明，数学成绩与平均班级规模之间没有明显的关联。

（三）班级规模缩小造成教学效果下降

汤姆林森(Tomlinson)运用纵向比较的方法，对美国从 1960 年至 1984 年中小学班级规模与学生学业成就之间的关系进行了研究，结果发现：在这期间，美国中学和小学班级的平均人数分别由 27 人和 30 人降到了 22 人和 24 人。但是，各年级所有层级的学生，每一领域的多数学科的学术性向和学生成就的标准化考试中的得分都有所下降。由此，他得出结论：至少在美国还是班级规模大些好。[2] 国际教育成就评价协会(IEA)对不同国家和地区之间的横向比较也得出了类似结论。

此外，从成本收益的教育经济学角度来看，研究者对于"小班化教学是否值得去投资实行"这一问题还没有达成共识。赞成者认为，无论是直观感觉还是研究数据都表明小班化教学确实可以带来有效的结果，如在教师的态度转变与士气的提高等方面。反对者则认为，班级规模并不会影响到教师在讲授课程内容与强调课堂常规方面所花的时间，也不会影响对互动对象的选择。如果实行小班化教学，就存在短时间内急需大量师资的问题，这既导致教育经费的增加，又会造成教师质量的下降，进而影响教学质量。据美国学者汤姆林森推算，美国在 1986 年要把班级的平均人数从 24 人降至 23 人，就需要增加大约 7.3 万名教师和 50 亿美元的配套资金，这还不包括所增加教室的费用。而要达到当时所谓的"最佳数额"的每班 15 名学生的目标，则需要增加 100 万名教师和 690 亿美元的投入。[3] 鉴于此，反对者主张放弃教学的小班化努力，建议寻找与教学小班化同样花费但却能够取得更大效益的，或者能够取得同样的教学效果但花费却比小班化小的替代方案。

总结上述有关班级规模与教学效果关系的研究，我们可以得出如下结论。①班

---

① ［瑞典］T. 胡森、［德］T. N. 波斯尔斯韦特：《教育大百科全书》第 8 卷，7 页，重庆，西南师范大学出版社，2006。

② ［瑞典］T. 胡森、［德］T. N. 波斯尔斯韦特：《教育大百科全书》第 8 卷，6～7 页，重庆，西南师范大学出版社，2006。

③ Tommy M. Tomlinson, "Class Size and Public Policy: Politics and Panaceas," *Educational Policy*, 1989(3), pp. 261-273.

级规模与教学效果之间的关系并非一一对应的关系，它们之间的关系非常复杂。②班级规模并非越小越有利于教学效果的提高。可以想见，当班级规模小到一定程度时，将会丧失"班级"所具有的某种教育价值，如同学们之间的相互观摩、相互促进，以及其所具有的促进学生的社会性发展的功能等。③小班化教学未必能使不同层级的、具有不同社会属性的所有学生都能够同等地受益。④在继续深入研究班级规模与教学效果的同时，有必要认真探讨小班化教学的替代方案。

五、文化资本

（一）资本与资本的形式

马克思认为资本是能够带来剩余价值的价值。在马克思看来，资本不是物，而是一种以物为媒介的人和人之间的社会关系。布迪厄资本理论与马克思的资本理论既有联系又有区别。马克思在其传世名著《资本论》中所称的资本主要是指经济资本，而布迪厄则将资本细分为三种不同的形式：经济资本、文化资本和社会资本。

布迪厄将资本看作"积累的劳动"，强调资本的历史性，即资本是"积累的"。他还把资本称为"社会物理学的能量"，① 认为资本是对种种社会现象进行社会学分析的重要工具。在布迪厄看来，资本的形式比较复杂，除了经济资本外，还包括了文化资本和社会资本。经济资本包括各种收入，可以被制度化为各种形式的继承物。社会资本是指某个个人或是群体凭借拥有一个比较稳定、又在一定程度上制度化的相互交往、彼此熟识的关系网，从而积累起来的资源的总和。社会资本包括地位、关系网和群体归属等。

布迪厄提出并极大地发展了文化资本（cultural capital）的概念。文化资本即不同的家庭教育行动所传递的文化财产。作为文化资本，它们的价值随着教育行动强加的文化专断和不同集团或阶级中家庭教育行动灌输的文化专断之间的距离大小而变化。② 文化资本又被区分为三种不同的形态：①具体的状态，以精神和身体的持久"性情"的形式存在；②客观的状态，以文化商品的形式（图片、书籍、词典、工具、

---

① ［法］布迪厄、［美］华康德：《实践与反思：反思社会学导引》，161 页，北京，中央编译出版社，2004。为了确立社会学的学科地位，使社会学为人们所认可，孔德在创立社会学之初有意借用了物理学的学术威望和地位，将社会学称为"社会物理学"。"社会物理学"一词在向人们承诺社会学将像物理学发现自然规律一样发现社会发展的客观规律。

② ［法］布尔迪约、帕斯隆：《再生产：一种教育系统理论的要点》，40 页，北京，商务印书馆，2002。

机器等)存在，这些商品是理论留下的痕迹或理论的具体显现，或是对这些理论、问题的批判，等等；③制度化的状态(如文凭等)。①

（二）文化资本与学业成就

在《文化资本与社会炼金术》一书中，布迪厄对于文化资本与学业成就之间的关系进行了详细的理论阐述(见框11-2)。在《再生产：一种教育系统理论的要点》《继承人：大学生与文化》《国家精英：名牌大学与群体精神》等著作中，他又以法国学校教育为例对文化资本与学业成就之间的关系进行了各种实证调查与研究。

框 11-2　布迪厄对文化资本及其与学业成就关系的说明

文化资本的概念，最早是在研究过程中作为一种理论假定呈现在我面前的，这种假定能够通过联系学术上的成功，来解释出身于不同社会阶级的孩子取得不同的学术成就的原因，即出身于不同阶级和阶级小团体的孩子在学术市场中所能获得的特殊利润，是如何对应于阶级与阶级小团体之间的文化资本的分布状况的……经济学家没有把学术投资策略与整体教育策略联系起来，没有把学术投资与再生产策略的体系联系起来，因而他们必然会通过某种悖论，无可避免地遗漏最隐蔽的、最具社会决定性的教育投资，即家庭所输送的文化资本……他们并没有意识到能力或才能本身就是时间上与文化投资上的产物……这种对教育作用的典型的机能主义的定义，忽略了教育制度通过承认文化资本的世袭性传递而为社会结构的再生产所做的贡献。

——包亚明：《文化资本与社会炼金术——布尔迪厄访谈录》，193～194页，上海，上海人民出版社，1997。

1. 文化资本占有与学业表现之间的正比例关系

布迪厄认为，文化资本占有与学业表现之间呈正比例关系。文化资本占有量高的阶级子女，整体而言学业表现更为优异。

在布迪厄看来，接受高等教育的机会，按学校标准衡量的能力，更依赖于一个阶级的文化习惯与教育制度的要求或定义教育成功的标准之间的关系。所谓文化教育，总是在很大程度上决定着从事"高贵"学业(国家行政学校、综合技术学校或文学教师会考)的机会。学生在选定这一方向后，就应该掌握一套知识和技术。这些知识

---

① 包亚明：《文化资本与社会炼金术——布尔迪厄访谈录》，192～193页，上海，上海人民出版社，1997。

和技术从来不会与社会价值观完全脱节，而它们的社会价值观却往往与学生出身阶级的价值观截然相反。对农民、一般雇员和小商人的子弟来讲，掌握学校文化实际上就是一种文化移入的过程。①

对于中上层阶级而言，学校传播的文化不难掌握；阶级出身越高，越觉得容易。中产阶级掌握这一文化的愿望最强烈。尽管下层阶级通过学校获得升迁的愿望并不亚于中产阶级，但当他们发现实现它的客观条件微乎其微的时候，这一愿望就只能是虚幻和抽象的了。

布迪厄认为，文化资本对于学业表现的影响，从以"精英"的价值体系判断小资产阶级的价值体系的时候起，就已经开始了。就是说，按有教养、出身高的人的浅薄涉猎来衡量小资产阶级的价值体系。而这些人毫不费力地就掌握了知识，他们的现状和前途有保证，可以悠闲地追求风雅，敢于卖弄技巧。可是，精英文化与学校文化是如此接近，小资产阶级出身的儿童（农民或工人的子弟更甚）只有十分刻苦，才能掌握被教给有文化教养的阶级子弟的那些东西，如风格、兴趣、才智等。这些技能和礼仪是一个阶级固有的，因为它们就是这个阶级的文化。

文化资本占有量对于学业表现的影响，在那些不存在有组织教学的领域之中更为明显。文化行为所受到的社会因素方面的制约，大于个人的兴趣和爱好。对出身于最低阶层的人来说，学校是接受文化的唯一途径，在各级教育中都是如此。因此，如果说在学校统一传授的知识面前，上层阶级的子女与下层阶级的子女之间的学业差异还不是太明显的话；那么在学校没有统一教学的领域中，他们之间的学业差异就非常明显了。比如，在高雅艺术的鉴赏方面，由于学校很少在这方面系统地有组织地开展教学，下层阶级的子女便对此知之甚少。正如布迪厄所言："越是远离学校直接教授和完全控制的领域，比如由古典戏剧转移到先锋派戏剧，或由学校文学转移到爵士音乐，上层阶级出身的大学生的优势就越明显。"②

2."过分选择"与文化剥夺

在对法国高等教育研究过程中，布迪厄发现了一种有关文化资本与学业关系的"变异现象"，即在大学低年级观察到的一种文化资本的占有（根据父亲的职业判断）与学业成功程度之间成正比例关系的消失或颠倒现象。

①　[法]布尔迪约、帕斯隆：《继承人：大学生与文化》，25～26 页，北京，商务印书馆，2002。
②　[法]布尔迪约、帕斯隆：《再生产：一种教育系统理论的要点》，87 页，北京，商务印书馆，2002。

布迪厄认为，这种现象并未否定文化资本与学业成就之间的正比例关系。之所以会出现这种现象，是由于学校教育体制对中下阶层子女进行了"过分选择"。① 为了满足学校在语言方面的无法再压缩的最低要求，中下层阶级的大学生必须在一场文化移入中取得成功。他们进入高等教育时，必须受到更为严格的选择，而选择的标准同样是语言能力。

语言资本对学业表现的影响非常明显。语言不单单是一种交流工具，它除或多或少的词汇之外，还提供一个复杂程度不同的类别系统，以便辨别和掌握诸如逻辑学或美学方面复杂结构的能力，这在一定程度上取决于家庭传授的语言的复杂性。这样，随着一个阶级与学校语言的距离的增加，它在学校中的死亡率也必然只能增加。

为了适应学校的文化要求，下层阶级的子女不得不接受这样一个过分的选择过程；因为只有顺利经过了这一"文化移入"过程，才能进入大学的门槛，才有接受高等教育的机会。在文化移入的过程中，下层阶级的子女们以看似非常公平的方式遭受到了文化剥夺。对于这一点，布迪厄在《再生产：一种教育系统理论的要点》一书中有非常精辟的论述(见框 11-3)。

框 11-3　布迪厄论学校的文化再生产功能

特权阶级总是把选择的权力更完全地委托给学校，以显得它们把从一代人向下一代人传递权力的权力交给了一个完全中立的当局，从而拒绝了通过世袭传递特权的专断性特权。但是，学校表面无可挑剔的判决总是客观地为统治阶级服务，因为它只是为了这些阶级的社会利益才牺牲了他们的技术利益。这样，学校就比过去任何时候都更好地，总而言之是以一个以民主思想为基础的社会里所能想象出来的唯一方式，促进业已建立的秩序的再生产。因为，它比任何时候都更成功地掩盖着它所完成的功能。

——[法]布尔迪约、帕斯隆：《再生产：一种教育系统理论的要点》，180页，北京，商务印书馆，2002。

---

① [法]布尔迪约、帕斯隆：《再生产：一种教育系统理论的要点》，86 页，北京，商务印书馆，2002。

六、学校的组织资源

受 1966 年《科尔曼报告》(*Equality of Educational Opportunity*)的影响，在 20 世纪 80 年代以前，教育社会学家很少就学校组织对于学生学业成就的影响进行深入研究。这个从 1964 年开始研究，历时两年多的有关教育机会均等方面的报告，所得出的最著名的结论就是：差别性校外影响远远大于一致性校内影响。也就是说，与强有力的家庭学习环境比较起来，学校组织对于学生学业成就的影响微乎其微。因此，在早期的教育社会学研究中，很少有人将学校条件的不同与学生的学业成就相联系。这样学校变成了一个没有打开的黑匣子，学校组织对于学生学业成就的影响也就不得而知。

20 世纪 80 年代，教育社会学家开始打开学校这个黑匣子，开始研究教与学的组织背景对于学生学习的影响，随后便产生了层次区分理论、松散结构理论、多向能动理论等不同的理论模式。①

（一）层次区分理论模式

层次区分理论的基本假设是学校组织会贯穿并影响整个教育过程，进而对学生的学业成就产生重要影响。该理论关注学校系统各个不同结构层次之间的组织联系及其对学生学业成就的影响，注重探讨学校组织资源、教学体例与学生学业成就之间的关系。层次区分理论认为，要想了解学校组织对于学生学业成就的影响，必先追踪学校条件对于教育活动的影响，然后再审查教育活动与学生学业成就的关系。

层次区分理论将学校组织分为不同的层次，认为不同层次之间相互联系、相互影响，组织资源在不同层次之间流动，并最终影响学生的学业成就(见图 11-1)。学校的组织资源(时间、材料和技能等)会对教师的教育行为(如课程讲授)产生影响，而教师的教育行为又会直接影响到学生的学习行为，导致学生的学业成就产生差异。

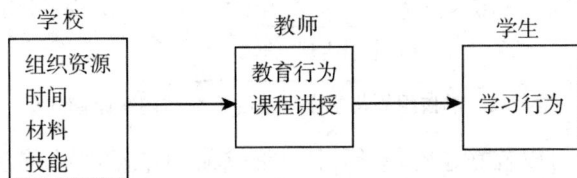

图 11-1 学校管理与学业成就层次区分理论模式②

① ［美］莫琳·T. 哈里楠：《教育社会学手册》，52~69 页，上海，华东师范大学出版社，2004。
② ［美］莫琳·T. 哈里楠：《教育社会学手册》，53 页，上海，华东师范大学出版社，2004。

层次区分理论对于解释具体的教学资源，如时间、材料，以及明确具体的教学活动，如完成某一单元的授课，都能行得通，对有明确规范课程内容的问题，如早期阅读教学，尤为适用。但是，进一步的研究发现，并不是所有教学科目与年级水平都能证明课程安排对学生学业成就产生有力的影响。此外，对于不同类型学校的研究也发现，教学条件确实影响学业成就，但不能证明学校组织影响教学条件。层次区分理论的局限性在于它只在组织条件与教学体例之间架设了一条单向的关系，而没有看到教育行为与学校组织之间的复杂性。

（二）松散结构理论模式

与层次区分理论强调学校组织各层次之间的相互关联和相互影响不同，松散结构理论认为，学校组织系统中各个元素之间总体上没有什么特别紧密的联系。该理论认为，学校属于那种松散结构的组织机构：各教室在结构上相互隔绝、教师相对独立、课堂教学五花八门。某一个教室里发生了什么根本不会对其他教室产生影响，校长做出的决定也很少直接影响学生的行为。因此，松散结构理论认为，教师的教学方式主要取决于教师个人的教育培训和在岗实习，而不太受学校条件，如资源、计划、管理决议的影响。学生的学业成就主要是一种社会期望的反映，也不直接取决于学校条件或课堂教学(见图 11-2)。

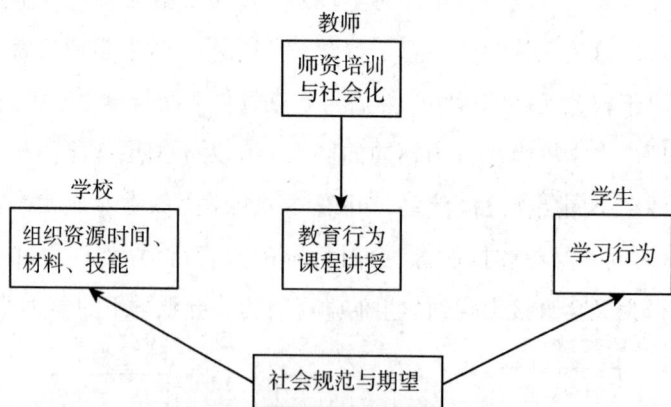

图 11-2　学校组织与学生学业的松散结构理论模式①

松散结构理论可以较好地解释学校之内的差距比较悬殊，但学校之间的学业成就却不相上下的教育现象。因为，在松散结构理论看来，学校都在努力地遵从一致的社会规范。此外，该理论也可以较好地回答为什么有时政策干预根本就不会对具

---

① ［美］莫琳·T. 哈里楠：《教育社会学手册》，59 页，上海，华东师范大学出版社，2004。

体教育行为产生影响。但是，该理论却忽视了对学校条件、教育行为与学习规律之间的关系研究。

（三）多向能动理论模式

学校组织与学生学业的多向能动理论，是对于层次理论模式的一种扬弃和超越。该理论承认组织资源确实影响学业成就，但条件是教师必须在课堂教学中能够有效地使用这些资源。多向能动理论关于教学组织背景的观点，更接近层次区分理论而非松散结构理论，但是，多向能动理论也借鉴了松散结构理论的某些概念。例如，它强调教师的教育行为要受其职业社会化及其接受师资培训经历的影响等（见图 11-3）。该理论强调组织资源与职业培训之间有一种双向交流和相互促进的关系。

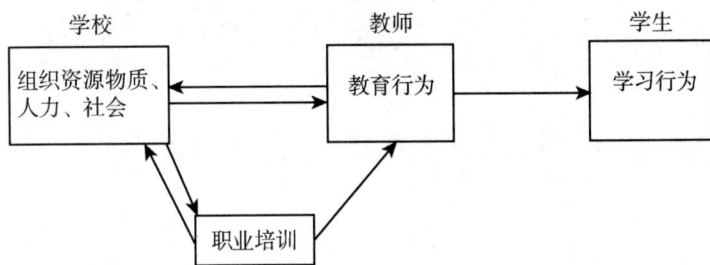

图 11-3　学校组织与学生学业的多向能动理论模式①

在解释学校组织资源对于学生学业成就的影响时，多向能动理论模式的一个重要特征，在于它对于教学组织背景资源的重新界定。该理论将学校中影响学生学业成就的组织资源分为三大类：物质资源、人力资源和社会资源。物质资源包括课本、设施及其他供应；教学、计划、准备所需要的时间；人员的支出，尤其是教工人员的支出；支配与教学有关的其他款项的权力等。物质资源对于学业成就的影响分为两种情况：当物质资源不能满足教学的基本需要时，它对教学效果具有重要的影响或制约；当物质资源能够满足教学的基本需要时，它与学生的学业成就没有直接的联系，此时，物质资源对于教学效果的效应取决于它的使用方式。

多向能动理论认为，教师的人力资源包括教师的知识、技能以及气质禀赋等，这些资源都可以极大地影响教学和学业。因此，该理论特别强调教师职业培训对于教学效果的重要性。此外，该理论认为，校长是学校教育中另外一个影响学业成就的重要人力资源。成功的校长能够凝聚人心，通过提出学校发展的长短期目标激发

---

① ［美］莫琳·T. 哈里楠：《教育社会学手册》，62 页，上海，华东师范大学出版社，2004。

教师和学生共同奋进，进而影响到教学的效果。

　　学校的社会环境包括共同的价值观、合作、共同决策等在内的各个方面，构成了教师提高教学质量的社会资源。多向能动理论将学校里教师们之间的相互信任、共同期待、彼此的默契及教师职业团体所具有的责任感，看作一种有利于教学质量和学业成就提高的社会资本。这些社会资本将会有力地促使教师关注学生的学业成就，努力进行教学反思和协作，共同提高教学的质量和效果。

附录： 教育社会学文献索引

（一）中文文献

白蓉. 学校个案工作案例[M]. 北京：中国社会科学出版社，2015.

蔡宝琼. 教育社会学观察[M]. 香港：广角镜出版社有限公司，1987.

陈坚. 延续的痛苦：身体社会学视域中的农村教育研究[M]. 长春：东北师范大学出版社，2012.

陈永华，黄文芳，陈钰. 教师与学生交往行为的发展[M]. 北京：教育科学出版社，2011.

陈振中等. 社会学语境中的教育弱势现象[M]. 桂林：广西师范大学出版社，2007.

程天君. "接班人"的诞生：学校中的政治仪式考察[M]. 南京：南京师范大学出版社，2008.

程天君等. 新教育公平引论[M]. 南京：南京师范大学出版社，2019.

楚江亭. 真理的终结：科学课程的社会学释义[M]. 北京：北京师范大学出版社，2005.

崔宇. 过程公平视域下教师行动逻辑研究[M]. 南京：南京师范大学出版社，2023.

邓和平. 教育社会学研究[M]. 武汉：湖北人民出版社，2006.

刁玉敏. 教育社会学视域下的成人教育研究[M]. 郑州：郑州大学出版社，2017.

丁红玲. 社会组织参与社区教育研究[M]. 太原：三晋出版社，2021.

董泽芳. 教育社会学[M]. 武汉：华中师范大学出版社，2009.

凡勇昆. 城乡教育一体化的制度逻辑：基于中乐县的人类学考察[M]. 北京：社会科学文献出版社，2018.

范晔. 涂尔干教育社会学研究[M]. 太原：山西人民出版社，2020.

方建移等. 家庭教育与儿童社会性发展[M]. 杭州：浙江教育出版社，2005.

方长春. 地位差异及其再生产：转型中国社会分层过程研究[M]. 北京：中国社会科学出版社，2015.

冯秀军. 社会变革时期中国大学生道德价值观调查[M]. 北京：教育科学出版社，2013.

高水红. 共用知识空间：新课程改革行动案例研究[M]. 南京：南京师范大学出版社，2008.

高水红. 社会学视角下的中国教育改革[M]. 北京：教育科学出版社，2016.

高水红. 新教育公平视野下的学校再生产[M]. 南京：南京师范大学出版社，2020.

关成华等. 可持续发展教育：理论、实践与评估[M]. 北京：教育科学出版社，2022.

关颖. 家庭教育社会学[M]. 北京：教育科学出版社，2014.

关月玲. 青少年与网瘾[M]. 咸阳：西北农林科技大学出版社，2012.

郭华. 静悄悄的革命：日常教学生活的社会建构[M]. 北京：北京师范大学出版社，2003.

郭建如. 中国农村义务教育财政体制变革与义务教育发展：社会学透视——从税费改革到农村义务教育经费保障新机制[M]. 北京：民族出版社，2010.

郭簌，刘世锋. 教育社会学[M]. 西安：西安出版社，2012.

郭玉锦，王欢. 网络社会学[M]. 北京：中国人民大学出版社，2010.

韩锋. 中国高等教育的社会学研究[M]. 济南：山东大学出版社，2002.

韩淑萍. 从"荣耀"到"不甘"：农村学生选择中师教育的社会学分析[M]. 北京：知识产权出版社，2012.

韩钰. 中产阶层的主观地位认同：以上海市数据为例[M]. 北京：社会科学文献出版社，2022.

何爱霞. 成人教育社会学研究[M]. 青岛：中国海洋大学出版社，2007.

贺安民. 远程教育社会学[M]. 北京：中央广播电视大学出版社，2004.

贺晓星. 教育·文本·弱势群体：社会学的探索[M]. 北京：中国社会科学出版社，2012.

贺晓星. 教育与社会：学科·记忆·梦想[M]. 南京：南京师范大学出版社，2016.

贺晓星等. 家长、社区与新教育公平[M]. 南京：南京师范大学出版社，2018.

侯定凯. 高等教育社会学[M]. 桂林：广西师范大学出版社，2004.

胡春光. 规训与抗拒：教育社会学视野中的学校生活[M]. 武汉：华中师范大学出版社，2017.

胡春明. 教育社会学[M]. 北京：中国社会科学出版社，2006.

胡金平. 教育与社会：阅读·思考·对话（2009—2012）[M]. 南京：南京师范大学出版社，2016.

胡金平. 学术与政治之间的角色困顿：大学教师的社会学研究[M]. 南京：南京师范大学出版社，2005.

胡艳. 规制与解放：百年来中国中小学教师专业化进程研究[M]. 北京：北京师范大学出版社，2020.

黄庭康. 批判教育社会学九讲[M]. 北京：社会科学文献出版社，2017.

姬冰澌. 时代转型与未来学校研究[M]. 武汉：华中科技大学出版社，2023.

纪河. 学校教育社会学[M]. 南京：河海大学出版社，2003.

贾少华. 大道至简：大学创业教育的社会学解读[M]. 厦门：厦门大学出版社，2015.

贾少华. 漂泊的理想：社会学视角下的教育隐忧[M]. 厦门：厦门大学出版社，2013.

江海燕. 全球化与教育现代[M]. 北京：社会科学文献出版社，2013.

姜华. 中国民办高等教育组织变迁研究：组织社会学的视角[M]. 北京：科学出版社，2011.

姜黎黎. 基于马克思实践理性观的我国公民网络政治参与研究[M]. 上海：上海三联书店，2023.

蒋逸民. 教育机会与家庭资本[M]. 北京：社会科学文献出版社，2009.

康永久. 教育制度的生成与变革：新制度教育学论纲[M]. 北京：教育科学出版社，2003.

孔令帅等. 国际组织教育政策价值取向研究[M]. 上海：上海教育出版社有限公司，2022.

雷通群. 教育社会学[M]. 福州：福建教育出版社，2008.

李国强. 社会学视域下的学校心理健康教育[M]. 湘潭：湘潭大学出版社，2014.

李洪修. 学校课程实施的组织社会学分析[M]. 北京：中国社会科学出版社，2023.

李洪修等. 教师课程权力的社会学分析[M]. 北京：中国社会科学出版社，2022.

李慧敏. 社会转型时期的自我认同与教育：以吉登斯自我认同理论为视角[M]. 北京：高等教育出版社，2005.

李金奇. 资本与地位：农村教师社会地位的社会学考[M]. 北京：中央编译出版社，2012.

李路路. 社会分层与社会流动[M]. 北京：中国人民大学出版社，2019.

李锐. 农村教育的社会学研究[M]. 北京：中国社会科学出版社，2013.

李卫东，刘丽丽，张静. 教育社会学[M]. 北京：中国商务出版社有限公司，2019.

李卫英. 民族学校教育中的隐性力研究：对黔南石龙乡布依族苗族学校教育的田野考察[M]. 北京：中国社会科学出版社，2012.

李晓文. 青少年发展研究与学校文化生态建设[M]. 北京：教育科学出版社，2010.

李永生. 和谐班级的建设：班级中的交往与互动[M]. 广州：广东教育出版社，2007.

厉以贤. 教育·社会·人[M]. 北京：人民教育出版社，2010.

厉以贤. 学习社会的理念与建设[M]. 成都：四川教育出版社，2004.

刘慧，刘惊铎，俞劼等. 社会变革时期中国小学生道德价值观调查[M]. 北京：教育科学出版社，2013.

刘捷，谢维和. 栅栏内外：中国高等师范教育百年省思[M]. 北京：北京师范大学出版社，2002.

刘捷. 专业化：挑战21世纪的教师[M]. 北京：教育科学出版社，2002.

刘精明等. 教育公平与社会分层[M]. 北京：中国人民大学出版社，2016.

刘晶波. 社会学视野下的师幼互动行为研究：我在幼儿园里看到了什么[M]. 南京：南京师范大学出版社，2006.

刘晶波. 幼儿园社会领域教育精要：关键经验与活动指导[M]. 北京：教育科学出版社，2016.

刘精明. 国家、社会阶层与教育[M]. 北京：中国人民大学出版社，2005.

刘精明等. 转型时期中国社会教育[M]. 沈阳：辽宁教育出版社，2004.

刘猛. 意识形态与中国教育学：走向一种教育学的社会学研究[M]. 南京：南京师范大学出版社，2008.

刘蓉，聂加超. 大学生犯罪的社会学之思[M]. 北京：台海出版社，2020.

刘生全. 教育成层研究[M]. 北京：教育科学出版社，2011.

刘生全. 论教育批评[M]. 北京：教育科学出版社，2006.

刘晓静，刘守旗. 儿童社会学[M]. 南京：江苏人民出版社，2020.

刘云杉. 从启蒙者到专业人：中国现代化历程中的教师角色演变[M]. 北京：北京师范大学出版社，2006.

刘云杉. 学校生活社会学[M]. 南京：南京师范大学出版社，2000.

刘志敏. 教育社会学[M]. 长春：吉林大学出版社，2014.

娄世桥. 社会政策学视野下的滇中多民族山区学校布局调整研究[M]. 北京：人民出版社，2018.

卢绍稷. 教育社会学[M]. 福州：福建教育出版社，2011.

路守香. 布尔迪厄教育社会学理论研究[D]. 硕士学位论文. 上海华东师范大学，2005.

马和民，吴瑞君. 网络社会与学校教育[M]. 上海：上海教育出版社，2002.

马和民. 从"仁"到"人"：社会化危机及其出路[M]. 北京：北京师范大学出版社，2006.

马和民. 教育社会学基础[M]. 北京：中国人民大学出版社，2022.

马和民. 新编教育社会学[M]. 上海：华东师范大学出版社，2009.

马维娜. 集体性知识：中国教育改革的社会学解释[M]. 桂林：广西师范大学出版社，2011.

马维娜. 局外生存：相遇在学校场域[M]. 北京：北京师范大学出版社，2003.

缪建东. 家庭教育社会学[M]. 南京：南京师范大学出版社，2001.

缪建东. 教育社会学[M]. 北京：高等教育出版社，2009.

倪志娟. 女性主义知识考古学[M]. 北京：高等教育出版社，2012.

宁彦锋. 课程异变的社会学分析[M]. 上海：学林出版社，2012.

潘强. 中职生社会适应与发展[M]. 北京：高等教育出版社，2006.

庞守兴. 教育社会学的沉思[M]. 长春：长春出版社，2004.

裴时英. 教育社会学概论[M]. 天津：南开大学出版社，1986.

彭拥军. 精英的合法性危机：高等教育改革的社会学研究[M]. 桂林：广西师范大学出版社，2011.

皮艺军. 越轨社会学概论[M]. 北京：中国政法大学出版社，2004.

仇立平等. 家庭—学校—工厂：中国社会阶层再生产[M]. 北京：中国社会科学出版社，2015.

齐力，苏峰山. 市场、国家与教育：教育社会学的分析[M]. 高雄：复文图书出版社，2003.

齐学红. 结构与行动：基础教育改革的历史社会学研究[M]. 南京：南京师范大学出版社，2020.

齐学红. 在生活化的旗帜下：学校道德教育改革的社会学研究[M]. 桂林：广西师范大学出版社，2011.

齐学红. 走在回家的路上：学校生活中的个人知识[M]. 北京：北京师范大学出版社，2005.

钱民辉. 教育社会学：现代性的思考与建构[M]. 北京：北京大学出版社，2004.

钱民辉. 教育社会学概论[M]. 5版. 北京：北京大学出版社，2022.

钱民辉. 教育社会学研究：学科·常理·学术[M]. 北京：社会科学文献出版社，2014.

钱民辉. 教育社会学专题研究选集：社会学视野中的教育与现代性(第二辑)[M]. 北京：人民日报出版社，2017.

钱民辉. 教育社会学专题研究选集：社会学视野中的教育与现代性[M]. 北京：人民日报出版社，2016.

钱扑. 教育社会学的理论与实践[M]. 南宁：广西教育出版社，2001.

强海燕，郑新蓉. 女童教育公平与教育质量研究[M]. 北京：教育科学出版社，2013.

任运昌. 空巢乡村的守望：西部留守儿童教育问题的社会学研究[M]. 北京：中国社会科学出版社，2009.

容中逵. 教师身份认同的理想之维：一项教师发展史的文化社会学考察[M]. 上海：华东师范大学出版社，2017.

桑锦龙. 教育转型与专科毕业生就业[M]. 北京：社会科学文献出版社，2008.

桑志坚. 学校教育时间的社会逻辑[M]. 南京：南京师范大学出版社，2019.

沈璿. 我国教师伦理规范的制度属性及其建构[M]. 北京：中国社会科学出版社，2015.

石伟平. 社区青少年教育与就业工作研究[M]. 上海：华东理工大学出版社，2006.

石艳. 我们的"异托帮"：学校空间社会学研究[M]. 南京：南京师范大学出版社，2009.

石艳. 知识与权力的纠葛：关于现代学校空间的社会学研究[M]. 长春：长春出版社，2015.

石耀华，赵彩丽. 资本与地位：农村教师专业身份认同的社会学考察[M]. 武汉：武汉大学出版社，2022.

石中英. 教育学的文化性格[M]. 太原：山西教育出版社，2005.

石中英. 知识转型与教育改革[M]. 北京：教育科学出版社，2001.

司马云杰. 文化社会学[M]. 5版. 北京：华夏出版社，2011.

《思想与社会》编委会. 教育与现代社会[M]. 上海：上海三联书店，2009.

苏尚锋. 学校空间论[M]. 北京：教育科学出版社，2012.

孙立新. 美国移民教育与社会阶层结构：基于冲突论视角[M]. 杭州：浙江大学出版社，2016.

孙启进. 社会结构与高等教育分流[M]. 南京：南京师范大学出版社，2020.

孙松滨. 教育社会学[M]. 哈尔滨：黑龙江人民出版社，2003.

谭斌. 教育学话语现象的文化分析：兼论中国当前教育学话语的转换[M]. 北京：首都师范大学出版社，2006.

谭光鼎，王丽云. 教育社会学：人物与思想[M]. 上海：华东师范大学出版社，2009.

汤美娟. 现代教育观念的乡村遭遇[M]. 南京：南京师范大学出版社，2019.

陶孟和. 社会与教育[M]. 福州：福建教育出版社，2008.

佟婧. 我国高等教育社会捐赠研究[M]. 北京：东方出版社，2023.

涂元玲. 村落中的本土教育[M]. 太原：山西教育出版社，2010.

万作芳. 能力发展研究[M]. 北京：教育科学出版社，2016.

万作芳. 谁是好学生：关于学校评优标准的社会学研究[M]. 长春：吉林人民出版社，2008.

万作芳. 中小学生能力发展的社会学研究[M]. 长春：吉林人民出版社，2018.

王安全. 西部农村地区教师结构变迁研究：以M县为例[M]. 北京：中国社会科学出版社，2014.

王处辉. 高等教育社会学[M]. 北京：高等教育出版社，2009.

王冬桦，王非. 社会教育学概论[M]. 北京：教育科学出版社，1992.

王国勇. 教育社会学[M]. 北京：社会科学文献出版社，2020.

王海英. 常识的颠覆：学前教育市场化改革的社会学研究[M]. 桂林：广西师范大学出版社，2010.

王海英. 学前教育社会学[M]. 北京：北京师范大学出版社，2015.

王海英. 学前教育社会学[M]. 南京：江苏教育出版社，2009.

王海英等. 学前教育社会学[M]. 北京：高等教育出版社，2017.

王晋. 一个称作单位的学校：基于对晋东M中学的实地调研[M]. 南京：南京师范大学出版社，2012.

王明旭，李小龙. 大学生自杀与干预[M]. 北京：人民卫生出版社，2012.

王清连，张社字等. 职业教育社会学[M]. 北京：教育科学出版社，2008.

王守恒. 教师社会学导论[M]. 合肥：中国科学技术大学出版社，2011.

王卫东. 高等教育过程公平的社会学分析[M]. 北京：知识产权出版社，2015.

王昕生. 流动、认同与融入：对外籍学生来华留学实践的社会学考察[M]. 北京：中华工商联合出版社，2022.

王旭东. 师生关系的理论和实践[M]. 南宁：广西教育出版社，2006.

王友缘. 童年观念的变迁：基于乡村民众的视角[M]. 南京：南京师范大学出版社，2021.

王有升. 共和国教育学70年·教育社会学卷[M]. 北京：北京师范大学出版社，2020.

王有升. 理念的力量：基于教育社会学的思考[M]. 北京：教育科学出版社，2007.

王有升. 理想的限度：学校教育的现实建构[M]. 北京：北京师范大学出版社，2003.

魏曼华等. 当代社会问题与青少年成长[M]. 福州：福建教育出版社，2005.

温静. 民族精神教育研究（2002—2012 年）[M]. 北京：北京师范大学出版社，2013.

吴刚. 教育社会学的前沿议题[M]. 上海：上海教育出版社，2011.

吴刚. 知识演化与社会控制：中国教育知识史的比较社会学分析[M]. 北京：教育科学出版社，2002.

吴佳，刘东. 多元视野下的教育社会学研究[M]. 哈尔滨：哈尔滨工业大学出版社，2017.

吴康宁. 呼唤教育回归[M]. 福州：福建教育出版社，2021.

吴康宁. 教育，但不止于教育的感悟[M]. 福州：福建教育出版社，2022.

吴康宁. 教育改革的"中国问题"[M]. 南京：南京师范大学出版社，2015.

吴康宁. 教育社会学[M]. 北京：人民教育出版社，2019.

吴康宁. 教育与社会：实践·反思·建构：博士沙龙百期集萃[M]. 桂林：广西师范大学出版社，2008.

吴康宁. 课程社会学研究[M]. 南京：江苏教育出版社，2003.

吴康宁. 通向真善美的教育[M]. 福州：福建教育出版社，2021.

吴康宁. 重新发现大学[M]. 南京：南京师范大学出版社，2017.

吴康宁. 重新发现教师[M]. 南京：南京师范大学出版社，2017.

吴康宁. 转向教育的背后：吴康宁教育讲演录[M]. 上海：华东师范大学出版社，2008.

吴康宁等. 教育改革的社会支持[M]. 北京：人民出版社，2019.

吴明证等. 以礼立人：家庭仪式与青少年发展[M]. 西安：西安交通大学出版社，2023.

肖巍. 女性主义教育观及其实践[M]. 北京：中国人民大学出版社，2007.

谢维和，王洪才. 从分配到择业[M]. 北京：教育科学出版社，2001.

谢维和，文雯. 教育社会学[M]. 3 版. 北京：教育科学出版社，2023.

谢维和. 教育的道理——谢维和教育文集·第一卷[M]. 北京：教育科学出版社，2014.

谢维和. 教育活动的社会学分析：一种教育社会学的研究[M]. 2版修订. 北京：教育科学出版社，2007.

谢维和. 镜子的寓意：网络社会与教育变革[M]. 北京：教育科学出版社，2020.

谢维和等. 效率与公平：高等教育资源区域分布与协调发展研究[M]. 杭州：浙江教育出版社，2018.

谢维和等. 中国的教育公平与教育发展(1990—2005)[M]. 北京：教育科学出版社，2008.

熊春文. 中国教育精神的现代转型：民初教育民主主义思想的知识社会学研究[M]. 北京：中国人民大学出版社，2012.

徐继存. 教育学的学科立场：教育学知识的社会学考察[M]. 北京：北京师范大学出版社，2014.

徐君. 成人教育促进弱势群体社会融合研究：教育社会学视角[M]. 杭州：浙江大学出版社，2009.

徐瑞，刘慧珍. 教育社会学[M]. 2版. 北京：北京师范大学出版社，2017.

徐瑞. 高中民主教育：一种教育社会学的研究[M]. 北京：北京师范大学出版社，2017.

许刘英. 近代中国教育社会学研究[M]. 北京：中国社会科学出版社，2016.

许楠. 组织社会学视域下中美教师专业发展比较研究[M]. 广州：广东教育出版社，2016.

许庆红. 教育质量不平等：理解教育公平的新视角[M]. 北京：人民出版社，2019.

许庆豫，卢乃桂. 教育分流论[M]. 南京：江苏教育出版社，2005.

薛彦华，刘海涛. 西方国家学术治理制度研究：历史演进与实践变革的视角[M]. 北京：北京师范大学出版社，2022.

薛正斌. 教育社会学视野下的教师流动[M]. 兰州：甘肃人民出版社，2012.

闫旭蕾. 教育社会学[M]. 北京：高等教育出版社，2011.

闫旭蕾. 教育中的"肉"与"灵"：身体社会学研究[M]. 南京：南京师范大学出版社，2007.

晏阳初. 平民教育与乡村建设运动[M]. 北京：商务印书馆，2014.

杨昌勇，郑淮. 教育社会学[M]. 广州：广东人民出版社，2005.

杨昌勇. 新教育社会学：连续与断裂的学术历程[M]. 北京：中国社会科学出版社，2004.

杨威. 思想政治教育的社会学研究[M]. 北京：中国社会科学出版社，2014.

杨晓，于晶. 教育社会学[M]. 沈阳：辽宁师范大学出版社，2003.

杨跃. "教师教育"的诞生：教师培养权变迁的社会学研究[M]. 桂林：广西师范大学出版社，2011.

杨跃. 匿名权威与文化焦虑：大众培训的社会学研究[M]. 南京：南京师范大学出版社，2006.

杨跃. 新教育公平视野下的教师教育改革[M]. 南京：南京师范大学出版社，2018.

姚永强. 新时期下我国义务教育均衡发展方式的转变[M]. 北京：中国社会科学出版社，2016.

叶菊艳. 教师身份构建的历史社会学考察[M]. 北京：北京师范大学出版社，2017.

于海琴. 学术依附行为的社会文化心理研究[M]. 广州：广东高等教育出版社，2013.

于显洋. 组织社会学[M]. 北京：中国人民大学出版社，2009.

余漫. 贫困地区农村基础教育资源配置公平性研究[M]. 北京：社会科学文献出版社，2015.

余伟民，刘昶. 文化和教育视野中的国民意识[M]. 上海：上海辞书出版社，2012.

余秀兰. 中国教育的城乡差异：一种文化再生产现象的分析[M]. 北京：教育科学出版社，2004.

袁川. 改革与探索：高校创新型人才培养的社会学分析[M]. 武汉：华中师范大学出版社，2015.

查啸虎. 教育成层论[M]. 芜湖：安徽师范大学出版社，2012.

张斌贤等. 教育与美国社会改革：1890—1920[M]. 保定：河北大学出版社，2022.

张德祥，周润智. 高等教育社会学[M]. 北京：高等教育出版社，2002.

张东平. 老年教育社会学[M]. 上海：同济大学出版社，2014.

张华龙. 教育学视域中的古村落文化[M]. 北京：科学出版社，2012.

张家军. 教育资本论[M]. 北京：人民出版社，2016.

张锦华，吴方卫. 中国农村教育平等问题研究[M]. 上海：上海财经大学出版社，2008.

张人杰，周燕. 中小学教育与教师[M]. 广州：广东人民出版社，2003.

张文政. 流动与发展：西北民族地区乡村社会流动问题研究[M]. 北京：民族出版社，2012.

张晓贵. 数学教学社会学[M]. 合肥：中国科学技术大学出版社，2017.

张行涛. 必要的乌托邦：考选世界的社会学研究[M]. 北京：北京师范大学出版社，2004.

张学英. 乡城移民建构可持续生计的新视野：基于职业教育社会学的思考[M]. 北京：光明日报出版社，2015.

张义兵. 逃出束缚："赛博教育"的社会学解读[M]. 北京：北京师范大学出版社，2008.

张义兵. 知识建构：新教育公平视野下教与学的变革[M]. 南京：南京师范大学出版社，2018.

张银. 生育与女性职业流动[M]. 北京：社会科学文献出版社，2022.

张云霞. 教育功能的社会学研究[M]. 武汉：武汉大学出版社，2011.

赵红霞. 家庭社会经济地位(SES)对学业成绩的影响[M]. 兰州：兰州大学出版社，2015.

赵长林. 科学课程的社会学研究[M]. 北京：中国社会科学出版社，2014.

郑伯坤. 城市化与都市农业背景下的农民终身职业教育研究[M]. 北京：中国农业大学出版社，2009.

郑新蓉. 改革开放40年中国教育学科新发展·教育社会学卷[M]. 北京：高等教育出版社，2020.

郑新蓉等. 开拓者的足迹：新中国第一代乡村教师口述史[M]. 南宁：广西教育出版社，2018.

中国进城务工农民子女教育研究及数据库建设课题组. 中国进城务工农民随迁子女教育研究[M]. 北京：教育科学出版社，2010.

周洪宇. 教育公平是和谐社会的基石[M]. 合肥：安徽教育出版社，2007.

周黎鸿. 马克思主义理论教育社会学研究[M]. 北京：中国社会科学出版社，2013.

周润智. 力量就是知识：教师职业文化的生产与再生产[M]. 北京：北京师范大学出版社，2005.

周艳. 教育社会学与教师研究[M]. 武汉：华中科技大学出版社，2008.

周宗伟. 高贵与卑贱的距离：学校文化的社会学研究[M]. 南京：南京师范大学出版社，2006.

朱洵. 西方教育社会学近著导读[M]. 北京：社会科学文献出版社，2015.

庄斌. 规限与自由：基础教育课程改革中的体育教师课程权力[M]. 北京：北京体育大学出版社，2021.

庄西真. 国家的限度："制度化"学校的社会逻辑[M]. 南京：南京师范大学出版社，2006.

[澳]萨哈. 教育大百科全书：教育社会学[Z]. 刘慧珍，译. 重庆：西南师范大学出版社，2011.

[巴西]弗莱雷. 被压迫者教育学[M]. 顾建新等，译. 上海：华东师范大学出版社，2001.

[丹麦]马丁·贝尔，乌尔夫·布瑞克. 教育现场的专业学习[M]. 郭华等，译. 北京：人民教育出版社，2010.

[德]君特·克莱南等. 音乐教育学与音乐社会学[M]. 金经言，译. 北京：中央音乐学院出版社，2008.

[德]卡尔·曼海姆. 文化社会学论集[M]. 艾彦等，译. 沈阳：辽宁教育出版社，2003.

[德]卡尔·曼海姆. 意识形态与乌托邦[M]. 艾彦，译. 北京：华夏出版社，2001.

[德]马克斯·韦伯. 社会学的基本概念[M]. 胡景北，译. 上海：上海人民出版社，2005.

[德]马克斯·韦伯. 韦伯论大学[M]. 孙传钊，译. 南京：江苏人民出版社，2006.

[德]马克斯·韦伯. 新教伦理与资本主义精神[M]. 李修建，张云江，译. 北京：中国社会科学出版社，2009.

［德］马克斯·韦伯. 学术与政治[M]. 冯克利，译. 北京：生活·读书·新知三联书店，2005.

［德］尤尔根·哈贝马斯. 交往行为理论[M]. 1卷. 曹卫东，译. 上海：上海人民出版社，2004.

［法］阿兰·图海纳. 行动者的归来[M]. 舒诗伟，许甘霖，蔡宜刚，译. 北京：商务印书馆，2008.

［法］埃米尔·涂尔干. 道德教育[M]. 陈光金等，译. 上海：上海人民出版社，2006.

［法］涂尔干. 教育思想的演进[M]. 李康，译. 上海：上海人民出版社，2006.

［法］埃米尔·涂尔干. 社会学与哲学[M]. 梁栋，译. 上海：上海人民出版社，2002.

［法］埃米尔·涂尔干. 职业伦理与公民道德[M]. 渠东，付德根，译. 上海：上海人民出版社，2006.

［法］布尔迪厄. 国家精英：名牌大学与群体精神[M]. 杨亚平，译. 北京：商务印书馆，2004.

［法］布尔迪约，帕斯隆. 继承人：大学生与文化[M]. 邢克超，译. 北京：商务印书馆，2002.

［法］布尔迪约，帕斯隆. 再生产：一种教育系统理论的要点[M]. 邢克超，译. 北京：商务印书馆，2002.

［法］迪尔凯姆. 社会学方法的准则[M]. 狄玉明，译. 北京：商务印书馆，1995.

［法］玛丽·杜里-柏拉，阿涅斯·冯·让丹. 学校社会学[M]. 汪凌，译. 上海：华东师范大学出版社，2001.

［法］米歇尔·福柯. 疯癫与文明[M]. 刘北成，杨远婴，译. 北京：生活·读书·新知三联书店，2012.

［法］米歇尔·福柯. 知识考古学[M]. 谢强，马月，译. 北京：生活·读书·新知三联书店，2003.

［法］让-弗朗索瓦·利奥塔. 后现代道德[M]. 莫伟民等，译. 上海：学林出版社，2000.

［加］克里夫·贝克. 优化学校教育[M]. 戚万学等，译. 上海：华东师范大学出版社，2011.

［加］克里斯托弗·K. 纳普尔，阿瑟·J. 克罗普利. 高等教育与终身学习［M］. 徐辉，陈晓菲，译. 上海：华东师范大学出版社，2003.

［加］雷蒙德·艾伦·蒙罗，［美］卡洛斯·阿尔伯特·托雷斯. 社会理论与教育：社会与文化再生产理论批判［M］. 宇文利，译. 上海：上海人民出版社，2012.

［美］赖斯·米尔斯. 社会学的想象力［M］. 陈强，张永强，译. 北京：生活·读书·新知三联书店，2005.

［美］斯特林费儿德等. 重建学校的大胆计划：美国学校设计［M］. 窦卫霖等，译. 上海：华东师范大学出版社，2003.

［美］艾米·古特曼. 民主教育［M］. 杨伟清，译. 南京：译林出版社，2010.

［美］本杰明·A. 艾尔曼，［加］伍思德. 晚期帝制中国的教育与社会：1600—1900［M］. 严蓓雯，等译. 北京：九州出版社，2023.

［美］戴维·T. 康利. 谁在管理我们的学校：变化中的角色与责任［M］. 侯定凯，译. 上海：华东师范大学出版社，2005.

［美］丹·克莱门特·劳蒂. 学校教师的社会学研究［M］. 饶从满，于兰，单联成等，译. 北京：人民教育出版社，2011.

［美］丹尼尔·U. 莱文，瑞依娜·F. 莱文. 教育社会学［M］. 郭锋，黄雯，郭菲，译. 北京：中国人民大学出版社，2010.

［美］亨德森，凯森. 课程智慧：民主社会中的教育决策［M］. 夏慧贤，严加平，王维臣，译. 北京：中国轻工业出版社，2010.

［美］亨利·A. 吉罗克斯. 跨越边界：文化工作者与教育政治学［M］. 刘惠珍，张弛，黄宇红，译. 上海：华东师范大学出版社，2002

［美］霍华德·S. 贝克尔. 局外人：越轨的社会学研究［M］. 张墨雪，译. 南京：南京大学出版社，2011.

［美］加里·贝克尔. 人力资本理论：关于教育的理论和实证分析［M］. 郭虹等，译. 北京：中信出版社，2007.

［美］杰弗里·C. 亚历山大. 社会生活的意义：一种文化社会学的视角［M］. 周怡等，译. 北京：北京大学出版社，2011.

［美］兰德尔·林赛. 教育公平［M］. 卢立涛，刘小娟，高峰，译. 上海：华东师范大学出版社，2015.

［美］劳伦斯·A. 克雷明. 公共教育［M］. 宇文利，译. 北京：中国人民大学出版社，2016.

[美]雷·马歇尔,马克·塔克. 教育与国家财富:思考生存[M]. 顾建新,赵友华,译. 北京:教育科学出版社,2003.

[美]刘易斯·科塞. 理念人:一项社会学的研究[M]. 郭方等,译. 北京:中央编译出版社,2001.

[美]罗伯特·G. 欧文斯. 教育组织行为学[M]. 7版. 窦卫霖等,译. 上海:华东师范大学出版社,2001

[美]罗伯特·K. 默顿. 科学社会学[M]. 鲁旭东,林聚任,译. 北京:商务印书馆,2010.

[美]罗伯特·K. 默顿. 科学社会学散忆[M]. 鲁旭东,译. 北京:商务印书馆,2004.

[美]阿普尔,L. 克丽斯蒂安-史密斯. 教科书政治学[M]. 侯定凯,译. 上海:华东师范大学出版社,2001.

[美]迈克尔·阿普尔. 官方知识:保守时代的民主教育[M]. 2版. 曲囡囡,刘明堂,译. 上海:华东师范大学出版社,2004.

[美]迈克尔·阿普尔. 教育的"正确"之路[M]. 黄忠敬等,译. 上海:华东师范大学出版社,2008.

[美]迈克尔·阿普尔. 教育能够改变社会吗?[M]. 王占魁,译. 上海:华东师范大学出版社,2014.

[美]迈克尔·阿普尔. 教育与权力[M]. 2版. 曲囡囡等,译. 上海:华东师范大学出版社,2008.

[美]迈克尔·阿普尔. 全球危机、社会公平和教育[M]. 李慧敏,译. 北京:中国政法大学出版社,2012.

[美]阿普尔. 文化政治与教育[M]. 阎光才等,译. 北京:教育科学出版社,2005.

[美]迈克尔·W. 阿普尔. 意识形态与课程[M]. 黄忠敬,译. 上海:华东师范大学出版社,2001.

[美]迈克尔·阿普尔等. 被压迫者的声音[M]. 罗燕,钟南等,译. 上海:华东师范大学出版社,2008.

[美]迈克尔·阿普尔等. 国家与知识政治[M]. 黄忠敬,刘世清,王琴,译. 上海:华东师范大学出版社,2007.

［美］莫琳·T. 哈里楠. 教育社会学手册［M］. 傅松涛等，译. 上海：华东师范大学出版社，2004.

［美］欧文·戈夫曼. 日常生活中的自我呈现［M］. 冯钢，译. 北京：北京大学出版社，2008.

［美］欧文·戈夫曼. 污名：受损身份管理札记［M］. 宋立宏，译. 北京：商务印书馆，2009.

［美］帕翠西亚·冈伯特. 高等教育社会学［M］. 朱志勇，范晓慧，译. 北京：北京大学出版社，2013.

［美］萨莉·鲍尔等. 教育与中产阶级：一种务实、细致而持久的社会学分析方法［M］. 胡泽刚，译. 长沙：湖南教育出版社，2008.

［美］唐娜·伊·玛茜，帕特里克·杰·麦奎兰. 学校和课堂中的改革与抗拒：基础学校联合体的一项人种志考察［M］. 白芸等，译. 上海：华东师范大学出版社，2005.

［美］托马斯·库恩. 科学革命的结构［M］. 金吾伦，胡新和，译. 北京：北京大学出版社，2012.

［美］威廉·A. 科萨罗. 童年社会学［M］. 4 版. 张蓝予，译. 哈尔滨：黑龙江教育出版社，2016.

［美］沃尔特·范伯格，乔纳斯·F. 索尔蒂斯. 学校与社会［M］. 4 版. 李奇等，译. 北京：教育科学出版社，2006.

［美］伊万·伊利奇. 去学校化社会［M］. 吴康宁，译，北京：中国轻工业出版社，2017.

［美］约翰·E. 丘伯，泰力·M. 默. 政治、市场和学校［M］. 蒋衡等，译. 北京：教育科学出版社，2003.

［美］约翰·I. 古得莱得. 一个称作学校的地方［M］. 苏智欣，胡玲，陈建华，译. 上海：华东师范大学出版社，2006.

［美］约瑟夫·费瑟斯通等. 见证民主教育的希望与失败［M］. 王晓宇，周常明，译. 上海：华东师范大学出版社，2005.

［美］珍妮·H. 巴兰坦，［美］弗洛伊德·M. 哈马克，［美］詹妮·斯图伯. 教育社会学：一种系统分析的方法［M］. 苏尚锋，译. 北京：商务印书馆，2021.

［美］珍妮·奥克斯，马丁·利普顿. 教学与社会变革［M］. 程亮，丰继平等，译. 上海：华东师范大学出版社，2011.

[美]珍妮·巴兰坦，弗洛伊德·M. 海默克. 教育社会学：系统的分析[M]. 熊耕，王春玲，王乃磊，译. 北京：中国人民大学出版社，2011.

[美]珍妮·巴兰坦. 教育社会学[M]. 朱志勇，范晓慧，译. 南京：江苏教育出版社，2009.

[美]朱迪恩·H. 舒尔曼. 教师教育中的案例教学法[M]. 郅庭瑾，译. 上海：华东师范大学出版社，2007.

[日]今津孝次郎. 变动社会的教师教育[M]. 吕光洙，译. 杭州：浙江大学出版社，2022.

[瑞典]胡森，[德]波斯尔斯韦特. 教育大百科全书[M]. 2卷. 张斌贤，石中英等，译. 重庆：西南师范大学出版社，2006.

[英]艾沃·古德森. 环境教育的诞生[M]. 贺晓星，仲鑫，译. 上海：华东师范大学出版社，2001.

[英]艾沃·古德森. 教师生活与工作的质性研究[M]. 蔡碧莲，葛丽莎，译. 北京：教育科学出版社，2013.

[英]艾沃·古德森. 课程与学校教育的政治学：历史的视角[M]. 黄力，杨灿君，译. 北京：教育科学出版社，2013.

[英]艾沃·古德森. 专业知识与教师职业生涯[M]. 刘丽丽，译. 北京：北京师范大学出版社，2007.

[英]安迪·格林. 教育、全球化与民族国家[M]. 朱旭东，徐卫红等，译. 北京：教育科学出版社，2004.

[英]安迪·格林. 教育与国家形成：英、法、美教育体系起源之比较[M]. 王春华等，译. 北京：教育科学出版社，2004.

[英]巴索·伯恩斯坦. 教育、象征控制与认同[M]. 王小凤等，译. 北京：中国人民大学出版社，2016.

[英]保罗·威利斯. 学做工：工人阶级子弟为何继承父业[M]. 秘舒，凌旻华，译. 南京：译林出版社，2013.

[英]杰夫·惠迪等. 教育中的放权与择校：学校、政府和市场[M]. 马忠虎，译. 北京：教育科学出版社，2003.

[英]马克·沃恩. 夏山学校的百年故事：献给当代的教师、校长和家长[M]. 沈兰，译. 北京：教育科学出版社，2011.

［英］玛丽·亨克尔，布瑞达·里特. 国家、高等教育与市场［M］. 谷贤林，译. 北京：教育科学出版社，2005.

［英］迈克尔·扬. 把知识带回来：教育社会学从社会建构主义到社会实在论的转向［M］. 朱旭东，文雯，许甜等，译，北京：教育科学出版社，2019.

［英］麦克·扬，［南非］约翰·穆勒. 课程与知识的专门化：教育社会学研究［M］. 许甜，译. 上海：华东师范大学出版社，2021.

［英］麦克·扬. 未来的课程［M］. 谢维和等，译. 上海：华东师范大学出版社，2003.

［英］麦克·扬. 知识与控制：教育社会学新探［M］. 谢维和，朱旭东，译. 上海：华东师范大学出版社，2002.

［英］斯蒂芬·鲍尔. 教育改革：批判和后结构主义的视角［M］. 贺晓星，侯定凯，译. 上海：华东师范大学出版社，2002.

［英］斯蒂芬·鲍尔. 政治与教育政策制定：政治社会学探索［M］. 王玉秋，孙益，译. 上海：华东师范大学出版社，2003.

经济合作与发展组织教育研究与创新中心. 论教育的社会效益［M］. 窦现金，译. 北京：高等教育出版社，2009.

（二）外文文献

ANYON J. Radical possibilities：Public policy，education and a new social movement［M］. New York：Routledge，2005.

ANYON J. Theory and educational research：Toward critical social explanation［M］. New York：Routledge，2009.

APPLE M W. Official knowledge：Democratic education in a conservation age（2nd. ed. ）［M］. New York：Routledge，2000.

APPLE M W. Ideology and curriculum（3rd ed. ）［M］. New York：Routledge，2004.

APPLE M W. Educating the "right" way：Market，standards，God and inequality. （2nd ed. ）［M］. New York：Routledge，2006.

APPLE M W. Education and power［M］. New York：Routledge，2012.

APPLE M W. Can education change society? ［M］. New York：Routledge，2013.

APPLE M W. The State and the politics of knowledge［M］. New York：Routledge Falmer，2003.

APPLE M W. Global crises, social justice and education [M]. New York: Routledge, 2010.

APPLE M W. The Routledge international handbook of the sociology of education[M]. New York: Routledge, 2010.

APPLE M W, BEANE J. Democratic schools: Lessons in powerful education (2nd ed.)[M]. Portsmouth: Heinemann Educational Books, 2007.

APPLE M W, BURAS K L. The subaltern speak: Curriculum, power and educational struggle[M]. New York: Routledge, 2006.

ARUM R. Judging school discipline: The crisis of moral authority [M]. Cambridge: Harvard University Press, 2003.

ATTEWELL P, LAVIN D E. Passing the torch: Does higher education for the disadvantaged pay off across the generations? [M]. New York: Russell Sage Foundation, 2007.

AU W. Critical curriculum studies: Education, consciousness and the politics of knowing[M]. New York: Routledge, 2011.

BALL S J. Class strategies and the education market[M]. London: Routledge Falmer, 2003.

BALL S J. Education plc. : Understanding private sector participation in public sector education[M]. New York: Routledge, 2007.

BALL S J. Global education Inc. : New policy networks and the neoliberal imaginary[M]. New York: Routledge, 2012.

BALLANTINE J H. The sociology of education: A systematic analysis (2nd ed.)[M]. Englewood Cliffs: Prentice-Hall, 1993.

BANKS J A, BANKS C A. Handbook of research on multicultural education (2nd ed.)[M]. San Francisco: Jossery-Bass, 2004.

BARBARA B. Gender and education: An encyclopedia [M]. New York: Greenwood Press, 2007.

BARTON L. Education and society[M]. Abingdon: Routledge, 2007.

BERNSTEIN B. Class, codes and control Vol. 1: Theoretical studies towards a sociology of language[M]. London: Routledge and Kegan Paul, 1971/2003.

BERNSTEIN B. Class, codes and control Vol. 2: Applied studies towards a sociology of language[M]. London: Routledge and Kegan Paul, 1973/2003.

BERNSTEIN B. Class, codes and control Vol. 3: Towards a theory of educational transmissions[M]. London: Routledge and Kegan Paul, 1975/2003.

BERNSTEIN B. Class, codes and control Vol. 4: The structuring of pedagogic discourse[M]. London: Routledge, 1990/2003.

BERNSTEIN B. Pedagogy, symbolic control and identity: Theory, research and critique (2nd ed.)[M]. London: Taylor and Francis, 2000.

BILLS D B. The sociology of education and work[M]. Malden: Blackwell, 2004.

BINDER A. Contentious curricula: Afrocentrism and creationism in American public schools[M]. Princeton: Princeton University Press, 2002.

BLAU J R. Race in the schools: Perpetuating white dominance? [M]. Boulder: Lynne Rienmer, 2003.

BOOCOCK S S, SCOTT K S. Kids in context: The sociological study of children and childhoods[M]. Lanham: Rowan and Littlefield, 2005.

BRANTLINGER E A. Dividing classes: How the middle class negotiates and rationalized school advantage[M]. New York: Routledge, 2003.

BRINT S. Schools and societies (2nd ed.)[M]. Stanford: Stanford University Press, 2006.

BULLE N. Sociology and education: Issues in sociology of education[M]. New York: Peter Lang, 2008.

BURAS K L. Rightist multiculturalism: Core lessons on neoconservative school reform[M]. New York: Routledge, 2008.

BURAS K L. Pedagogy, policy and the privatized city: Stories of dispossession and defiance from New Orleans[M]. New York: Teachers College Press, 2010.

CAROL A T. Fulfilling the promise of the differentiated classroom: Strategies and tools for responsive teaching[M]. Alexandria: ASCD, 2003.

CARTER P L. Keepin' it real: School success beyond black and white[M]. New York: Oxford University Press, 2005.

CHANDRA A. Sociology of education[M]. Jaipur: Book Enclave, 2004.

COCHRAN-SMITH M. Handbook of research on teacher education[M]. New York: Routledge, 2008.

COE C. Dilemmas of culture in African schools: Nationalism, youth and the transformation of knowledge[M]. Chicago: University of Chicago Press, 2006.

COHEN D K, HILL H C. Learning policy: When state education eeform works [M]. New Haven: Yale University Press, 2001.

COLE M. Critical race theory and education: A Marxist response[M]. New York: Palgrave Macmillan, 2009.

CONLEY D, ALBRIGHT K. After the bell: Family background, public policy and educational success[M]. New York: Routledge, 2004.

CORNELL D G. School violence[M]. Mahwah: Lawrence Erlbaum, 2006.

CORSARO W A. The sociology of childhood (2nd. ed.)[M]. Thousand Oaks: Fine Forge Press, 2005.

DARDER A. Reinventing Paulo Freire: A pedagogy of love[M]. Boulder: Westview Press, 2002.

DASH B N. Philosophical and sociological basis of education[M]. New Delhi: Dominant Publishers and Distributors, 2005.

DATNOW A, HUBBARD L. Gender in policy and practice: Perspective on single-sex and coeducational schooling[M]. New York: Routledge Falmer, 2002.

DAVID L. Education and sociology: An encyclopedia[M]. New York: RoutledgeFalmer, 2002.

DAVID M. Transforming global higher education: A feminist perspective[M]. London: Institute of Education Publications, 2009.

DEMAINE J. Sociology of education today[M]. New York: Palgrave, 2001.

DOUGLAS D. Jim Crow moves North: The battle over Northern school desegregation[M]. New York: Cambridge University Press, 2005.

DUNCAN-ANDRADE J, MORRELL E. The art of critical pedagogy[M]. New York: Peter Lang, 2008.

DUPPER D R. School social work[M]. Hoboken: John Wiley and Sons, 2003.

EGGLESTON J. Contemporary research in the sociology of education[M]. London: Routledge, 2014.

EGGLESTON J. Contemporary research in the sociology of education[M]. New York: Routledge, 2012.

ELAINE K M. Ten traits of highly effective teachers: How to hire, coach and mentor successful teachers[M]. Thousand Oaks: Corwin, 2002.

ENGLISH F. Sage handbook of educational leadership[M]. Thousand Oaks:

Sage，2006.

EPSTEIN J L. School，family and community partnerships：Your handbook for action[M]. Thousand Oaks：Corwin，2002.

FEINBERG W，SOLTIS J F. School and society[M]. New York，London：Teachers College Press，2009.

FIELDING M，MOSS P. Radical education and the common school[M]. New York：Routledge，2011.

FLORES-GONZALED N. School kids/street kids[M]. New York：Teachers College Press，2002.

FREIRE P. Pedagogy of indignation[M]. London：Paradigm，2004.

GILLBORN D. Racism and education：Coincidence or conspiracy[M]. New York：Routledge，2008.

GILLBORN D，YOUDELL D. Rationing education：Policy，practice reform and equity[M]. Buckingham：Open University Press，2000.

GLEESON J. Curriculum in context[M]. Oxford，New York：Peter Lang，2010.

GOODLAD J. A place called school[M]. New York：McGraw-Hill，1984/2004.

GOODLAD J. Educational renewal：Better teachers，better schools[M]. New York：Jossey-Bass，1998.

GUMPORT P J. Sociology of higher education[M]. Baltimore：Johns Hopkins University Press，2007.

HALLINAN M T. Handbook of the sociology of education[M]. New York：Kluwer Academic/Plenum Publishers，2000.

HALLINAN M T. Handbook of the sociology of education[M]. Boston：Springer，2006.

HALLINAN M T. Frontiers in sociology of education[M]. New York：Springer，2011.

HAMMACK F M. The comprehensive high school today[M]. New York：Teachers College Press，2004.

HENDERSON J G，KESSON K R. Curriculum wisdom：Educational decisions in democratic societies[M]. New York：Pearson Education，2004.

HENSON K T. Curriculum planning[M]. Dubuque：McGraw-Hill，2001.

HENZE R. Leading for diversity: How school leaders promote interethnic relations[M]. Thousand Oaks: Corwin, 2002.

HESS D. Controversy in the curriculum: The democratic power of discussion [M]. New York: Routledge, 2009.

HILL M L. Beats, rhymes and classroom life: Hip-Hop pedagogy and the politics of identity[M]. New York: Teachers College Press, 2009.

HISTORY OF EDUCATION SOCIETY. History, sociology, and education [M]. London, New York: Routledge, 2007.

HOOKS B. Teaching critical thinking[M]. New York: Routledge, 2010.

HOWARD A. Learning privilege: Lessons of power and identity in affluent schooling[M]. New York: Routledge, 2007.

IBARRA R A. Beyond affirmative action: Reframing the context of higher education[M]. Madison: University of Wisconsin Press, 2001.

JEANNE H B, JOAN Z S. Schools and society[M]. Belmont: Wadsworth, 2000.

JEANNE H B, JOAN Z S. Schools and society: A sociological approach to education (3rd ed.)[M]. Thousand Oaks: Sage/Pine Forge Press, 2008.

JOHNSON R. Using data to close the achievement gap[M]. Thousand Oaks: Corwin Press, 2002.

KAHLENBERG R D. All together now: Creating middle-class schools through public school choice[M]. Washington: Brookings Institution Press, 2001.

KIBERA L W, KIMOKOTI A. Fundamentals of sociology of education[M]. Nairobi: Nairobi University Press, 2007.

KIRP D L. Shakespeare, Einstein and the bottom line: The marketplace of higher education[M]. Cambridge: Harvard University Press, 2003.

KLIEBARD H. The struggle for the American curriculum (3rd ed.)[M]. New York: Routledge, 2004.

LAREAU A. Home advantage: Social class and parental intervention in education (2nd ed.)[M]. Lanham: Rowman Littlefield, 2000.

LAREAU A. Unequal childhoods: Class, race and family life[M]. Berkeley: University of California Press, 2003.

LEE S J. Up against whiteness: Races, school and immigrant youth[M]. New

York: Teachers College Press, 2005.

LEE V E, DOUGLAS D R. Schools within schools: Possibilities and pitfalls of high School reform[M]. New York: Teachers College Press, 2007.

LEONARDO Z. Race, whiteness and education[M]. New York: Routledge, 2009.

LEVINSON D L. Education and society[M]. London: Routledge Falmer, 2002.

LINDSEY R B. Equity[M]. Thousand Oaks: Corwin, 2012.

LINDSEY R B. Cultural proficiency: A manual for school leaders[M]. Thousand Oaks: Corwin, 2003.

LINDSEY R B. Culturally proficient inquiry: A lens for identifying and examining educational gaps[M]. Thousand Oaks: Corwin, 2008.

LIPMAN P. High stakes education[M]. New York: Routledge, 2004.

LIPMAN P. The new political economy of urban education[M]. New York: Routledge, 2011.

LOADER C. Sociology as political education[M]. New Brunswick: Transaction Publishers, 2002.

LORTIE D C. School teacher: A sociological study[M]. Chicago: University of Chicago Press, 1975/2002.

LOSEN D J, QRFIELD G. Racial inequity in special education[M]. Cambridge: Harvard University Press, 2002.

MANNHEIM K. Sociology as political education[M]. New Brunswick: Transaction Publishers, 2001.

MATON K. Knowledge and knowers: Towards a realist sociology of education [M]. London, New York: Routledge, 2014.

MCLAREN P. Che Guevara, Paulo Freire and the pedagogy of revolution[M]. New York: Rowman and Littlefield, 2000.

MCLAREN P. Life in schools: An introduction to critical pedagogy in the foundations of education[M]. Boston: Allyn and Bacon, 2003.

MCPHERSON M S, SHAPIRO M O. College access: Opportunity or privilege? [M]New York: Holtzbrink, 2006.

MOORE R. Sociology of knowledge and education[M]. London, New York: Continuum, 2007.

MOORE R. Education and society[M]. Cambridge: Blackwell, 2004.

MORAIS A. Towards a sociology of pedagogy: The contribution of Basil Bernstein to research[M]. New York: Peter Lang, 2001.

MOSS H. Schooling citizens: The struggle for African American education in antebellum America[M]. Chicago: University of Chicago Press, 2009.

MURCH D. Living for the city: Migration, education and the rise of the Black Panther Party[M]. Chapel Hill: University of North Carolina Press, 2010.

ORFIELD G. Dropouts in America: Confronting the graduation rate crisis[M]. Cambridge: Harvard Education Press, 2004.

OUCHI W. Making schools work: A revolutionary plan to get your children in education they need[M]. New York: Simon and Schuster, 2003.

PANDEY V C. Sociology and education in the Indian context[M]. Delhi: Isha Books, 2005.

PASCARELLA E T, Terenzini P T. How college affects students: A third decade of research[M]. San Francisco: Jossey-Bass, 2005.

PEDRONI T. Market matters: African American involvement in school voucher reform[M]. New York: Routledge, 2007.

PERRY P. Shades of white: White kids and racial identities in high school. Durham: Duke University Press, 2002.

PESHKIN A. Permissible advantage? The moral consequences of elite schooling [M]. Mahwah: Lawrence Erlbaum, 2001.

POWER S. Education and the middle class [M]. New York: McGraw-Hill, 2003.

RAVITCH D. The death and life of the great American school system: How testing and choice are undermining education[M]. New York: Basic Books, 2010.

REYHNER J, EDER J. American Indian education: A history[M]. Norman: University of Oklahoma Press, 2004.

RICE J K. Teacher quality: Understanding the effectiveness of teacher attributes [M]. Washington: Economic Policy Institute, 2003.

ROBERT M. Classroom management that works[M]. Alexandria: ASCD, 2003.

ROBERT M. Building background knowledge for academic achievement [M]. Alexandria: ASCD, 2004.

ROBERTSON S. A class act: Changing teacher's work, globalization and state [M]. New York: Garland-Falmer, 2000.

ROBINS K. Culturally proficient instruction: A guide for people who teach[M]. Thousand Oaks: Corwin, 2002.

ROFES E, STULBERG L. The emancipatory promise of charter schools: Toward to a progressive politics of school choice[M]. Albany: State University of New York Press, 2004.

ROSENBAUM J E. Beyond college for all: Career paths for the forgotten half [M]. New York: Russell Sage Foundation, 2001.

ROTHSTEIN R. Classes and schools: Using social, economic and educational reform to close the Black-White achievement gap[M]. Washington: Economic Policy Institute, 2004.

SACKS P. Teaching down the gates: Confronting the class divide in American education[M]. Berkeley: University of California Press, 2007.

SADOVNIK A R. Sociology of education[M]. New York: Routledge, 2011.

SADOVNIK A R. Exploring education: An introduction to the foundations of education[M]. Boston: Allyn and Bacon, 2000.

SADOVNIK A R, SEMEL S F. Founding mothers and others: Women educational leaders during the progressive era[M]. New York: Palgrave, 2002.

SALOMONE R. Same, different, equal: Rethinking single-sex schooling[M]. New Haven: Yale University Press, 2003.

SAN M G Jr. Contested policy: The rise and fall of federal bilingual education in the United States[M]. Denton: University of North Texas Press, 2004.

SCHUBERT W H. Curriculum books: The first hundred years (2nd ed.)[M]. New York: Peter Lang, 2002.

SHARMA Y K. Foundations in sociology of education [M]. New Delhi: Kanishka, 2001.

SIDDIQUI M H. Philosophical and sociological perspectives in education[M]. New Delhi: A. P. H, 2009.

SMITH M L. Political spectacle and the fate of American schools[M]. New York: Routledge, 2004.

SOCHRAN-SMITH M. Handbook of research on teacher education: Enduring question in changing contexts (3rd ed.)[M]. New York: Routledge, 2008.

STEVENS M L. The kingdom of children: Culture and controversy in the homeschooling movement[M]. Princeton: Princeton University Press, 2003.

STEVENS M L. Creating a class: College admissions and the education of elites [M]. Cambridge: Harvard University Press, 2007.

TILESTON D W. What every teacher should know about diverse learners[M]. Thousand Oaks: Corwin, 2004.

TORRES C. A. globalization and education[M]. New York: Teachers College Press, 2009.

TYLER W. The sociology of educational inequality[M]. London: Routledge, 2012.

U. S. DEPARTMENT OF EDUCATION. A test of leadership: Charting the future of U. S. higher education[M]. Washington: Author, 2006.

UMEMOTO K. The truce: Lessons from an L. A. gang war[M]. Ithaca: Cornell University Press, 2006.

WATSON V. Learning to liberate: Community-Based solutions to the crisis in urban education[M]. New York: Routledge, 2012.

WEAVER-HIGHTOWER M. The politics of policy in boy's education: Getting Boys "right"[M]. New York: Palgrave Macmillan, 2008.

WEIS L. Ideology, curriculum and the new sociology of education[M]. New York: Routledge, 2006.

WRIGHT R. Sociology and music education[M]. London: Routledge, 2010.

YOUDELL D. Impossible bodies, impossible selves: Exclusion and student subjectivities[M]. Dordrecht: Springer, 2006.

YOUDELL D. School trouble: Identity, power and politics in education[M]. New York: Routledge, 2011.

ZEICHNER K. Teacher education and the struggle for social justice[M]. New York: Routledge, 2009.

ZIMMERMAN J. Whose America? Culture war in the public schools[M]. Cambridge: Harvard University Press. 2002.

参考文献

[1]陈奎憙.现代教育社会学[M].台北：师大书苑有限公司，1998.

[2]程天君等.新教育公平引论[M].南京：南京师范大学出版社，2019.

[3]顾明远.教育大辞典[Z].增订合编本下.上海：上海教育出版社，1998.

[4]贺晓星等.家长、社区与新教育公平[M].南京：南京师范大学出版社，2018.

[5]厉以贤，白杰瑞，李锦旭.西方教育社会学文选[C].台北：五南图书出版股份有限公司，1992.

[6]厉以贤.教育·社会·人：厉以贤教育文集[C].北京：人民教育出版社，2010.

[7]林清江.教育社会学新论[M].台北：五南图书出版股份有限公司，1981.

[8]林生传.教育社会学[M].修订版.高雄：复文图书出版社，1985.

[9]刘慧珍.教育社会学[M].沈阳：辽宁教育出版社，1988.

[10]鲁洁.教育社会学[M].北京：人民教育出版社，1990.

[11]马和民.教育社会学基础[M].北京：中国人民大学出版社，2022.

[12]钱民辉.教育社会学概论[M].北京：北京大学出版社，2022.

[13]陶孟和.社会与教育[M].福州：福建教育出版社，2008.

[14]吴康宁.教育社会学[M].北京：人民教育出版社，1998.

[15]吴康宁.教育社会学[M].北京：人民教育出版社，2019.

[16]吴康宁.课堂教学社会学[M].南京：南京师范大学出版社，1999.

[17]谢维和.教育活动的社会学分析：一种教育社会学的研究[M].2版修订版.北京：教育科学出版社，2007.

[18]谢维和.镜子的寓意：网络社会与教育变革[M].北京：教育科学出版社，2020.

[19]谢维和，文雯.教育社会学[M].第 3 版.北京：教育科学出版社，2023.

[20]张人杰.国外教育社会学基本文选[C].上海：华东师范大学出版社，1989.

[21]郑杭生.社会学概论新修[M].修订本.北京：中国人民大学出版社，1998.

[22]郑新蓉.改革开放 40 年中国教育学科新发展・教育社会学卷[M].北京：高等教育出版社，2020.

[23]周新富.教育社会学[M].台北：五南图书出版股份有限公司，2018.

[24][德]韦伯.社会学的基本概念[M].胡景北，译.上海：上海人民出版社，2005.

[25][法]E. 迪尔凯姆.社会学方法的准则[M].狄玉明，译.北京：商务印书馆，1995.

[26][法]P. 布尔迪厄.国家精英：名牌大学与群体精神[M].杨亚平，译.北京：商务印书馆，2004.

[27][法]布尔迪约，帕斯隆.继承人：大学生与文化[M].邢克超，译.北京：商务印书馆，2002.

[28][法]P. 布尔迪约，帕斯隆.再生产：一种教育系统理论的要点[M].邢克超，译.北京：商务印书馆，2002.

[29][法]埃米尔・涂尔干.道德教育[M].陈光金等，译.上海：上海人民出版社，2006.

[30][法]涂尔干.教育思想的演进[M].李康，译.上海：上海人民出版社，2006.

[31]包亚明.文化资本与社会炼金术——布尔迪厄访谈录[M].上海：上海人民出版社，1997.

[32][法]玛丽・杜里-柏拉，阿涅斯・冯・让丹.学校社会学[M].汪凌，译.上海：华东师范大学出版社，2001.

[33][美]M. 阿普尔，L. 克丽斯蒂安-史密斯.教科书政治学[M].侯定凯，译.上海：华东师范大学出版社，2001.

[34][美]波普诺.社会学[M].10 版.李强等，译.北京：中国人民大学出版社，1999.

[35][美]亨利・A.吉罗克斯.跨越边界：文化工作者与教育政治学[M].刘惠珍，张弛，黄宇红，译.上海：华东师范大学出版社，2002.

[36][美]华勒.教学社会学[M].白亦方，薛雅慈，陈伯璋，译.新北：联经出版事业股份有限公司，2018.

［37］［美］加布里埃尔·A. 阿尔蒙德，西德尼·维巴. 公民文化：五国的政治态度和民主［M］. 马殿君，阎华江，郑孝华等，译. 杭州：浙江人民出版社，1989.

［38］［美］罗伯特·G. 欧文斯. 教育组织行为学［M］. 7 版. 窦卫霖等，译. 上海：华东师范大学出版社，2001.

［39］［美］迈克尔·W. 阿普尔. 意识形态与课程［M］. 黄忠敬，译. 上海：华东师范大学出版社，2001.

［40］［美］莫琳·T. 哈里楠. 教育社会学手册［M］. 傅松涛等，译. 上海：华东师范大学出版社，2004.

［41］［美］特纳. 社会学理论的结构［M］. 上册. 邱泽奇等，译. 北京：华夏出版社，2001.

［42］［美］伊万·伊利奇. 去学校化社会［M］. 吴康宁，译，北京：中国轻工业出版社，2017.

［43］［美］珍妮·H. 巴兰坦，［美］弗洛伊德·M. 哈马克，［美］詹妮·斯图伯. 教育社会学：一种系统分析的方法［M］. 苏尚锋，译. 北京：商务印书馆，2021.

［44］［日］片冈德雄. 班级社会学［M］. 贺晓星，译. 北京：北京教育出版社，1993.

［45］［瑞典］T. 胡森，［德］T. N. 波斯尔斯韦特. 教育大百科全书［M］. 2 卷. 张斌贤，石中英等，译. 重庆：西南师范大学出版社，2006.

［46］［英］戴维·布莱克莱吉. 当代教育社会学流派：对教育的社会学解释［M］. 王波等，译. 北京：春秋出版社，1989.

［47］［英］迈克尔·扬. 把知识带回来：教育社会学从社会建构主义到社会实在论的转向［M］. 朱旭东，文雯，许甜等，译，北京：教育科学出版社，2019.

［48］［英］麦克·扬，［南非］约翰·穆勒. 课程与知识的专门化：教育社会学研究［M］. 许甜，译. 上海：华东师范大学出版社，2021.

［49］［英］麦克·F. D. 扬. 知识与控制：教育社会学新探［M］. 谢维和，朱旭东，译. 上海：华东师范大学出版社，2002.

［50］Apple M. Ideology and curriculum［M］. New York：Routledge，1990.

［51］BANKS O. The sociology of education［M］. 2nd ed. London：B. T. Batsford，1971.

［52］COLLINS R. The credential society：An historical sociology of education and stratification［M］. New York，San Francisco，London：Academic Press，1979.

[53]CORWIN R G. The sociology of education[M]. New York: Appleton-Century Crofts, 1965.

[54]DAWSON R E, PREWITT K. Political socialization[M]. Boston: Little, Brown and Company, 1969.

[55]DEMAINE J. Sociology of education today[M]. New York: Palgrave, 2001.

[56]DURKHEIM E. Education and sociology[M]. New York: Free, 1956.

[57]EGGLESTON J. The sociology of the school curriculum[M]. London: Routledge and Kegan Paul, 1977.

[58]FREIRE P. Pedagogy of the oppressed[M]. New York: Continuum Publishing, 1986.

[59]GIROUX H. Ideology, culture and the process of schooling[M]. Lewes: Falmer Press, 1981.

[60]HALLINAN M T. Handbook of the sociology of education[M]. New York: Kluwer Academic/Plenum Publishers, 2000.

[61]WALFORD G. Durkheim and modern education[M]. New York: Routledge, 1998.

[62]WILLIS P. Learning to labour: How working class kids get working class jobs[M]. New York: Columbia University Press, 1981.

[63]YOUND M F D. Knowledge and control: New directions for the sociology of education[M]. London: Collier-MacMillan, 1971.